现代经济学与数字金融变革

赵燕妮　寇小玲　俞智超 ◎ 主编

江西科学技术出版社
江西·南昌

图书在版编目（CIP）数据

现代经济学与数字金融变革 / 赵燕妮，寇小玲，俞智超主编. -- 南昌：江西科学技术出版社，2024.11.
ISBN 978-7-5390-9293-5

Ⅰ. F091.3；F83-39

中国国家版本馆CIP数据核字第2024VA5114号

现代经济学与数字金融变革
XIANDAI JINGJIXUE YU SHUZI JINRONG BIANGE

赵燕妮　寇小玲　俞智超　主编

出版 发行	江西科学技术出版社
社址	南昌市蓼洲街2号附1号
	邮编：330009　电话：（0791）86623491　86639342（传真）
印刷	济南文达印务有限公司
经销	全国新华书店
开本	710mm×1000mm　1/16
字数	300千字
印张	20.75
版次	2025年1月第1版
印次	2025年1月第1次印刷
书号	ISBN 978-7-5390-9293-5
定价	68.00元

国际互联网（Internet）地址：http://www.jxkjcbs.com　选题序号：ZK2024381　赣版权登字：-03-2024-368
责任编辑：钱伟捷　　　　装帧设计：瑞天书刊
版权所有　侵权必究
（赣科版图书凡属印装错误，可向承印厂调换）

《现代经济学与数字金融变革》
编委会

主　编

　　赵燕妮　齐鲁工业大学

　　寇小玲　重庆移通学院

　　俞智超　云南师范大学泛亚商学院

副主编

　　浦仕朝　曲靖职业技术学院

前　言

在快速发展的数字时代，现代经济学理论与数字金融的融合正以前所未有的速度推进，为全球经济格局带来了深刻的变化。《现代经济学与数字金融变革》正是对这一变革的深入剖析与全面阐述。

本书开篇即系统梳理了现代化经济理论的基础，从逻辑、实践、方法论等维度全面展开，深入探讨了这些理论在供给侧结构性改革中的具体应用与影响。随后，书中进一步分析了现代市场经济的特征，包括其管理理论、成本控制新理念以及绿色经济和循环经济的发展路径，为读者提供了丰富的理论与实践指导。

在管理领域，本书详细探讨了现代经济管理职能、组织结构、行为管理、创新管理、财务管理及营销管理等方面的内容，为读者构建了一个全面而深入的管理知识体系。在创新管理方面，本书强调了创新在现代经济中的重要性，并提供了创新方法与模式、创新战略及企业创新路线图等实用指导。尤为重要的是，本书后半部分聚焦于数字金融的变革，从数字金融的业态变革、赋能金融机构、促进企业发展和改善居民生活等多个维度，全方位揭示了数字金融在现代经济中的重要作用。通过对金融业务线上化、金融机构平台化、金融行业数智化等趋势的深入分析，本书为读者揭示了数字金融的未来发展方向及其对经济社会发展的深远影响。

本书由赵燕妮、寇小玲、俞智超任主编，负责章节大纲及内容的编写；浦仕朝任副主编，负责本书校对和统稿。具体分工如下：第一主编赵燕妮编写第一章、第三章至第五章、第十三章；第二主编寇小玲编写第二章、第六章至第八章；第三主编俞智超编写第九章至第十二章、第十四章至第十五章。由于编者水平与精力有限，本书编写过程中难免出现不足之处，敬请批评指正，并提出宝贵修改意见。

本书不仅为经济学和金融学研究者提供了宝贵的理论资源,也为广大企业和个人在数字金融时代提供了实用的指导。本书旨在帮助读者更好地理解现代经济学理论与数字金融的融合发展趋势,把握时代脉搏,为未来的经济发展贡献自己的力量。

目 录

第一章 绪言 ... 1
- 第一节 经济学和管理经济学 ... 1
- 第二节 经济学的思维方式 ... 7
- 第三节 经济学的基本结论 ... 10
- 第四节 经济学的研究方法 ... 14
- 第五节 经济学的基本假设 ... 27

第二章 现代化经济理论基础 ... 32
- 第一节 现代化经济理论逻辑和实践基础 ... 32
- 第二节 现代化经济体系的理论和实证研究 ... 34
- 第三节 现代政治经济学重大前沿问题 ... 38
- 第四节 现代经济学的方法论反思与理论发展 ... 58
- 第五节 现代化经济体系视域下的供给侧结构性改革 ... 66
- 第六节 现代化经济体系：基本框架、关键问题与理论创新 ... 79

第三章 现代市场经济发展 ... 90
- 第一节 现代市场经济的特征 ... 90
- 第二节 "市场决定性"与中国现代管理理论 ... 95
- 第三节 标准化与现代市场经济理论 ... 102
- 第四节 现代市场经济的成本控制新理念 ... 105
- 第五节 现代市场经济对社会信任的内在需求 ... 106
- 第六节 在深化改革中完善现代市场经济体系 ... 109

第四章 现代绿色经济发展 ... 113
- 第一节 税制改革与发展绿色经济 ... 113
- 第二节 云计算助力绿色经济发展 ... 118

第三节	金融支持绿色经济发展	122
第四节	论可持续发展与绿色经济	126
第五节	以节水环保促进绿色经济发展	131
第六节	资源型城市向绿色经济转型	135
第七节	非公有企业促进绿色经济发展	139

第五章 现代循环经济发展 150
- 第一节 循环经济的概念 150
- 第二节 我国循环经济的实践与探索 153
- 第三节 大力发展循环经济难题与对策 158

第六章 现代经济管理职能 162
- 第一节 管理的计划职能 162
- 第二节 管理的组织职能 167
- 第三节 管理的领导职能 172

第七章 现代经济组织结构 176
- 第一节 设计组织结构 176
- 第二节 机械式组织结构和有机式组织结构 186

第八章 现代经济行为管理 189
- 第一节 组织行为学的定义和目标 189
- 第二节 态度 193
- 第三节 人格 198

第九章 现代经济创新管理 202
- 第一节 创新的概念 202
- 第二节 创新方法与模式 209
- 第三节 创新战略 214
- 第四节 企业创新路线图 218

第十章 现代经济财务管理 226
- 第一节 筹资管理 226

第二节　项目投资管理 237
　　第三节　营运资金管理 243
　　第四节　财务分析 254

第十一章　现代经济营销管理 262
　　第一节　市场与市场营销 262
　　第二节　市场营销管理哲学 266
　　第三节　战略规划与市场营销管理过程 279
　　第四节　市场营销管理与市场营销组合 285

第十二章　数字金融业态变革 289
　　第一节　金融业务线上化 289
　　第二节　金融机构平台化 292
　　第三节　金融行业数智化 295

第十三章　数字金融赋能金融机构 298
　　第一节　数字金融提升金融机构服务质量 298
　　第二节　数字普惠金融降低银行经营绩效 300
　　第三节　银行数字化转型改善银行经营绩效 302

第十四章　数字金融促进企业发展 305
　　第一节　数字金融缓解企业融资约束 305
　　第二节　数字金融促进企业创新 309
　　第三节　数字金融助力企业高质量发展 312

第十五章　数字金融改善居民生活 315
　　第一节　数字金融改善居民金融服务 315
　　第二节　数字金融提升居民收入 319
　　第三节　数字金融促进居民消费 320

参考文献 **323**

第一章 绪言

第一节 经济学和管理经济学

一、经济学的定义

党的二十大报告为中国共产党在新时期的使命指明了方向,即要团结和引领全国各族人民,为全面建成社会主义现代化强国和实现第二个百年奋斗目标而奋斗。报告强调,中国式现代化是实现中华民族伟大复兴的关键路径,而经济发展则是这一宏伟目标的核心支柱。经济的稳健发展不仅是实现现代化的重要保障,更是推动民族复兴的根本动力。通过深化经济改革、提升科技创新能力和优化产业结构,中国将不断夯实经济基础,为中华民族伟大复兴奠定坚实的物质保障。

在现代汉语的语境中,"经济"这一术语蕴含着丰富而多样的含义。一方面强调节约与效率,即在资源有限的条件下,通过优化资源配置,以最小的人力、物力和时间成本投入,实现产出的最大化。例如,在资源利用方面,提倡"经济地利用自然资源",以彰显这一原则。

另一方面,经济不仅仅是生产、消费和交换的具体活动,更是一个涵盖广泛的系统,包括支撑这些活动的制度框架与体系。既涵盖了工业经济、国民经济等不同经济活动形态,又涉及计划经济、市场经济等制度模式,构成了现代经济体系的复杂网络。这种多维度的经济结构为社会的良性运转提供了强大的支撑，也为中华民族伟大复兴提供了坚实的经济基础和制度保障。

"经济"这一术语包含的两个含义之间，存在着一种固有的、深刻的内在联系。具体来说，这种联系表现在：无论是个人层面的消费活动、企业层面的生产行为，还是整个国民经济的宏观运作，都必须遵循一个核心原则，即如何在确保资源消耗最小化的同时，实现效益的最大化。

"Economy"这个词在英语中的根源可以追溯至古希腊语，其原始含义是指负责家庭事务的人，特别是涉及家庭财务收支的管理。尽管这一词源看似不同寻常，但事实上，家庭与经济在许多方面都展现出相似性。家庭资源的管理、支出的规划以及收入的分配，与更宏观的经济活动紧密相连，并遵循着相似的基本原则。

在家庭生活中，烹饪、洗涤衣物和清扫等家务决策的分配，需要根据家庭成员的意愿和能力来优化资源配置，这反映了资源分配的重要性。同样，在社会层面，科学合理地配置资源也是经济学的核心课题。作为一门严谨的科学，经济学旨在深入分析和解决社会中的各种经济活动问题，确保资源的高效利用与公平分配。这种微观与宏观层面的资源管理，共同揭示了经济学在增进家庭与社会整体福祉中的关键作用。

尽管经济学的定义至今仍存在争议，并没有一个统一的、全体经济学家普遍接受的定义，但一个被广泛认同的观点认为，经济学是一门研究决策过程的学科。这一学科探索个人、企业、政府及其他组织在社会中如何做出决策，并研究这些决策如何影响稀缺资源的分配和利用。

经济学的核心问题在于如何理解和应对资源的稀缺性，这种稀缺性要求个人和社会在多种可能中做出选择。选择不仅是经济学研究的重点，还与机会成本紧密相连，体现了不同决策之间的权衡与取舍。经济学旨在通过科学的分析和方法，寻求资源的最优配置，提升经济效率和社会福利。最终，经济学通过对选择行为和机会成本的深入探讨，为社会提供实现最大化利益的路径，从而应对资源稀缺带来的挑战。

（一）资源的稀缺性是经济学分析的前提

经济学家必须从稀缺性的角度来观察世界，其根本原因在于不同主体——包括个人、企业、政府以及其他社会组织——所拥有的资源禀赋都有限，这意味着资源本质上是稀缺的。资源的稀缺性是相对于人类无穷无尽的欲望而言的。人类的欲望深邃且难以满足，正是这些复杂多变的欲望，需要依靠有限资源转化成的商品和服务来实现满足。

在经济学领域，除了时间与信息这两种关键资源外，探讨的主要资源可以分为三大类：人力资源、自然资源和资本资源。人力资源指的是那些具备必要能力并愿意参与生产过程的个体；自然资源包括所有未经人工改造、自然存在的具有生产潜力的要素，例如土地和矿产；资本资源，通常简称为资本，指的是那些能够在长期内持续产生经济收益的资本存量。

资源的稀缺性，作为经济学中的一个关键议题，其广泛存在往往超出了我们的日常感知。即便是那些拥有近乎无限经济能力的富人，在享受各类商品和服务时，可能并不觉得稀缺性是个问题，但他们依然无法逃脱时间这一终极稀缺资源的桎梏。更为引人注目的是，随着财富的积累，时间的价值，也就是它的机会成本，会显著上升，从而使得时间的相对稀缺性变得更加明显和突出。

（二）选择行为是经济学分析的对象

鉴于资源的紧缺性，人类必须做出明智的选择，将资源合理分配到各类产品和劳务的提供上，以满足多样化的需求。经济学正是关注于这种资源配置的决策过程，其中也包括了时间的有效利用。在做出选择时，人们会面临各种限制条件，经济学的研究便聚焦于这些条件如何影响决策的制定，以及如何通过优化决策来实现资源的最优配置。

在经济学领域，一个核心概念——机会成本，根植于资源的有限性及其对人类决策行为的制约。该概念明确指出：当资源被分配到特定用途时，其机会成本等同于在其他潜在用途中可能获得的最大收益的牺牲。换言之,只要资源是有限的,并且人们必须在使用上做出选择,那么机会成本就会不可避免地出现。

机会成本为管理者提供了深刻的洞见,即在做出决策和选择时,他们必须进行周全的考量。这不仅包括关注所获得的利益,还意味着要深刻理解放弃的潜在价值。

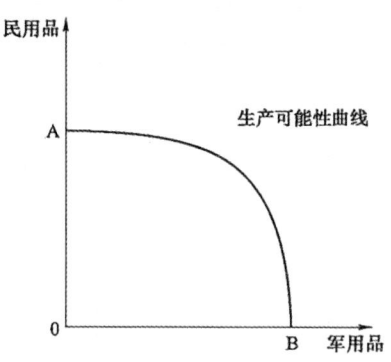

图 1-1 生产的选择与机会成本

在特定情境下,一个国家计划将其资源分配到军用和民用产品的制造领域。在技术条件保持不变,资源也得到充分利用和高效运用的情况下,如果该国希望提升军用产品的生产能力,那么它将不得不减少民用产品的生产。在这个过程中,每增加生产一个单位的军用产品所伴随的机会成本,就是放弃生产等量的民用产品。该国家在这方面的决策及其机会成本,已经在图 1-1 中进行了精确的图示。

在图 1-1 中,横坐标和纵坐标分别代表军用品和民用品的产量。本分析旨在探讨军用品生产的相应机会成本。图中的曲线代表生产可能性边界,它描绘了一国在特定资源和技术条件下能够生产的军用品与民用品的最大组合。点 A 代表了民用品的最大产量,而点 B 则代表了军用品的最大产量。从点 A 向点 B 沿曲线移动,意味着在增加军用品生产的同时,民用品的生产量会相应减少。曲线向原点凹陷,这表明随着生产转换,机会成本逐渐增加。例如,当从民用品生产中撤出资源并转而用于军用品生产时,尽管军用品的产量会增加，但每增加一单位的军用品，都必须牺牲更多的民用品生产。

个人和企业在资源有限的情况下，必须面对选择的困境，每个选择都意味着放弃其他可能的选择。这是机会成本的基本概念，指的是在选择某一项时，放弃了其他可能的选择所带来的价值损失。

（三）资源的有效配置是经济学分析的中心目标

在田径比赛中，胜负的关键在于速度的展现，它作为评判优胜者的核心标准，在赛场上发挥着决定性的作用。同样，在象棋的对弈中，智力的高低成为决定胜负的关键因素。基于这样的理解，任何体育竞技活动的首要任务都是确立并遵循其独特的比赛规则和评判标准。

在经济学范畴内，首要追求的是资源的优化配置，这不仅是评估经济制度质量的核心指标。价格机制在经济学中备受推崇，被视为资源分配的最优手段，它通过竞争原则提高了资源使用的效率，进而推动了整体经济福祉的增长。因此，现代产权经济学的开创者阿尔钦曾精辟地指出："价格所决定的内容，其重要性远超价格本身的决定方式。"

二、什么是管理经济学

经济学通常被划分为两个核心领域：微观经济学与宏观经济学。微观经济学，作为研究个体决策的学科，专注于分析单个消费者或生产者（例如个人或企业）在特定情境中如何作出最优决策。相对地，宏观经济学则聚焦于经济整体的运行规律，深入研究国内生产总值、物价指数、就业状况等宏观经济指标之间的相互作用及其对整个经济体系的影响。

管理经济学主要是把经济学两大分支所提供的一些分析问题的工具、方法和理论应用到企业管理的决策实践中去。管理经济学从经济理论中吸取的概念和方法能使决策者选择正确的战略方向，高效率地配置组织的资源，并能对策略问题做出有效的反应。从这个角度来看，管理经济学是把经济学理论和管理学原理融为一体的一门学科，学习这门学科的重点是提高分析问题的能力，而不是简单地认为看不见的手是最好的，遇到问题就简单地找市场。

微观经济学的研究重点在于了解价格机制如何影响个体经济单位的决策行为，从而影响整个经济系统的资源配置和产品产量。通过研究商品和劳务以及生产要素的相对价格，微观经济学旨在揭示经济行为的内在规律和机制，为组织和企业提供科学的决策依据。

> 企业将进入一个什么样的市场？
> 企业将如何实施公司产品的差异化？
> 在生产中企业将采用什么样的要素组合？
> 企业应该如何确定其产品的价格？
> 企业的竞争者会对企业的营销策略做出什么样的反应？

除了管理者所关注的问题，管理经济学还应聚焦于新古典经济学所忽视的领域，这些领域虽不涉及价格理论，但对于企业而言却极具价值。

马歇尔的微观经济学为我们提供了一个简化的企业模型，即"黑箱"模型，这种模型将企业抽象为一个投入产出的过程。虽然这种抽象在理解价格机制和资源配置方面具有重要意义，但它也忽略了企业内部的复杂性和企业与外部环境之间的互动关系。这种理论主要关注生产单位的行为，而不是真实世界中的企业行为，这导致了经济学的分析工具在解决企业实际问题方面的局限性。在完全信息的假设下，企业理论变得非常简单，社会不存在企业，只有生产单位，这种观点也被称为生产理论。然而，这种理论的局限性也促使人们寻求新的理论框架来理解企业的行为和内部组织问题。

本书的目标是弥补新古典经济学在企业运作研究方面的不足，通过融合多个相关学科的理论，提供一个更加全面和丰富的管理经济学框架。这种框架可以帮助我们更深入地理解企业中的决策问题和运作机制，例如企业的纵向一体化决策问题。通过引入组织经济学、交易成本经济学、产权经济学、信息经济学和波特的战略经济学等理论，本书可以为企业管理者和经济学家提供新的视角和工具，帮助他们解决实际问题和做出更好的决策。

企业的纵向一体化决策是一个复杂的问题，不能仅仅依靠技术原因和生产成本的节省来决定。虽然技术进步和地理位置上的近便可以节省成本，但这并不是企业纵向一体化的必要条件。企业需要考虑更多的因素，例如资产专用性程度、交易成本和交易频率等，这些因素可以影响企业的交易效率和竞争优势。因此，企业需要综合考虑交易成本和生产成本来做出正确的决策，这需要新的分析工具和方法。通过这种综合考虑，企业可以更好地界定自己的边界，做出更好的纵向一体化决策，从而提高自己的竞争力和效率。

第二节　经济学的思维方式

一、边际分析方法

价值悖论是一个有趣的经济学现象，挑战了对价值的传统理解。从日常生活的角度来看，水是必需品，而钻石则是奢侈品。但是，当考虑到市场中的交换价值时，情况就完全相反了。钻石的价值远远高于水的价值，这似乎与直觉相矛盾。

亚当·斯密在《国富论》中试图解释这一现象，指出价值不仅取决于物品的实用价值，还取决于市场中的供求关系和人们的偏好。价值悖论提示价值概念是复杂的，不能简单地用实用价值来衡量。市场中的价格和价值是由多种因素决定的，包括供求关系、人们的偏好和社会的文化背景等。

价值是相对的，取决于特定的情境。同一件东西在不同情境下可能有不同的价值。在日常生活中，人们的选择往往受所处的情境影响。如果处在生死攸关的状态下，水或药物的价值可能远远高于其他物品。相反，如果处在日常生活的状态下，其他物品的价值可能更高。因此，价值不是固定的，而是随着情境的变化而变化的。

边际主义革命不仅解决了长期困扰经济学界的价值悖论问题,还为经济学提供了一种全新的分析视角,即通过考察最后一单位商品的额外效用来评估价值。这种方法论的转变极大地丰富了经济理论的深度和广度,使得经济学从一种抽象的理论走向了能够具体解释和预测个体行为的科学。三位经济学家的独立研究不约而同地推动了这场理论革命,展示了科学进步往往是跨文化和跨国界的集体努力的结果。

边际量是经济学中一个关键的概念,其描述了在数量变化时所产生的增量或减量。当一个新元素加入或从整体中移除时,边际量反映了总量的变化。与总量和平均量不同,边际量关注的是数量变动的临界点,从而为经济分析提供了独特的视角。

经济学家认为,在做决策时,最重要的是考虑边际价值,即最后一单位商品或服务所带来的价值。因为边际价值会随着消费量的增加而递减,所以消费者在决策时,要权衡每一单位商品或服务带来的边际价值,以及其带来的成本。

经济分析的精髓在于边际思维,即聚焦于最后一个单位产量所带来的额外收益和成本。边际收益和边际成本的考量,使决策者能够在关键时刻做出最优选择。这种思维方式不仅揭示了经济行为的微妙变化,还为优化资源配置提供了关键视角。通过边际分析,经济学家能够更准确地预测市场动态,指导企业和个人在复杂的经济环境中做出明智决策。

经济学思维的核心在于避免"非此即彼"的二元思维,转而采用边际分析的方法。以一个具体例子来说明:假设你有一项重要工作,而你的妻子要求你陪她旅游。你拒绝的理由是"在这一刻,工作更重要"。这种回答体现了边际思维,即在特定时刻权衡边际收益和边际成本。如果妻子继续用"非此即彼"的方式质疑,她便未能理解边际分析的重要性。

经济学拒绝简单的好坏判断,而是将问题置于具体情境中。例如,评价管理方式时,会考虑员工特性、工作性质等情境因素。通过边际分析,经济学家能够更全面地理解问题,做出更符合实际情况的决策。这种思维方式不仅适用于经济领域,也适用于日常生活,帮助我们在复杂情境中做出更明智的选择。

二、通过改变机制来改变人的行为

经济学的基础假设是"人是理性的",即个体在决策时会追求以最小代价获得最大利益,这种行为被通俗地称为"自私"。经济学将这种行为模式的人称为"经济人",意味着自私、理性和经济人这三个概念在经济学中是等同的。这一假设强调了人在决策时的"趋利避害"本能,即在特定情境下,人们会权衡边际收益和边际成本,以实现个人利益的最大化。

经济学假设个体追求自身利益最大化,这一假设为设计有效的激励机制提供了理论基础。通过精心设计的激励机制,管理者可以引导个体行为,使其在追求个人利益的同时,也促进整体目标的实现。例如,管理层可以通过合理的薪酬计划激发员工的积极性,提高工作效率;通过灵活的价格政策刺激市场需求,增加销售额。

经济学认为,个人选择受激励机制和个人偏好的共同影响,但激励机制在改变行为方面具有更强的影响力。通过设计合理的激励机制,经济学家可以预测和引导个体行为,使其在追求个人利益最大化的同时,也促进整体效益的提升。例如,将收入与业绩挂钩的激励机制,能够激发员工的工作积极性,从而提高整体产量。尽管经济学家可能无法精确预测每个员工的具体反应,但他们可以确信,这种机制将普遍促使员工更加努力工作。

在社会互动中,产权制度扮演着至关重要的角色,是市场交换的基础。清晰并严格界定的产权不仅明确了法律上的所有权归属,还为资源的有效使用提供了保障。根据经济学的思维方式,这种产权制度能够激励个体和企业进行创新,因为明确的产权意味着创新者可以从其努力中获益。这种激励机制促使人们不断发现新资源、引进新技术、降低成本,并开发新的才能和技巧。通过产权制度,经济学为资源的优化配置和经济的持续发展提供了坚实的基础。产权的清晰界定不仅保护了个人和企业的利益,还为整个社会的繁荣和进步创造了条件。

三、实现资源最优配置的关键是懂得舍弃

经济学的基础在于资源的稀缺性,即相对于人们无限的欲望,资源是有限的。这种稀缺性迫使人们在自私的基础上进行选择,计算如何以最小代价获得所需物品。想象一下,如果资源无限供给,人们无需选择,自私也就失去了意义。然而,正因为资源稀缺,人们必须权衡利弊,精心计算如何在有限的资源中实现最大利益。这种计算不仅体现在市场交易中,也贯穿于日常生活的各个方面。

资源的稀缺性迫使人们在追求目标时进行权衡和取舍,这不仅是经济学的核心,也是管理和生活决策的关键。为了获得更多,人们必须放弃某些东西,而这些放弃的东西同样具有价值。因此,资源配置的关键不在于得到什么,而在于勇于失去什么。

在战略层面,懂得舍弃意味着将稀缺资源聚焦于特定领域,避免分散精力,从而实现最大效益。管理中,将稀缺的时间用于最关键的人和事,能够提高效率和决策质量。产品设计时,针对特定客户群体进行精准定位,舍弃与定位不符的客户,能够提升产品的市场竞争力。

第三节 经济学的基本结论

优秀的维修工程师能够准确判断计算机故障,原因在于他们深知计算机在正常状态下的运作原理。同样道理,许多人面对经济学问题时感到困惑,是因为他们对健康运作的经济系统缺乏清晰地认识。当我们习惯于某种事物

时，很难真正理解其本质，这在社会秩序和协作上尤为明显。市场机制被认为是最有效的社会协作方式，因此，二十大报告明确指出，要坚持社会主义市场经济的改革方向，以更好地促进社会协调与发展。

北京的交通场景生动地展示了社会协作的复杂性和自发性。成千上万的个体在交通网络中互动，每个人都有自己的目标和行为方式，但整体上却能形成有序的交通流。这就像一个庞大的交响乐团，每位演奏者独立演奏，却能在指挥的引导下呈现和谐的乐章。北京交通的案例让我们领悟到，社会协作并非完全有序或混乱，而是通过每个个体的自主选择和互动，在一定规则和约束下，形成了一种动态平衡，从而实现了协作的奇迹。

人类社会的繁荣离不开高效的协作，而协作机制背后的奥秘值得探究。从北京交通的案例可以看出，协作并非简单的人为安排，而是涉及每个个体的自主行为和互动。它需要一套有效的制度和规则来促进和规范，从而形成稳定的社会秩序。人类通过语言、文化、法律等手段，建立了复杂的社会规范和制度，引导人们的互动和合作。

英国哲学家托马斯·霍布斯在其著作《利维坦》中深刻探讨了自然状态下的社会问题。他指出，在这种状态下，每个人都追求并有权力获得世界上的一切资源。然而，由于资源的稀缺性，这种追求不可避免地导致了持续的"所有人对所有人的战争"。在这种无政府状态下，人生将变得"孤独、贫穷、龌龊、粗暴又短命"。霍布斯的论述揭示了人类社会需要有效的制度架构来促进协作，避免无休止的冲突，实现和平与繁荣。

托马斯·霍布斯提出，要实现社会和平，需要建立一个社会契约。根据这一契约，所有个人将他们的自然权力交给一个统一的权威，只保留免于一死的权力。霍布斯称这个权威为"利维坦"，强调其绝对的威权性质。这个绝对威权的核心职责是维持内部和平和进行外部防御，从而在混乱的自然状态中协调社会运作，确保社会的稳定与安全。霍布斯的理论强调，通过集中权力于一个绝对的权威，可以有效避免无休止的冲突，实现持久的社会秩序。

亚当·斯密对社会协作的洞察为经济学理论带来了革命性的变化。他挑战了当时流行的观点,认为社会秩序不是人为强加的,而是自然形成的。斯密通过分析市场经济中的分工合作,展示了个体追求自身利益的同时,如何促进了社会整体的繁荣。这种由市场机制协调的协作,成为理解现代社会运作的重要理论基础。斯密的理论强调了个体自由和市场秩序的重要性,为自由市场经济思想奠定了基础。

在《国富论》第一章中,亚当·斯密通过对普通工匠或零工日常用品的分析,揭示了社会协作的广泛性。他指出,即使是看似简单的物品,如零工的毛外套,也需要众多工人的劳动结合才能完成。牧羊者、剪毛者、梳毛者、染毛者、粗捻者、纺纱者、织布者、蒸洗者、整布者等,所有这些工人的努力共同促成了最终产品的生产。这一例子生动地展示了在一个文明繁荣的社会中,复杂的协作网络如何支持日常生活的运转。斯密通过此描述,强调了市场机制下的分工与合作是如何自发地协调,以满足社会需求的。

生产过程是一个复杂的网络,涉及众多工人、商人和运输者的协作和依赖关系。从原材料的获取到最终产品的生产,每个环节都需要不同的人员和工具的参与。这种协作关系不仅限于同一地区或国家,甚至需要跨越整个世界。同时,生产过程中使用的工具和机器,也需要众多人的劳动来生产和维护。一把简单的剪刀背后,隐藏着众多人的辛勤劳动和复杂的生产过程。从矿山到熔炉,从伐木到烧制木炭,每个环节都需要不同的人员的参与和协作。这些人来自不同的行业和领域,但他们的劳动都汇聚在一起,形成了一把看似简单的剪刀。这种协作关系,不仅体现了生产过程的复杂性,也体现了人类社会的分工和合作。每个人的劳动都是不可或缺的,都对最终产品的制造做出了贡献。因此,"倘若没有成千上万人的帮忙与合作,根本无法供应文明国度里最卑贱的人目前享有的生活水平;即使这个生活水平真如我们错误的想象当中那样简陋,也不可能获得供应"[①]。那么这一切是怎样协调的呢?

亚当·斯密的"看不见的手"理论揭示了经济生活中的一个重要机制,

---

① [英]亚当·斯密. 国富论[M]. 中央编译出版社 2012 年版,第 5 页。

即个体的自利行为可以促进社会福利。这种机制是基于人类的自然倾向,即每个人都希望追求自己的利益。商人希望赚取利润,消费者希望以低价购买商品,员工希望得到高工资。这种自利行为看似是以个人为中心,但实际上却可以促进整个社会的繁荣。

"各个人都不断地努力为他自己所能支配的资本找到最有利的用途。固然,……他通常既不打算促进公共的利益,也不知道他自己是在什么程度上促进那种利益,……他所盘算的也只是他自己的利益。在这场合,像在其他许多场合一样,他受到一只看不见的手的指导,去尽力达到一个并非他本意想要达到的目的。也并不因为是非出于本意,就对社会有害。他追求自己的利益,往往使他能比在真正出于本意的情况下更有效地促进社会的利益。我从来没有听说过,那些假装为公众幸福而经营贸易的人做了多少好事"[①]。

竞争是亚当·斯密"看不见的手"理论的核心。竞争创造了一个自我调节的机制,使得经济活动朝着最优的方向发展。通过竞争,生产者和商人被迫降低价格,提高质量,从而使得消费者受益。同时,竞争也促进了创新和效率的提高,因为每个人都想在竞争中胜出。这种竞争机制不仅存在于商品市场,也存在于劳动力市场和消费者之间。通过竞争,资源被配置到最有价值的方面,经济运行变得更加高效。这种机制是"看不见的手"理论的关键,因为它使得个人利益和社会福利相互促进,从而创造了一个繁荣和高效的经济体系。

亚当·斯密认为,由于存在自然的秩序,政府对经济的干预是不必要的和不受欢迎的。他认为政府是浪费的、腐败的、无效的,并且是对整个社会有害的垄断特权的授权者。

"任何一种学说,如要特别鼓励特定产业,违反自然趋势,把社会上过大一部分的资本拉入这种产业,或要特别限制特定产业,违反自然趋势,强迫一部分原来要投在这种产业上的资本离开这种产业,那实际上都和它所要

---

① [英]亚当·斯密. 国富论:下卷[M]. 商务印书馆1974年版,第27页。

促进的大目的背道而驰。那只能阻碍,而不能促进社会走向富强的发展"。

政府的干预也不可能有效,这是因为每一个个体"处在他当时的地位,显然能够比政治家或立法者好得多。如果政治家企图指导私人应该如何运用他们的资本,那不仅是自寻烦恼地去注意最不应该注意的事情,……把这种权力交给一个大言不惭,荒唐地自认为有资格行使它的人,是再危险不过的了。"①

第四节 经济学的研究方法

经济学的研究方法是经济学家用来认识世界、分析经济问题的工具和方法。作为一门社会科学,经济学研究方法的特点在于其关注人类的经济选择行为和社会经济现象。然而,经济学是不是一门真正的科学仍存在争议,因为其研究对象是复杂的社会经济系统,难以用简单的数学模型或实验方法来描述和预测。尽管如此,经济学的研究方法仍具有其特点和优势,例如其能够提供对经济现象的理论解释和实践指导。因此,学习经济学的研究方法对于理解经济学理论和应用经济学知识具有重要意义。同时,经济学的研究方法也需要不断创新和改进,以适应不断变化的经济社会环境和新的研究问题。

一、可证伪性条件

人类对自然与社会的科学探索历史,也是对科学方法性质和内涵的认识历史。20世纪科学革命后,科学家们提出了一个重要的标准:经验科学的理论陈述必须满足可证伪性条件。这一条件被用于区分科学与非科学,并经常被用于检验经济学的原理。

---

① [英]亚当·斯密. 国富论:下卷[M]. 商务印书馆1974年版,第252页。

可证伪性，作为科学划界的核心原则，与20世纪物理学的革命性变革紧密相关。爱因斯坦奠定了现代物理学的基础，但他曾多次表示，在特定条件下，他愿意放弃自己的理论。例如，当他的对手米勒声称拥有能够推翻狭义相对论的实验数据时，爱因斯坦立即表态，如果这些数据被证实是可靠的，他将准备放弃相对论。这种科学巨擘对待自己理论的开放态度，激励了科学哲学的先驱波普尔，在其著作《科学发现的逻辑》中提出了可证伪性原则，以此作为区分科学理论与非科学理论的标准。

可证伪性原则是科学研究的基本要求，它确保了科学理论的可检验性和可证伪性。经济学作为一门社会科学，也需要遵循这一原则。经济学原理中的每一句话都应该具备可证伪性条件，这意味着它们应该提供明确的假设和预测，可以通过实证检验来证实或证伪。经济学理论有关行为规则的陈述也应该符合可证伪性原则，例如厂商理论和消费理论。这些理论提供了明确的假设和预测，可以通过实证检验来证实或证伪。通过遵循可证伪性原则，经济学可以确保其理论和模型的科学性和有效性，从而推动经济学的进步和发展。同时，可证伪性原则也促进了经济学的实证研究和数据分析，帮助经济学家更好地理解经济现象和制定有效的经济政策。

二、实证与规范分析方法

人们常常请求经济学家阐释某些经济现象的成因。例如，为何女性员工的平均薪资普遍低于男性？同时，人们也期望经济学家能够提出促进经济改善的政策建议，比如如何缓解中国的就业压力？如何解决"三农"问题？以及如何推进国有企业改革？

在尝试解释世界时，经济学家进行的是实证分析，此时经济学表现为一门科学。然而，当经济学家致力于改善世界时，他们所进行的分析则属于规范分析，因为这涉及他们对于如何完善世界的个人判断，此时的经济学家扮演的是决策者的角色。

因此，掌握经济学方法论的核心在于辨识实证分析与规范分析之间的差异。实证分析摒弃了价值判断，专注于客观地探究经济体系内在的规律性，并依据这些规律来预测经济行为的可能结果。这构成了经济学实证方法的精髓。相对地，规范分析建立在特定的价值判断之上，利用这些标准来评估经济现象，并据此制定相应的政策。这体现了经济学规范方法的本质。

实证方法与规范方法之间的根本差异体现在对待价值判断的不同立场。实证方法拒绝价值判断，而规范方法则以价值判断为基础。价值判断涉及对经济行为社会价值的评估，即对特定经济现象的正面或负面评价。

实证分析旨在解答"是什么"的问题，即确定事实本身，并探究经济内在的规律性，分析经济变量之间的相互作用。经济规律具有客观性，不随个人意志而改变。在研究这些规律时，应如同研究物理学和化学一般，摒弃主观的价值判断。实证方法作为一种客观认识世界的工具，能够完全排除价值判断。因此，实证方法本身并不涉及道德议题。

规范方法基于价值判断，旨在回答"应该是什么"的问题。为了更好地理解实证分析与规范分析之间的区别，让我们来看一个例子。A声称："最低工资标准的提升导致了失业现象。"而B则主张："政府应当提升最低工资标准。"在这里，A的陈述属于实证分析，它描述了事实，即"是什么"的陈述。相对地，B的陈述属于规范分析，它提出了一个指令，即"应该是什么"的陈述。

实证分析与规范分析之间的差异，还体现在它们正确性的评判标准上。原则上，实证分析的正确性可以通过检验相关证据来确认或反驳。例如，通过分析特定时期内最低工资标准的变动数据与失业率的变化数据，可以对A的实证陈述进行评估。相对地，评价规范分析的陈述则涉及价值观和事实的考量，单凭数据无法全面判断B的规范陈述。判断政策的优劣并不仅仅是科学问题，它还牵涉伦理和道德的视角。

实证分析和规范分析是经济学中的两个重要方面，它们之间存在着密切的联系。规范分析需要实证分析的支持，而实证分析又可能受到规范分析的影响。经济学家在进行研究时，需要注意自己的价值观念和经济地位对结论的影响，并尽量避免选择性偏差。只有通过客观的实证分析和严格的逻辑推理，才能得出可靠的结论。因此，经济学家需要在实证分析和规范分析之间保持一种平衡，既要考虑经济活动的客观规律，又要注意自己的价值观念和偏见。通过这种平衡，经济学家才能为经济政策的制定提供可靠的依据，并促进经济的发展。

三、假设和模型

有一个流传甚广的幽默故事：三个智者——物理学家、化学家和经济学家，在一次不幸的漂流中来到了一个无人的岛屿，饥肠辘辘。就在这时，一个罐头奇迹般地漂到了岸边。物理学家提议："我们可以利用物理学的原理，用石头对罐头施加冲击力，通过动量传递使其外壳破损。"化学家则思考片刻后说："或许，我们可以利用化学反应，点燃火焰，将罐头加热至膨胀，从而使其破裂。"而经济学家则以一种典型的经济学思维回应："如果我们手头有一个开罐器……"这个讽刺经济学家的笑谈，据传是由美国著名的经济学家保罗·萨缪尔森所构思的。

故事通过经济学家在孤岛上假设开罐器的情节，讽刺了经济学理论中的假设性思维与现实脱节的问题。经济学家常用假设来分析复杂的经济现象，但这些假设却可能忽视实际情况的限制。正如故事中经济学家提出的解决方案依赖一个并不存在的工具，许多经济理论也因为过于依赖理想化的前提条件，在现实中的应用效果有限。这种脱离现实的假设方式，虽然在理论推导中有其价值，却常常被认为难以解决实际问题。

然而，从经济学家的视角来看，这个故事揭示了假设在构建理论过程中的重要性，以及假设、理论与现实之间的复杂联系。实际上，每一门科学的探索都是以假设为起点，科学思维的精髓——无论是在物理学、化学还是经济学领域——都在于确定恰当的假设。因此，现代科学哲学将科学理论的核心视为假设。波普尔提出,所有科学定律和理论都应被视为假说或猜想。这是因为假设能够简化研究对象,它既使得科学分析成为可能,又确保了分析结果的条件性。

在研究经济学时,学者们特别倾向于采用假设的方法。其主要目的是聚焦于研究的核心问题,并从中推导出具有意义的结论。经济问题通常涉及众多因素,然而,特定的经济理论仅能专注于分析其中几个关键因素之间的相互作用。因此,在进行此类分析时,研究者会假定其他所有因素保持不变。例如,在探究消费者或生产者的行为时,经济学假定消费者追求效用最大化,而生产者则追求利润最大化。这些假设使我们能够抽象出实际生活中潜在的规律性。

假设作为简化复杂现实的工具,能够抓住事物的本质,忽略次要细节,从而帮助我们更清晰地认知世界。这种方法不仅存在于经济学中,也广泛运用于其他领域。例如,在生物学中,教学用的人体模型并非精确复制真人,而是通过简化展示人体的核心器官,帮助学生理解人体机能。同样,经济学的假设通过简化复杂的经济现象,专注于最关键的变量关系,以揭示经济活动背后的基本规律。

经济学的基础在于假设,这些假设通过模型的形式表现出来。模型由一系列假说和推论构成,帮助经济学家简化和分析复杂的经济现象及变量之间的关系。经济模型的表达方式多样,既可以用日常语言叙述,也可以用几何图形或数学公式来呈现。同一个理论通过不同的形式表达,既能便于大众理解,又能满足专业分析的需求。

四、优化和均衡方法

管理经济学依靠优化和均衡分析这两大工具来解决核心问题。优化分析主要用于研究经济个体的理性决策,帮助个体在资源有限的情况下做出最佳选择;均衡分析则探讨多个经济个体之间的互动和相互关系,寻找市场或系统中各方行为达到平衡的状态。

经济个体在决策时需要面对两类问题：优化问题和均衡问题。优化问题涉及在有限选择中找到最佳方案，如土地的使用方式或个人的职业规划，通常通过最优化理论来解决。均衡问题则考察多个经济个体在各自追求最优决策的过程中，如何相互影响并最终达到市场平衡，如预测钢铁或石油价格的变动。这种均衡分析帮助理解市场中供需关系的动态变化，以及个体行为如何共同塑造市场结果。

均衡反映了经济个体之间相互作用后达成的一种稳定状态，但由于涉及多个个体的优化行为及其复杂的相互影响，处理起来较为棘手。同时，基于不同的角度和情况，经济学中存在多种均衡概念。局部均衡描述单一市场在一定价格下的供需平衡，而一般均衡则指所有市场同时达到供求平衡的状态。当经济个体的决策具有策略性时，均衡问题变得更加复杂，需要运用博弈论来分析各方的决策互动及其结果。

经济学中的决策问题本质上是有约束条件的优化问题。消费者在预算限制下选择最大化效用，而企业则根据外在环境的不同，在不同的约束条件下追求各自的目标。在计划经济中，企业在原材料分配的限制下追求产量最大化；而在市场经济中，企业则在竞争环境中追求利润最大化。由于数学提供了成熟的工具来处理此类约束优化问题，微观经济学广泛运用数学方法来分析个体决策行为和经济现象，从而更好地理解经济活动中的核心规律。

五、成本收益分析方法

经济学家探讨的众多选择，都可以归纳为以下问题。

我应该做某事吗？

例如，对于打算观看电影的观众，这里的"某事"指的是："我今晚是否应该去看《XX地球》？"而对于计划享用自助餐的食客，这里的"某事"则是："我是否应该再多吃一些烤肉？"在回答这类问题时，经济学通过比较活动的成本与收益来进行分析。其判断准则十分明确。假设 $C(x)$ 代表做某事的成本，$B(x)$ 代表做某事的收益，则：

若 $B(x) > C(x)$，做；反之，不做。

在经济决策中，应用优化规则需要衡量成本和收益，通常以货币价值作为标准，即便某些活动与金钱并无直接关系。$B(x)$ 被定义为完成某事愿意支付的最大金额，这常是一个假设数值，代表个人对某事的主观评估。$C(x)$ 则是指为完成某事所放弃的资源价值，也不一定涉及现金交易。然而，许多决策中的成本与收益并不能完全用货币形式来表示，它们可能涉及时间、机会和其他非物质价值。

你应该把音响的音量调小吗？

你舒适地坐在椅子上，聆听着悦耳的旋律。突然，你意识到接下来播放的两首曲目并不合你的口味。如果此刻你的音响设备具备预设播放程序，你便能轻松跳过这两首不喜的曲目。遗憾的是，它并不支持这一功能。因此，你面临着一个选择：是起身去调低音量，还是继续坐着，耐心等待这两首曲目播放完毕。

降低音量的好处在于避免不悦耳的歌曲打扰，而代价则是起身调整音量的不便。如果你正享受着舒适的坐姿，且音乐尚可忍受，那么完全可以任其播放。然而，如果你坐下不久，或者音乐实在令人烦躁，你可能会更愿意忍受起身的麻烦，去将音量调低。

可以使用货币来量化相关的成本与收益分析：首先，考虑从椅子上起身的成本。假设有人提供给你一分钱，让你从椅子上起身，除了这一分钱之外，你没有任何起身的理由。你会接受这个提议吗？大多数人不会。然而，如果有人提供给你一千元，你肯定会毫不犹豫地起身。因此，你的心理保留价格——即你愿意从椅子上起身的最低金额——介于一分钱到一千元之间。

为了寻找临界值的界限，我们可以构想一个投标场景，您以极小的增量逐步增加出价，直到达到一个您愿意采取行动的点。这个临界点的位置，显然会随环境而异。举例来说，对于富人而言，临界值往往设定得更高，因为同一笔资金在他们心中的价值相对较低；相反，当精力充沛时，临界值可能较低，而在疲惫状态下则可能上升。为了简化讨论，我们假定您愿意起身的底价是1元。同样地，通过类似的心理评估过程，您可以估算出最多愿意支付多少钱来请人帮您降低音量。这一价格可以衡量调小音量的收益，这里，我们假设是5角钱。

根据正式判断规则，$X=$"调小音量"，$B(x)=0.5<C(x)=1$。这也就是说，你应该继续坐在椅子里。尽管下面两首歌不怎么好听，但坐着听完比站起来调小音量划算。如果成本和收益的数值倒过来，那就意味着你应该站起身去调小音量。而要是$B(x)$和$C(x)$正好相等，那么两者对你来说都无所谓。

经济学的思维核心在于人们在进行任何决策时都会权衡成本与收益。因此，成本收益分析法是经济学研究的核心方法之一。诺贝尔经济学奖得主加里·贝克尔曾运用这一方法，深入分析并阐释了在不同情境下人类行为的经济动因。

实际上，人们的基本行为动机大同小异，都旨在追求个人利益的最大化。行为上的差异主要源于成本与收益之间的相对差异，而这种差异则源于个人价值观的多样性。在相同的时间框架内，不同个体对收益和成本的主观评估存在差异。

（一）成本收益分析方法的特征

成本收益分析的概念表述纷繁多样。本文特选以下四大核心要素进行深入探讨，并以此为基石，进一步揭示该方法在决策制定中的关键作用。

1.交易应该对双方都有益

交易的本质在于双方都追求自身利益的最大化，因而交易是自愿且互利的过程，最终形成双赢局面。亚当·斯密在《国富论》中强调，人与人之间的合作并非出于恩惠，而是源于对方的利己心。通过利益交换，"你给我，我想要的，我给你，你想要的"，人们能够更容易地达成合作。因此，理解经济学中的交易，首先要认识到交易对双方的益处，它不仅仅是物品或服务的交换，而是在互利基础上促成的合作，体现了人类社会经济活动的合作本质。

2.某种东西的成本是为了得到它而放弃的东西

在面对不确定的预期收益时，经济学家更倾向于从成本的角度分析问题。经济学中的成本被定义为为了获得某物而放弃的其他选择，其中机会成本是最关键的概念。它反映了选择某个行为时放弃的最佳替代方案的价值，帮助我们更清晰地理解决策者在资源有限的情况下如何做出选择。

在决策制定的过程中，权衡与取舍的存在催生了机会成本这一概念。简而言之，机会成本即指为了获取某一特定收益而不得不放弃的最佳替代选择的价值。值得注意的是，这里的机会成本特指被放弃的最高价值选项的成本，而非所有潜在放弃选择成本的总和。

正如前文所述，机会成本并非实际发生的成本，因此它不被纳入会计成本的范畴。会计成本是建立在权责发生制之上的，它侧重于历史成本，并要求会计数据必须是客观和可验证的。然而，会计报表中所反映的成本并不总是适用于公司的内部决策。例如，在2020年，某企业保留了1亿元资金未做投资，并放弃了参与一项可带来8%投资回报率的机会。这1亿元资金的机会成本为800万元，但这一成本并未体现在企业的损益表中。

在企业决策中，机会成本比历史成本更为重要。虽然会计成本在评估企业过去表现或行业比较时有其价值，但机会成本为企业在多种竞争方案中选择最佳方案提供了关键依据。如果企业忽视了机会成本，可能会错失许多提升利润的机会。因此，在理解企业和个人的决策行为时，应着重考虑机会成本，而非过去的历史成本。这一思维方式帮助企业更有效地利用资源，抓住潜在的机会，提升竞争力。

3.经济学家往往用放弃事物的收益衡量成本，两害相权取其轻

成本收益原则是经济学的核心理念，强调只有当某项行为带来的额外收益超过其额外成本时，才值得执行。然而，在实际生活中，行为的收益往往难以直接衡量,这时决策者通常会依赖机会成本的比较,即根据目标选择损失最小的方案。通过"两害相权取其轻"的方式,人们能够在复杂的决策情境中做出相对理智的选择,从而有效优化资源配置。

在经济学分析中,持有货币的最优均衡数量取决于平衡两类成本:持有货币避免频繁去银行的便利性与放弃存款利息的机会成本。持有货币的数量越多,虽然减少了去银行的交易成本,但会导致更多利息收入的损失;相反,持有的货币越少,利息损失减少,但去银行的次数和交易成本增加。

4.机制通过影响成本和(或)收益,从而影响人的行为

在经济学中,人们的决策依赖于对成本和收益的权衡。当成本或收益发生变化时,人的行为也随之调整,而这种变化通常来自机制的调整。机制通过改变行为者的成本与收益结构,进而改变其决策路径。因此,人们会对激励做出反应,经济学常通过设计或调整激励机制来引导和改变个人的行为。

经济学推崇的价格机制通过价格变化调节供需关系,进而影响人们的行为。例如,当橘子价格上升时,人们会减少橘子的消费,转向替代品,同时橘子的供给会增加。这种机制体现了市场的自我调节功能。

类似的,16—18世纪英国的圈地运动,尽管在历史上被视为"羊吃人"的罪恶活动,但从经济学角度来看,它通过确立私人产权,推动了商业化农业的发展,并为西方经济的崛起奠定了基础。这反映了激励机制和产权制度在促进经济发展的重要作用。

公有地的悲剧是公有状态下土地资源的过度利用和维护不足的结果。这种悲剧是由个人利益最大化的追求导致的,每个人都从草地的使用中获益,而没有人愿意承担维护草地的责任。私有产权的建立可以解决公有地的悲剧,通过将土地资源转变为个人所有权,提高了土地的使用效率和维护质量。这种机制通过个人利益的直接关联,鼓励个人承担土地的维护责任,提高了土地的价值和效率。因此,私有产权是解决公有地悲剧的有效方法。

（二）成本收益分析方法对决策的启示

在实际决策过程中，成本收益分析虽然是一种有效的工具，但其应用并非一蹴而就。除了直接的成本和收益外，决策者还需深入挖掘隐性成本，避免被表面现象所迷惑。同时，识别并剔除无关成本，确保分析的准确性和针对性。只有在全面、客观地评估了所有相关成本和收益后，才能做出既经济又合理的决策。

1.忽视隐性成本

决策过程中，忽视机会成本常常导致错误判断。正确的决策思维应基于比较不同选项的潜在收益，尤其要关注选项的最高价值，而非仅仅考虑眼前的选择。成本与收益是相对的，避免成本本质上就是获得收益，而未能获取收益就意味着承担了潜在的成本。因此，权衡选择时应注重综合考虑各选项的机会成本，以作出更明智的决策。

这个道理虽浅显，但常被忽略。试想一个场景：一位在澳大利亚工作的中国人，回国时特意为家中的孩子购置了两桶当地优质奶粉，折算成人民币大约是250元。然而，若这两桶奶粉在中国市场上流通，其价值能飙升到500元人民币。那么，对于这位购买者来说，他真正为这两桶奶粉付出了多少成本呢？多数人或许会直接回答250元。但细想之下，由于他选择自用而非转售，他实际上放弃了赚取250元差价的机会，这就是所谓的机会成本。因此，从这一层面考虑，他购买这两桶奶粉的真实成本应为500元人民币。

2.对沉没成本耿耿于怀

机会成本虽然看似与待决策事项无直接联系，但实际上，它是经济学思维中一个至关重要的概念。实际上，机会成本是决策过程中必须考虑的成本因素。然而，存在一类成本，它虽然看似与决策紧密相关，实际上应当被排除在外。这种成本，即沉没成本，与机会成本形成鲜明对比，是应当被决策者忽略的。

3.按比例而不是总额来衡量成本和收益

如果一个小男孩询问他的母亲，"我们快到游乐园了吗？"母亲明白距离目的地还有 8 千米，她应该回答"快到了"，还是"还早呢"？这取决于整个旅程的长度。例如，如果整个行程是 60 千米，她可能会回答"快到了"；但如果总行程只有 10 千米，那么她应该回答"还早"。这种思考方式似乎很直观，但在下面这个简单的例子中，它却可能给我们带来困扰。

思考以下问题：

为了节省 20 块钱，你是否愿意开车去 20 千米外的商场购买一个 40 块钱的闹钟？同样，为了节省 20 块钱，你是否愿意开车去 20 千米外的商场购买一个价值 5000 块钱的冰箱？

对于这两个问题，并没有绝对正确或错误的答案。你需要考虑的是，开车去 20 千米外的商场所获得的收益是否超过了成本。问题是，很多人会认为，购买闹钟当然值得开车去 20 千米外的商场，因为这样可以节省一半的费用！然而，为了购买冰箱而开车去 20 千米外的商场则显得不那么划算，因为节省的 20 块钱与总价 5000 块钱相比微不足道。

然而，决策时考虑的百分比高低并不相关。假设你对开车去 20 千米外的商场的保留价格是 25 块钱。那么无论是购买闹钟还是电视机，你都不应该选择去 20 千米外的地方。在两个例子中，去 20 千米外的商场的成本是相同的。

在应用成本收益原则进行决策时，应当使用绝对数值来衡量成本和收益。这类决策并不适合用百分比来表示。

4.不理解"平均"和"边际"之间的区别

决策不仅涉及是否做某事，还包括在什么程度上做，这时应引入成本收益原则。活动的边际收益和边际成本是决定行动规模的关键因素。只要边际收益超过边际成本，就应增加活动投入。然而，在实际场景中，人们常常忽视这一原则，导致决策失误。

成本收益原则告诉我们，只要边际收益大于边际成本，就应该提高进行此事的程度。可诚如下例所示，人们经常错误地应用这一规则。

小王应该新增一艘货船吗？

小王管理着一家规模较小的海运企业，目前旗下有三艘货船正在海上航行。他每天的运营成本固定在3000元，涵盖了船只的租赁费用以及船员的薪酬，这意味着每艘船的平均日成本为1000元。与此同时，他的日收益达到6000元，平均每艘船能够带来2000元的收入。基于这样的财务分析，小王认为，既然每艘船的平均成本低于其平均收益，那么扩大船队规模，再投入一艘船到海上运营似乎是明智之举。然而，这个决策是否真的合理呢？

为了解答这一问题，我们必须对比新增一艘船的边际成本与边际收益。遗憾的是，上述信息仅提供了单艘船的平均成本与收益，即三艘船总成本与总收益的三分之一。然而，仅凭每艘船的平均收益和平均成本，我们无法准确判断新增一艘船在经济上是否具有合理性。这是因为，目前三艘船的平均收益可能与新增船只的边际收益相等，亦可能高于或低于后者；平均成本与边际成本的情况亦是如此。

为了进一步阐释，假设每艘船及其船员的边际成本恒定为每天1000元。在这种情况下，只有当新增的第四艘船在一天内至少能为小王带来1000元的收益时，他才应当考虑增加该船。

下面来阐述如何正确应用成本收益原则：

小王应该让多少艘船出海？

假设一艘船连同船员的边际成本保持在每天1000元，而海运每日总收益如下表所示。那么，小王应当派遣多少艘船出海？

表1-1 海运带来的每日总收益

船数	每日总收益	每日边际收益
0	0	3000
1	3000	1800
2	4800	1200
3	6000	400
4	6400	

在决策扩展规模时，边际成本与边际收益的比较是关键，小王只有在每艘船的边际收益超过1000元的情况下才应增加船只。实际判断中，前三艘船符合条件，第四艘船则不应派遣。这说明，决策时不能只看平均成本和平均收益，只有边际分析才能准确评估增加投入的经济合理性。忽视这一点会导致错误的资源配置和经济损失。

第五节　经济学的基本假设

一、新古典经济学的基本假设

理论的有效性依赖于其假设条件，不能脱离这些前提条件来运用某种理论。在实践中，必须根据具体情境审视理论的适用性，而不是将其视为无条件的真理。避免教条主义地运用理论，才能确保决策的合理性和科学性。理解假设条件的局限性，是灵活应用理论的关键。

为了证明完全竞争市场作为市场类型的优越性，新古典经济学理论构建了一系列假设，这些假设中的经典要素主要包括以下几点。

（一）理性人假说

"理性人"假设是经济学的重要基础，假定人们在决策时会选择最符合自身利益的方案。该假设强调行为与目标之间的逻辑一致性，即决策者清楚自己的需求，并通过行为来最大化收益或效用。无论是正当行为还是不道德行为，都被视为追求最大化利益的一种选择。

理性人假设可以被理解为人们的行为是出于自利动机，然而，这种自利并不等同于自私自利。对此，杨小凯教授解释说："比如一个基督教徒，由于相信上帝的原因，充满行善的欲望，他人得到幸福时，他会觉得自己更幸福,这也是自利行为,但显然不是自私自利。自利行为是指将自己的目标函数在约束条件下最大化的行为。而这一目标函数(可能)包含行善这种欲望"[①]。

理性人假设是一种有益的简化假设,帮助经济学家聚焦于受理性动机支配的经济行为,避免陷入复杂的非理性因素之中。然而,这一假设并不意味着忽视或否定非理性因素的重要性,而是为了界定分析范围,促进经济学的科学性和务实性。通过承认自身的局限性,经济学家可以更好地理解和解释受理性动机支配的经济行为,留下非理性行为的解释空间给其他学科。

（二）完全信息的假设条件

理性人假设条件强调了市场上个体对经济信息的完全了解和理性决策的能力。这种假设条件有助于建立一个理想化的市场模型,假设市场上个体能够做出最优决策,实现资源的最有效配置。然而,这一假设条件在现实世界中并不完全准确,因为个体往往面临信息不完全、不确定性和认知偏差等问题。因此,理性人假设条件需要在实际应用中进行适当的修正和补充。

（三）交易费用为零的假设条件

在新古典经济学理论中,市场交易被视为无成本的,即不存在交易成本,唯一考虑的成本是生产成本。

（四）权利得到完全地界定的假设条件

新古典经济学理论设定,一切权利皆已精确划分,由此推导出不存在外部性困扰的论断。换言之,该理论框架内,私人领域的得失与社会整体的损益将完美契合,无丝毫偏差。

[①] 杨小凯. 经济学原理[M]. 中国社会科学出版社1998年版,第4页。

（五）制度是既定的，是一个外生变量

完全竞争市场是新古典经济学理论的基石，作为其核心假设之一，其存在是整个新古典经济学体系构建的必要条件。若失去这一假设，新古典经济学的理论体系将无从谈起。

二、管理经济学的几个基本假设

本书基于对人类生存环境和行为的深刻理解，打破了新古典经济学的理想化假设，提供了一个更为现实和复杂的经济模型。通过承认有限信息、不确定性、风险、资源约束等因素，和有限理性、动机多样性、行为复杂性等特点，本书提供了一个更为细致和准确地描述人类经济行为的框架。

（一）资源的稀缺性与产权

资源稀缺性是人类经济行为的基本特征，导致人们需要进行选择，满足自己的偏好。经济学研究的是如何在资源稀缺的环境下进行最优配置，满足人类的需要。然而，这个问题实际上涉及了产权问题，即对经济物品的多种用途进行选择的权利。产权决定了物品的价值和人类的行为，因为它规定了谁有权利对物品进行使用、分配和交易。因此，产权是经济学的一个核心概念，直接影响到资源的配置和价值的形成。

（二）环境的不确定性

人们生活在一个充满不确定性的环境中。因此，人们的选择并非在确定性的条件下作出，而是在充满不确定性的背景下进行。根据不确定性的定义，每一个可能被选择的行为都伴随着一系列可能的结果，这些结果遵循某种概率分布，排除了唯一确定结果出现的可能性。不确定性的另一层含义在于，这些潜在结果的概率分布是相互交叠的。采取某一行为计划时，只有一个结果会发生，但这个结果是无法预先确定的，因此它本身也遵循一定的概率分布。因此，在不确定的条件下，企业追求的是最大化期望利润，即追求结果的期望值最大化，而非单纯追求利润最大化。"利润最大化"这一概念仅在确定性条件下才有其意义。在不确定的经营环境中，企业追求的并非最大化利润，而是追求一个令人满意的利润水平。由于不确定性的存在，企业的成功往往需要一定的机遇或运气。

一个简单的例子足以阐释机遇或运气的重要性。设想数千名汽车旅行者从北京出发，他们没有事先规划，随机挑选自己的行车路线。假设仅有一人无意中选对了道路，而这条路上恰好设有一个加油站，这使得他顺利抵达终点。与此同时，其他人由于选择了错误的路线，很快就耗尽了汽油，最终未能到达目的地。我们可能会认为，那位选对道路的旅行者是聪明、高效、有远见的。当然，我们同样可以认为他只是运气好。然而，如果现在将加油站的位置挪到另一条路线上，那么对于这位旅行者而言，结果可能会截然不同。

企业可以通过模仿成功企业和反复尝试法来增加成功的可能性，但成功本身是不可预测的。破产案例实际上是人们获得决策信息所必需的组织试验，破产企业家的贡献不见得低于成功的企业家。这个观点强调了创新和试验的重要性，表明了成功的道路往往充满了不确定性和风险。企业需要对风险和不确定性进行适当的评估和准备，以应对不断变化的市场环境。

通过借鉴现有成功企业的策略，企业不仅能够规避经营中的失误，还能在较短时间内提升生产效率。反复尝试法则允许企业通过成功或失败的实践来筛选出最有利的行动方案，尽管这种方法有时可能带来严重的后果。然而，在模仿和反复试验的过程中，重要的是要将这些策略与企业所处的真实环境相结合，并根据环境的特性对成功的经验进行调整。实际上，在现实世界中，那些能够生存下来的企业往往是那些不完全模仿者。

因此，面对复杂与不确定的环境，人们应当小心谨慎，不要盲目崇拜自身的理性能力，要时刻警惕人类理性的"致命的自负"。

(三) 机会主义行为倾向

如果人类的行为模式仅局限于有限理性的范畴，那么深入探索治理机制以削减交易成本的价值便显得微不足道。毕竟，在契约未能面面俱到的情境下，人们仍能凭借和谐的协商来化解分歧。然而，现实社会的复杂性在于，每个人都是追求自我利益的个体，他们可能会伺机利用契约的漏洞，以牺牲他人为代价来谋取私利。这种自私自利、损人利己的行为模式，被威廉姆森教授形象地称之为"机会主义行为"。

实际上，机会主义涉及追求个人利益，然而，采取机会主义行为的主体往往会以牺牲他人利益为代价，狡猾地追求自己的好处。当然，并非所有行为个体都明显表现出机会主义倾向，但由于难以辨识哪些人更倾向于机会主义，哪些人则不然，因此这一行为假设并未违背基本原则。正如古语所言："害人之心不可有，防人之心不可无"，这正是对机会主义行为的深刻阐释。

鉴于"狡猾逐利"的机会主义倾向，个体在交易过程中必须采取多样化的手段来保障自身权益不受侵害。由于信息不对称，信息占优者可能故意隐瞒或篡改信息，以误导信息劣势者，从而实现自身利益最大化。在这样的背景下，交易双方既要维系正常的合作关系，又要时刻保持警惕，以防不测，这无疑会增加额外的成本支出。

若机会主义行为不复存在，那么所有行为将严格遵循规则，且无需进行详尽的事前规划。即便遭遇意外状况，各方为了共同利益的最大化，亦能依照一致的原则进行处理。因此，只要事先拟定以下一般性条款，便能预防合同执行过程中可能出现的任何问题：双方承诺随时通报所有相关信息，在合同执行期间，双方将共同努力以实现利益最大化，并按照事先商定的比例分配收益。然而，这样的合同并不能解决所有问题，因为在追求利益的过程中，人们可能不会完全坦率。

第二章 现代化经济理论基础

第一节 现代化经济理论逻辑和实践基础

党对现代化经济体系的构建具有较强的理论逻辑,这个理论逻辑表现出一定的历史性和时代性特征。党提出的发展目标和分两步走的发展战略是遥相呼应的,体现了对我国社会经济发展的深刻理解和对现代化经济体系的正确把握。这个理论逻辑是指导我国社会经济改革与发展的基本航标,确保了我国社会经济发展的方向和目标。同时,这个理论逻辑也为我国现代化经济体系的建设提供了坚实的理论基础和实践指引。

一、现代化经济体系的理论逻辑分析

党的二十大报告为我国现代化经济体系建设指明了方向,强调了新发展理念的贯彻、社会主义市场经济改革的重要性以及高水平对外开放的必要性。报告提出构建国内国际双循环相互促进的新发展格局,这一战略布局基于我国当前的国情和社会主要矛盾的变化。回顾过去,2014年提出的"经济发展新常态"理论为理解我国经济发展的基本规律和特征提供了重要视角。中央经济工作会议进一步强调了树立新常态意识的重要性。此外,从投资与消费需求等多个维度分析,我国经济正从粗放型增长转向集约型增长,经济结构

也在进行深层次调整。这些理论创新不仅为"十四五"规划的制定提供了理论支持,也为供给侧结构性改革的深入推进奠定了坚实基础。

二、现代化经济体系的实践基础

打造实体经济、科技创新、现代金融、人力资源协同共进的产业体系,是我国迈向现代化经济体系的重要基石。在此过程中,准确把握并妥善处理人力资源、现代金融、科技创新与实体经济之间的内在联系,显得尤为重要。

(一)处理好虚拟经济和实体经济之间的关系

目前,我国虚拟经济与实体经济的发展面临显著的不平衡挑战,实体经济逐步向虚拟经济偏移的趋势愈发明显。根据详尽的调查与分析,自2009年始,我国实体经济在全社会固定资产投资中的年度增长速度逐年放缓,历经八年时间,即从2009年直至2017年,其实体经济投资占比已显著缩减至原来的$\frac{1}{5}$。与此同时,受到房地产等行业的巨大利润吸引,我国虚拟经济呈现出蓬勃发展的态势,这进一步加深了实体经济与虚拟经济之间的发展不均衡。为了构建稳固且充满活力的现代化经济体系,确保我国经济的长期健康发展,我们必须在巩固实体经济基础的同时,采取科学有效的措施来引导和规范虚拟经济的发展,以达成虚拟经济与实体经济比例的合理优化。

(二)处理好人力资源和实体经济的关系

各个行业的发展均需人才作为支撑,特别是在实体经济领域,高端技术行业对优秀人才的依赖尤为显著。然而,审视现状,我国在高端人才方面面临严重短缺,人才培养方面存在投资不足、认识不到位等问题。在后金融危机时代,许多发达国家逐渐将增加人力资本投资作为实现创新和跨越式发展的核心战略。对于我国而言,应将产业优化和创新驱动作为发展的基本导向,大力倡导工匠精神，致力于培养一支具备强大创新能力、深厚知识素养和专业技能的复合型人才队伍。

（三）处理好技术创新与实体经济的关系

在构建现代化经济体系的过程中，我国应致力于通过创新推动实体经济的优化与升级，并进一步加大在创新领域的投资与研究力度。同时，政府应推出一系列鼓励和支持创新的优惠政策，为我国创新产业的发展营造一个有利的政策环境。

现代化经济体系的构建是一项涉及多方面、长期且系统性的工程。这一战略部署是在我国经济发展进入新常态的背景下提出的，对于实现我国经济的可持续发展具有至关重要的意义。为了达成现代化经济体系建设的目标，首要任务是精确理解其理论逻辑，并明确这一重大任务的理论基础。此外，加快构建协同发展的产业体系，为现代化经济体系的建设奠定坚实的实践基础，也是至关重要的。

第二节 现代化经济体系的理论和实证研究

党的二十大立足于我国已迈入新时代中国特色社会主义的历史阶段，提出"要坚持以推动高质量发展为主题，把实施扩大内需战略同深化供给侧结构性改革有机结合起来，增强国内大循环内生动力和可靠性，提升国际循环质量和水平，加快建设现代化经济体系，着力提高全要素生产率，着力提升产业链供应链韧性和安全水平，着力推进城乡融合和区域协调发展，推动经济实现质的有效提升和量的合理增长。"

一、把握现代化经济体系的框架结构

在推进现代化经济体系建设的过程中,首要任务是明确经济体系的定义及其构成。经济体系可以理解为由多个维度、层次的经济子体系按照一定秩序和内部联系组合而成的整体。具体而言,现代化经济体系由6个主要子体系构成,每个子体系又包含若干分体系,这些子体系和分体系共同构成了一个复杂而有序的大系统。

(一)宏观调控体系

在现代化经济体系的广阔版图中,财税体系、金融体系及其监管机制构成了宏观层面的重要支柱。党的十八届三中全会审议通过的《中共中央关于全面深化改革若干重大问题的决定》中,关于"加快转变政府职能"这一章节的首要位置,强调了"健全宏观调控体系"的必要性,具体指出应构建一套以国家发展战略与规划为指引,财政政策和货币政策为核心调控手段的宏观调控框架。

(二)现代市场体系

现代市场体系是现代化经济体系的基石,其建立和发展对于实现经济的快速增长和可持续发展至关重要。市场体系的构建需要市场主体、市场要素、各类市场和市场监管的协调和平衡。市场主体的积极参与、市场要素的自由流动、各类市场的有机联系和市场监管的有效实施,都是构建现代化经济体系的必要条件。只有建立和发展一个开放、竞争有序的市场体系,才能真正实现市场在资源配置中的决定性作用,提高要素配置效率,推动经济的快速增长和可持续发展。

(三)现代产业体系

不同产业之间相互联系并构成一个系统,这是现代化经济体系的中观层面。党的二十大报告明确指出，"坚持把发展经济的着力点放在实体经济上，推进新型工业化，加快建设制造强国、质量强国、航天强国、交通强国、网络强国、数字中国。"现代产业体系包括现代农业产业体系、现代工业体系、现代服务业体系等。二十大报告在论述实施乡村振兴战略时提出，"坚持农业农村优先发展，坚持城乡融合发展，畅通城乡要素流动。加快建设农业强国，扎实推动乡村产业、人才、文化、生态、组织振兴。"

（四）区域经济体系

不同区域经济体集合而成的整体，这是现代化经济体系的地理分布和空间格局。十九大报告也没有直接使用区域经济体系这一概念，但涉及这方面的内容，二十大报告指出"深入实施区域协调发展战略、区域重大战略、主体功能区战略、新型城镇化战略，优化重大生产力布局，构建优势互补、高质量发展的区域经济布局和国土空间体系。""健全主体功能区制度，优化国土空间发展格局。推进以人为核心的新型城镇化，加快农业转移人口市民化。以城市群、都市圈为依托构建大中小城市协调发展格局，推进以县城为重要载体的城镇化建设。"

经济体在地理空间上的集聚，共同塑造了现代化经济体系的地理轮廓与空间构造。值得注意的是，尽管十九大报告并未直接使用"区域经济体系"这一表述，但其内涵已经蕴含其中。二十大报告则进一步明确指出："深入实施区域协调发展战略、区域重大战略、主体功能区战略、新型城镇化战略，优化重大生产力布局，构建优势互补、高质量发展的区域经济布局和国土空间体系。"此外，报告还强调了"健全主体功能区制度，优化国土空间发展格局。推进以人为核心的新型城镇化，加快农业转移人口市民化。以城市群、都市圈为依托构建大中小城市协调发展格局，推进以县城为重要载体的城镇化建设。"

（五）对外经济体系

这是现代化经济体系的国际连接层面。在二十大报告中，并未直接采用"对外经济体系"这一术语，而是强调了"深度参与全球产业分工与合作，维护多元且稳定的国际经济格局和经贸关系。"这涵盖了对外经济体系的相关内容。中国经济体系是全球世界经济体系的关键组成部分，与国际经济体制紧密相连，对外经济体系在其中扮演着桥梁和纽带的角色。对外经济体系涵盖了我国对外经济贸易的各个要素及其相互关联，构成了一个统一的整体。

二、抓住建设现代化经济体系的重要支点

在确立了现代化经济体系建设的框架结构之后，接下来需要明确的是推进现代化经济体系的关键着力点或核心支撑。二十大报告针对建设现代化经济体系这一战略目标，提出了五项关键任务：第一是构建一个高水平的社会主义市场经济体制；第二是建设现代化的产业体系；第三是全面推进乡村振兴；第四是促进区域协调发展；第五是推进高水平的对外开放。为了推进现代化经济体系的建设，必须切实执行这五项任务，并持续努力以取得成效。基于这五项任务，建设现代化经济体系的关键在于精准把握这五个重要支撑点。

（一）贯彻一个发展理念

坚持大自然是人类赖以生存和发展的基础。尊重自然、顺应自然、保护自然，是全面建设社会主义现代化国家的内在要求。构建现代化经济体系必须以新发展理念为指导，二十大报告明确指出："推动经济社会发展绿色化、低碳化是实现高质量发展的关键所在。""完善支持绿色发展的财税、金融、投资、价格政策和标准体系，发展绿色低碳产业，完善资源环境要素的市场化配置体系，加速节能降碳先进技术研发和推广应用，倡导绿色消费，推动形成绿色低碳的生产方式和生活方式。"

（二）围绕一个发展主线

深化供给侧结构性改革是我国经济发展的主导脉络和经济工作的中心任务，对于解决我国经济发展过程中所面临的结构性挑战起着至关重要的作用。二十大报告提出，"要坚持以推动高质量发展为主题，把实施扩大内需战略同深化供给侧结构性改革有机结合起来，增强国内大循环内生动力和可靠性，提升国际循环质量和水平，加快建设现代化经济体系，着力提高全要素生产率，着力提升产业链供应链韧性和安全水平，着力推进城乡融合和区域协调发展，推动经济实现质的有效提升和量的合理增长。"

第三节　现代政治经济学重大前沿问题

本节对现代政治经济学的重大理论问题进行了深入的分析和总结，提出了许多新的理论和模型。这些理论和模型不仅对现代政治经济学的发展具有重要意义，也对理解当前的经济和社会问题具有重要的参考价值。

首先，对于价值理论的新理论，提出了环境领域"负价值"理论，这是对传统价值理论的重要补充和拓展。同时，也探析了竞争与垄断、同类异质商品和联合生产背景下商品价值量变动规律，这是对价值理论的重要深化和发展。

其次，对于经济增长与经济周期，提出了技术与制度有机构成理论模型，这是对经济增长理论的重要贡献。同时，也建立了基于技术力、制度力、耦合力的长波理论，这是对经济周期理论的重要创新。

再次，对于收入分配和国际交换不平等性，提出了机会不平等纳入马克思主义收入分配理论框架，这是对收入分配理论的重要发展。同时，也提出了国际不平等交融理论，这是对国际经济理论的重要贡献。

最后，对于虚拟价值与虚拟经济，提出了虚拟经济理论模型，这是对虚拟经济理论的重要发展。同时，也将其应用到"互联网+"和"比特币"以及"新媒体"等若干领域，这是对虚拟经济理论的重要应用。

自马克思主义经济学体系建立以来，现代政治经济学中的多个核心理论议题不断受到内部质疑与外部挑战。诸如联合生产中的"负价值"现象、商品价值量的动态变化规律、价值转型的复杂性、平均利润率下降趋势的探讨、经济波长的周期性影响、机会公平的追求、国际不平等交换的批判，以及虚拟经济的崛起等议题，不仅在社会实践中占据关键地位，而且每一个都深刻影响着马克思主义经济学理论体系的完整性和有效性。尤为关键的是，这些议题在国内外学术界引发了长达一个多世纪、跨越时代的激烈辩论，既有辩护之声，也有批判之论，但至今仍未能形成统一的共识。

针对现代政治经济学中的一系列重大前沿问题，本研究从四个关键领域进行了深入的理论探索：价值理论的新视角研究、经济增长与经济周期的内在机制、收入分配中的不平等现象以及国际交换中的失衡问题，并构建了包含虚拟价值的宏观经济分析框架，给出了贴近现实的全新阐释。此举不仅契合了马克思主义经济学在国际化、现代化及中国化进程中的发展需求，更对解决全球性挑战、指导当代社会经济实践具有不可估量的现实意义。

一、关于价值理论的新理论探索与实证研究

马克思主义经济学的价值理论正面临着来自理论和现实的多重挑战。随着经济形势的变化和环境问题的日益突出，劳动价值论需要创新和发展，以解决污染物定价和资源环境问题。同时，商品价值量变动规律的争论仍然是学术界的一个热点话题，需要进一步的研究和讨论。价值转型理论的动态化探索也是一个重要的研究方向，需要结合国内外经济形势的变化和我国社会主义市场经济体制建设和经济发展的现实需要。总之，马克思主义经济学的价值理论需要不断创新和发展，以应对新的挑战和现实需要，进一步完善劳

动价值理论和生产价格理论。

（一）关于"斯蒂德曼诘难"与环境领域"负价值"理论

马克思主义经济学的劳动价值理论面临着理论和现实的双重挑战。斯蒂德曼的理论挑战认为联合生产条件下存在负价值和负剩余价值，从而否定了劳动价值理论的科学性。与此同时，现实中的环境污染问题使得可持续发展受到了极大挑战，污染定价问题的解决迫在眉睫。然而，如何基于劳动价值论给出说明与解释仍然是一个未解之谜。因此，马克思主义经济学需要在理论上进一步完善劳动价值理论，在现实中找到解决环境污染问题的有效方法，以应对这些挑战。只有通过不断地理论创新和现实实践，马克思主义经济学才能继续保持其科学性和指导性。

学术界针对这两个方面的理论挑战和现实需求，展开了广泛的理论探讨和创新性研究。

（1）"斯蒂德曼的质疑"引发了国内外学者的广泛关注，他们纷纷对斯蒂德曼所提出的"负价值"概念质疑和批判。例如，置盐信雄、森岛通夫、张忠任、余斌、冯金华等学者，从各自不同的视角对联合生产中的"负价值"问题进行了分析，并对"斯蒂德曼的质疑"进行了批评。综合这些研究成果，我们可以看出，在对这一问题的讨论中，尽管理论界提出了许多新的观点，但这些研究大多是在对"斯蒂德曼的质疑"原有假设进行新的解读，而没有跳出斯蒂德曼的分析框架，因此，仍然未能真正解决这一"质疑"。

（2）经济可持续发展的核心理念在于构建资源环境价值理论，并解决其定价难题。然而，在西方经济学的框架内，资源环境的外部性导致市场无法确立均衡的环境价格。而在马克思主义经济学的视角下，资源环境被视为非劳动产品，其价值分析需要超越劳动价值论的范畴。因此，自20世纪70年代以来，国内外的马克思主义学者开始重视生态问题，并逐渐发展出生态马克思主义这一学派。尽管如此，这些研究大多局限于哲学领域，尽管经济学角度的探讨也取得了一定进展，但在马克思主义经济学的逻辑体系中，对资源环境进行量化的经济解释仍显得不够充分。

这样的理论与现实交织的背景，催生了一个亟待探索的新课题，即需对关键的前沿理论及其实践问题进行深入的创新性研究与实证分析。为此，尝试进行了以下几个方面的理论探索与实证剖析。

首先，创造性地构建了资源环境领域的"负价值"理论框架。针对斯蒂德曼的"负价值"理论逻辑进行分析，可以发现其研究价值有限，因为联合生产的两种产品价值总额的分配机制，最终还是要依赖市场的资源配置，而非直接关联于劳动价值论的科学性。但不容忽视的是，"负价值"这一概念本身蕴含了丰富的经济学内涵，为资源环境经济学的深入探索提供了宝贵的理论工具。因此，要有效克服"斯蒂德曼难题"，关键在于深入挖掘联合生产背景下"负价值"概念的真正科学精髓，以此为基础，为环境经济学构建坚实的价值体系。

在社会生产活动中，"负价值"问题不仅仅局限于环境污染产生的联合生产。事实上，无论人类的生产活动如何，都会产生"负价值"的问题。这种"负价值"不仅包括环境污染，还包括生产过程中的其他形式的损失，如资源浪费、人力资源的过度消耗等。因此，"负价值"理论具有更广泛的意义，成为社会生产活动的基本约束条件。只有将资源环境纳入生产活动的基本约束条件，并承认和解决"负价值"问题，才能实现可持续的社会生产和发展。

其次，在环境经济学中，污染物的定价一直是一个难题。传统的劳动价值论无法直接解决这个问题，因为它无法将负使用价值（污染物）纳入价值计算。然而，重新界定了的"负价值"理论为污染物定价提供了价值基础。根据这一理论，污染物的定价应该基于净化或消除污染物所耗费的社会必要劳动时间。这一方法将污染物的定价与劳动生产率和污染物数量紧密相关，解决了传统劳动价值论中的定价困境。因此，这一理论为环境经济学中的污染物定价提供了新的价值观念和方法论。

再次，"负价值"理论为绿色经济发展提供了新的思路和方法。通过对资本有机构成的分类,可以更好地评估技术的环境影响和经济价值。同时,揭示了污染治理劳动与产品价值量之间的关系,挑战了传统的 GDP 核算方法。将环境成本核算纳入绿色 GDP 的核算当中,可以更全面地反映经济活动的环境影响和社会成本,有助于实现可持续发展。因此,"负价值"理论具有重要的理论和实践意义,可以为绿色经济政策的制定和实施提供科学依据。

最后,本研究针对环境领域的"负价值"理论进行了深入的经验研究和实证分析。研究覆盖了企业、产业和社会三个层面,即微观、中观和宏观层面,通过详尽的经验研究和实证分析,验证了污染的负价值存在性、污染物排放权的定价机制,以及绿色 GDP 核算与负价值之间的联系。这些发现不仅证实了我们理论研究的结论,而且为劳动价值理论和"负价值"理论的实证研究开辟了新的道路。

(二)关于"世纪之谜"与商品价值量的变动规律新解释

我国学者对"世纪之谜"以及商品价值量变动规律的探讨,大致可以概括为以下三类。

(1)我国学者在探讨商品价值量的变动规律时,对马克思主义经济学的成反比理论提出了质疑,并提出成正比的观点。孙连成、叶航、李翀等学者从不同角度进行研究,质疑经典马克思主义经济学成反比命题的局限,并提出成正比的观点。然而,这些研究主要是在改变部分原假设的基础上进行的,分析逻辑和框架仍未脱离马克思原有的思想体系,因此未能实现实质性突破。

(2)第二类观点坚持马克思主义经济学的成反比理论,认为马克思在《资本论》第一卷中的经典成反比命题是正确的。这一观点强调,无论劳动生产率的变化是由何种因素引起的,"商品的价值量与劳动生产率成反比"这一规律总是成立的。

(3)第三类观点通过创新视角尝试破解"世纪之谜"。程恩富和马艳从影响劳动生产率的因素中引入劳动的主观条件,张忠任提出"期差性"理论,孟捷论证劳动与资本在价值创造中可能存在正和关系,王朝科则构建成反比理论的标准表达式。

在学术界对"世纪之谜"的探讨中，无论是拓展原有假设还是进行创新性研究，都离不开对现实背景条件的充分假定。经典的商品价值量变动规律是基于资本主义自由竞争、同类同质商品和单一生产的理论结论。然而，现代理论研究则更多地关注垄断竞争和联合生产，以及同类异质商品为主流的背景条件。由于这些背景条件的变化，在现实情境下维护经典理论的原结论或进行理论创新显得不再合适。

针对当前经济环境的新动态，可以积极地对经典理论进行新的探索与尝试。

首先，在从竞争转向垄断的市场背景下，行业由少数大企业主导，原本数量众多的原子型企业形态已不复存在。垄断状态下，技术、资本、劳动力等生产要素的自由流动受到阻碍，导致同一种劳动的差异化情况普遍化。此时，垄断的社会必要劳动时间与竞争的社会必要劳动时间很难进行转换和均等化，这使得马克思关于同一部门、同一劳动、同一时间的原假定条件不再成立。因此，在垄断状态下，可能出现成正比、成反比、不确定三种状态。垄断企业可以利用其垄断地位制定高价，从而使得成正比关系成为一种新常态。

其次，在同类不同种商品视角下的分析中，同类不同种商品是指用途一致但功能有所差异的商品集合。随着社会经济的不断发展，同类不同种商品逐渐成为一种常见的商品形式。以不同种商品及其生产劳动为基本出发点，分析对象从传统的同类同种商品演变为同类不同种商品。因此，同类不同种商品的单位商品价值量与劳动生产率的关系取决于劳动主观条件和劳动客观条件的变化。具体来说，在劳动主观条件变化或劳动主观条件与劳动客观条件同时变化且前者变化幅度大于后者的情况下，可以得出成正比的结论。这一分析为解释"世纪之谜"提供了一个较为合理的解释，突显了在复杂经济环境下，理论探讨需要考虑多种因素的相互作用。

再次，在当前经济活动中，"单一生产"的假定条件已不再适用于现实情况，因为一个经济过程通常会产生多种产品。例如，在资源环境问题日益突出的今天，生产过程中不仅会产出经济物品，还会伴随污染物等副产品的产出。因此，有必要将"单一生产"拓展为"联合生产"。在"联合生产"条件下，如果对污染物进行清除，则单位商品价值量与劳动生产率可能成正比；如果不对污染物进行清除，则单位商品价值量与劳动生产率成反比；在绿色技术进步条件下，单位商品价值量与劳动生产率也成反比。这些情况的价值量变动规律与"单一生产"的情况类似，但未细分劳动的主观条件与客观条件的变化。

最后，首次利用新的计量方法对商品价值变动规律进行了实证分析。学术界大多从理论层面探讨"世纪之谜"，尚未从实证角度进行研究。此次研究对完全竞争市场、垄断竞争市场、完全垄断市场中的商品价值量与劳动生产率的变动关系进行了实证检验。将计算机与电子行业、石油与煤炭行业、烟草行业分别作为这三种市场结构的代表性行业，实证结果显示，这三个行业中单位商品价值量与劳动生产率之间的关系分别是完全成反比、成正比和反比皆有可能、完全成正比。这些结果与理论分析相一致，使得研究更加严谨。

（三）关于转型问题"百年之争"和动态转型模型的实例演示

从理论上看，转型问题是自《资本论》第三卷出版以来，围绕价值到生产价格的转化问题所展开的争论。这些争论可以概括为古典解法、新李嘉图主义解法、新解主义解法、TSS学派、中国解法等五大解法，并可归纳为计量单位问题、伪问题等七大焦点问题。转型是一个从价值到生产价格转化的动态过程，近年来，一些学者通过引入时间因素试图将转型动态化，从而得出生产价格和平均利润率的形成过程。这些学者包括森岛通夫、言信雄、克里曼、丁保骏、张忠任、吕昌会以及冯金华等。然而，这些关于转型问题的研究和争论对转型的动态过程仍缺乏深入研究。因此，百年来的争论并未能够达成共识，争论仍未终止。

从现实来看，转型问题的研究对经济发展有着重要的启示作用。首先，在西方经济社会风起云涌、经济理论派别林立却存在根本缺陷的情况下，马克思主义经济学的发展必须从基础理论创新入手，增强其现实解释力及其实际应用。价值转型理论作为马克思主义经济学的重要基础理论，是其发展创新的最佳切入点。其次，完善社会主义市场经济体制的前提是要有一套健全的商品价格体系。目前，我国社会主义市场经济建设还在不断完善中，在价格形成机制上，需要借鉴西方经济理论中的合理成分，同时亟须完善马克思的价值转型理论，以科学的劳动价值理论为基础，以市场主体竞争关系为动力机制，建立一套反映市场经济的价格体系。最后，加快我国产业结构优化调整，促进国民经济的又好又快发展，也需要对产业结构的演变规律进行探索。动态转型理论研究可以为产业结构变迁提供马克思主义经济学理论支撑。

从现有研究来看，尽管百年来学者们对转型问题一直争论不断，但始终难以脱离静态分析的视角。虽然有很多国内外的学者将时间因素纳入转型问题的研究当中，试图使转型问题的研究动态化，但动态的研究并非仅仅将时间考虑在内，更为重要的是研究转型的具体过程或者平均利润率的具体形成机制及其对转型结果的影响。

鉴于现有研究难以脱离静态分析的视角，尽管有学者将时间因素纳入转型问题的研究，但动态研究需要更深入地探讨转型的具体过程和机制。

首先，系统阐述了动态价值转型的内在逻辑机理，并在此基础上构建和完善了动态价值转型模型。动态价值转型理论的逻辑机理可以概括为"一个统一、两个基本原理、三个基本命题"。"一个统一"是指，价值理论是相对价值与绝对价值的统一，价值转型理论之所以成立，而非伪问题，正是在于转型强调的是绝对量系统之间的转化。"两个基本原理"是指，"等量劳动创造等量价值"和"等量资本获得等量利润"。"三个基本命题"是，价值转化的实现机制是资本流动与供求规律、"第三大不变性方程"、价值转化形态变化具有长期性和多样性。基于此，在前期研究成果的基础上，构建和完善了狭义动态价值转型模型，以及加入垄断因素的广义动态价值转型模型。

其次，通过对动态价值转型模型的计算机仿真模拟，该研究填补了以往价值转型理论在实证方面的空白，提高了理论的可操作性和科学性。通过设定具体的函数关系和初始值，仿真模拟的实施不仅证实了动态价值转型理论的基本命题和逻辑机制,也展示了计算机仿真在复杂经济理论研究中的应用价值。此外,该研究通过具体的仿真案例,为经济学理论研究提供了新的视角和方法,即通过技术手段验证和展示理论的实际效果和可能的应用场景。

最后,探索性地将动态价值转型理论模型应用于现实情境,提出了以利润率为主导的产业结构演变理论,阐释了在垄断环境下利润率分层的现象,并对其进行了实证分析。作为动态价值转型理论模型的实证应用案例,本研究提出了利润率驱动的产业结构演变规律。在产业间充分竞争的背景下,资本流动倾向于从第一,第二产业向第三产业转移,同时劳动和资本密集型产业向知识密集型产业转变,这一演变规律可视为由动态转型机制所推动。在垄断条件下,资本流动受到限制,导致了利润率的分层现象。实证研究揭示了垄断程度与利润率之间存在相关性,表明垄断程度较高的企业和行业往往能够获得较高的利润率。

二、关于经济增长与经济周期的新理论模型与实证检验

经济长波问题是经济增长和经济周期研究中的一个关键问题。经济长波是指经济在经历较长时间的上涨趋势后转为较长时间的下降趋势,这种长周期变动对各国的长期经济增长有着重要的主导作用。因此,了解经济长波背后的原因和运行机制对于制定有效的政策建议来缓解和消除经济长周期波动的负面影响至关重要。

经济长波问题的研究对于各国保持相对平稳的经济增长、治理经济危机、延长经济繁荣等方面都有重大意义。通过研究经济波幅,可以更好地理解经济的运行机制和识别经济危机的早期警告信号,从而采取有效的措施来预防和缓解经济危机。

此外,经济长波问题的研究也可以为政府和企业提供有价值的参考信息,帮助他们制定长期的经济发展战略和投资计划。通过了解经济长波的运行机制,可以更好地把握经济发展的趋势和机会,从而实现可持续的经济增长和

发展。因此，经济长波问题的研究具有重要的理论和实践意义。

（一）关于"置盐质疑"与 TICC 理论假定下的平均利润率理论

置盐定理的提出，对马克思主义经济学产生了深远影响。它不仅对平均利润率下降理论提出了质疑，更重要的是，它为我们提供了新的视角去理解资本主义经济的运作机制。置盐的理论模型强调了生产技术进步对利润率的影响，并指出不同行业对技术进步的反映存在差异。这为我们理解资本主义经济的复杂性提供了新的思路，也为进一步研究资本主义经济发展规律提供了新的方向。

资本主义经济中平均利润率的变动趋势显示出复杂的动态特性，这一现象挑战了马克思经济理论中平均利润率必然下降的断言。实际上，经济周期、危机的爆发及随后的制度创新和调整，都在某种程度上影响着利润率的波动。特别是在现代社会，技术进步和制度创新对经济的影响表现出新的特点和规律，这不仅促使经济学者重新审视马克思的经济理论，也促进了对经济理论本身的现代化和适应性研究。因此，对平均利润率变化趋势的分析不应局限于过去的理论框架，而应考虑到经济发展的新现实、新特征，以及政策制定者和企业决策者在面对经济挑战时的新策略。

在关于资本主义经济中平均利润率变动趋势的讨论中，"置盐定理"成了一个重要的争论焦点，引发了学术界深入的思考和讨论。这场争论不仅涉及技术、资本、竞争和数学证明等多个层面，也反映了理论与现实之间的复杂互动。通过这些讨论，马克思关于平均利润率下降规律的经典理论得到了重要的发展和创新。一方面，部分学者基于实际经济数据对马克思理论提供了支持，另一方面，也有学者指出了马克思理论在当代经济环境下可能出现的新变化和挑战。特别是 SSA 学派的研究，它将制度因素视为影响经济增长和平均利润率变动的重要内生变量，为理解平均利润率变动提供了新的视角和理论框架。

平均利润率变动趋势理论的研究仍然存在较大的改进空间。现有的理论主要关注技术进步对资本有机构成的影响,而忽略了制度因素的重要性。虽然 SSA 学派尝试将制度因素纳入经济运行过程中,但仍然没有完全发挥其潜力。为了更全面地理解平均利润率的变动趋势,需要将技术和制度因素放在同等重要的位置,并探索两者之间的相互作用。只有这样,才能更准确地预测和分析平均利润率的变动趋势,为经济决策提供更好的参考。因此,未来研究应重点关注技术和制度因素的交互作用,并致力于建立一个更加全面的平均利润率变动趋势理论。

在当代经济学研究中,平均利润率变动趋势的讨论依旧活跃,传统理论与新兴分析方法之间的张力促使学者们不断探索。基于马克思的经典理论和 SSA 学派的制度分析,未来研究的方向应当是深化对技术进步与制度变革的交互作用的理解。通过构建一个将技术因素与制度因素有机结合的模型,可以更全面地揭示影响平均利润率的深层机制。

首先,技术和制度是经济活动中的两个重要变量,它们之间的相互作用对平均利润率变动趋势具有重要影响。然而,传统的理论框架并没有充分考虑到这两个变量的有机结合。马克思经典理论和 SSA 学派分别强调了技术和制度的不同方面,但没有提供一个完整的理论框架来分析它们之间的相互作用。因此,有必要构建一个新的研究思路和分析工具,以便更深入地理解技术和制度对平均利润率变动趋势的影响。TICC 的概念是这一努力的重要成果,它为我们提供了一个有效的途径来分析技术和制度的相互作用,并为平均利润率变动趋势的理论框架提供了新的视角和方法。本书提出的"资本的技术与制度有机构成理论"以及相应的 TICC 模型,代表了经济理论研究中的一个创新性尝试。这一理论和模型不仅保留了马克思关于资本有机构成和利润率的核心观点,同时也整合了制度因素作为内生变量,弥补了传统分析中对制度动态性理解的不足。TICC 模型的独特之处在于,它不仅仅是技术或制度单一维度的分析,而是通过一个有机结构,将技术进步与制度创新紧密联系起来,提供了一个更全面的视角来观察经济现象。这种方法论的转变,既是对马克思主义经济学说的继承和发展,也是对 SSA 学派分析方法的有效补充和超越，为研究资本主义经济的复杂性提供了新的工具和思路。

其次，通过将 TICC 模型融入马克思的平均利润率理论中，研究者不仅丰富了对利润率动态的理解，还为其变动趋势提供了更为科学和全面的解释框架。传统的单一变量分析无法充分揭示经济系统的复杂性，而 TICC 的引入则克服了这一限制，展示了技术与制度如何在互动中共同塑造经济结果。这种方法论的进步在于，它不但确认了技术进步和制度变革作为经济内生变量的重要性，还具体化了它们如何通过资本的有机构成和剩余价值的变化来影响平均利润率的走向。最终，TICC 模型表明，平均利润率的变动不是单一方向的必然结果，而是技术与制度互动下的多种可能性的综合体现。

最后，TICC 理论的提出不仅在理论上整合了技术进步与制度创新的分析，还为平均利润率的实证研究提供了一个突破性的视角。传统上，技术和制度的量化一直是经济学实证研究中的一大障碍，尤其是制度的非量化特性使其难以被纳入计量模型。TICC 通过将复杂的技术与制度互动简化为可测量的经济变量（资本有机构成和剩余价值量），巧妙地绕过了寻找直接代理变量的困境。这种方法论的创新在于，它允许研究者通过已有的经济数据来间接反映技术与制度的变化对平均利润率的影响，从而使理论假设的验证变得更为可行和科学。TICC 的应用不仅有助于验证理论模型，还可能揭示出更多关于经济结构和利润率动态之间的潜在关系，为经济政策的实证分析提供了新的工具和思路。

（二）三大长波理论脉络与基于技术力、制度力、耦合力的长波理论

经济长波现象是一个长期存在的经济问题，自 19 世纪末以来一直引起学者们的广泛关注。尽管经过了一百多年的研究和讨论，经济长波的存在性问题已经基本得到解决，但关于其动因的研究仍然存在很大的争议。经济长波的动因是一个复杂的问题，涉及经济、社会、政治等多个因素。现有的研究提出了各种不同的理论和模型，但仍然无法完全解释经济长波的现象。因此，进一步的研究和讨论仍然是必要的，以便更深入地理解经济长波的机制和规

律，并为经济决策提供更好的参考。同时，经济长波的研究也需要结合实际情况，考虑到经济全球化、技术进步等新的因素，以便更好地适应现代经济的发展。

经济长波的研究是一个复杂的领域，现有的理论研究虽然取得了一定的成果，但仍然存在一些不足之处。技术长波论和制度长波论分别过于强调了技术和制度因素的作用，忽略了两者之间的关联性和整体性。内生机制长波理论则需要进一步地深化和细化，以便更好地解释经济长波的现象。因此，未来研究需要更多地关注技术和制度因素之间的相互作用和整体性，建立更为全面的理论框架，以便更好地理解经济长波的机制和规律。同时，也需要结合实际情况，考虑到经济全球化、技术进步等新的因素，以便更好地适应现代经济的发展。

目前关于经济长波的理论研究仍存在着较大的提升空间。将现有理论的精髓加以融合和发展，建立一个更加完整全面的长波理论框架是下一步研究的必然趋势。可以在现有理论的基础之上，从技术与制度的双重视角考察经济长波，以期对经济长波的动因和具体运行机制进行一些新的研究和探索。

首先，技术与制度对经济活动的作用是一个复杂的过程，需要通过构建相关的概念和模型来进行分析和研究。技术力、制度力和耦合力的构建为长波理论研究提供了新的研究视角和分析工具。通过这些概念，可以将技术与制度对经济长波的作用量化，并分析它们之间的相互作用和动态过程。这种方法不同于过去的研究，它将技术力和制度力视为由多个变量有机构成的统一体，是系统层面的概念。耦合力的引入则可以量化技术力与制度力相互作用的动态过程中对经济活动所产生的额外作用。

其次，马克思的生产力与生产关系相对运动规律是经济学中的一个重要概念，但其主要是以质性的方式进行描述和分析的。本研究通过用数理的方式探讨技术力与制度力之间相互作用的动态过程，实现了对马克思规律的数理化、模型化和具体化。这一研究成果不仅可以更好地理解技术力与制度力之间的相互作用和相互影响的关系，也可以为经济决策提供更好的参考。同时，这一研究也表明了数理方法在经济学研究中的重要性和应用价值。通过将马克思的规律与数理方法结合起来，可以更好地理解经济现象和规律，并为经济学的发展提供新的思路和方法。

再次，通过引入技术力、制度力以及它们之间的耦合力，经济长波理论得到了显著的深化和量化。这种模型不仅揭示了技术进步和制度变革如何单独影响经济，还特别突出了它们之间的互动如何通过合力的大小和方向的变化，驱动经济的长期波动。耦合力的概念特别重要，因为它反映了技术与制度在经济增长中的协同效应或冲突效应。经济长波的周期性因此可以被理解为这两种力量在不同阶段的协调与失调的反映。这一研究不仅为理解经济周期提供了新的视角，也为政策制定者提供了工具，以更精准地预测和应对经济的波动。最终，这种模型化的方法展示了如何将经典的经济理论与现代分析技术结合，以揭示复杂经济现象背后的规律。

最后，在经济长波理论的实证研究中，传统的计量经济学方法由于技术力和制度力系统性和复杂性的特性，常常面临着变量选择和模型设定的挑战。引入理论与实践相结合的实证方法，提供了一个新的研究思路。这种方法不仅仅依赖于统计数据的分析，而是通过将理论框架应用于历史上的经济事件，来验证和阐释经济长波的动力学。这种双管齐下的策略，既能从宏观的理论层面提供解释，也能在微观的具体案例中找到支持，从而在一定程度上克服了单纯计量方法的局限性。通过这种方式，长波理论的实证检验不仅获得了更强的科学依据，也增强了其在解释历史和预测未来经济波动中的应用价值。

三、收入分配和国际交换不平等性的新视角与中国数据分析

收入分配的恶化是改革开放过程中我国经济发展的一个重要挑战。作为一个以公有制为主体的社会主义国家，我国的收入差距竟然高于多数发达资本主义国家，这是一个令人费解的现象。这个现象的产生可能与多种因素有关，包括经济体制、政策导向、社会结构等。因此，需要对这个现象进行深

入的分析和研究，以便找出其根源和解决方案。只有这样，我们才能在收入分配领域更好地深化改革，经济才能更好地健康持续发展。同时，这个现象的研究也可以为其他国家和地区的收入分配改革提供借鉴和启示。总之，理解和解释这个现象是当前经济研究的一个重要任务。

（一）机会不平等与我国收入分配领域中的机会不平等理论

针对公有制比例与基尼系数之间呈现的逆向关系，无论是马克思主义经济学还是西方经济学的现有理论，均未能提供一个令人信服的解释。

（1）马克思主义的分配理论提出了两个核心命题：首先，以公有制为主体的生产关系相较于以私有制为主体的生产关系，更能实现公平；其次，生产关系决定了分配关系，而分配关系是生产关系的直接反映。基于这两个命题，可以得出以下结论：①在公有制环境下，收入分配的差距必然小于私有制环境，并且公有制下的分配更为公平，而私有制下的分配则不然；②在以公有制为主导的混合所有制体系中，收入分配的差距必然低于以私有制为主导的混合所有制体系，且前者相较于后者将展现出更高的公平性。然而，这一理论似乎无法解释我国当前的情况，在一个以公有制为主体的体制下，为何收入分配差距甚至超过了西方私有制体系下的情况。

（2）传统的西方经济理论在分析收入分配时，采用了基于要素份额的边际分析方法。依据这一逻辑，工人的工资是由其边际劳动贡献决定的，而资本家的利润则由边际资本贡献决定。在《收入分配经济学手册》中，A.B.阿特金森和F.布吉尼翁提供了这样一个例子：在社会主义公有制条件下，基尼系数为0.20，相比之下，在资本主义经济中，基尼系数则为0.285。据此理论分析，社会主义公有制下的基尼系数显然低于资本主义私有制下的基尼系数。

（3）尽管新古典主义经济学家皮凯蒂在其著作《21世纪资本论》中利用历史数据描绘并证实了资本主义社会中收入差距不断扩大的趋势，但他并未提供一个系统且逻辑连贯的理论来阐释这些数据背后的原因。此外，皮凯蒂也未对中国所遭遇的收入分配困境进行深入分析。因此，无论是马克思主义经济学还是西方经济学，它们在理论逻辑上似乎都无法充分解释我国公有制与收入分配之间存在的逆向关系。

这便引出了一个崭新的研究议题：在新的实践背景下，如何创新性地发展马克思主义经济学的收入分配理论，以便更有效地阐释我国在收入分配领域出现的新现象，并进一步为深化改革提供理论支持和政策建议。

（1）机会不平等是当前我国收入分配日益恶化的重要原因之一。不同的理论视角对机会不平等有着不同的解释，其中马克思主义经济学家罗默的研究尤为突出，他从微观机制出发，分析了各种因素对收入分配中机会不平等的影响。在分析我国收入分配现实问题时，应该将机会不平等的概念置于马克思主义经济学的框架下，区分不同所有制结构，这样能够更全面、深入地认识问题的本质，提出更有针对性的解决方案。

（2）本研究基于马克思主义收入分配理论，构建了一个符合中国经济现实的收入分配函数模型，并将机会不平等的因素引入了这一理论模型。通过反事实函数和 Shapley 分解，研究了在不同所有制条件下，机会不平等对收入分配的影响作用。结果表明，机会不平等的影响可能会超过财产性收入差距，导致收入差距在所有制维度上不一定遵循预期的关系。

（3）构建衡量机会不平等的方法，并对我国收入分配中的机会不平等进行实证分析。采用基于回归的度量技术，但由于关键的努力变量数据缺失，例如个人每日有效工作时间等，这些变量无法作为解释变量纳入实际的回归分析。通过 Frisch-Wangh 定理的证明，即便将努力变量归入扰动项，也不会对机会不平等的度量结果产生影响，同样不会影响对各个环境变量在机会不平等中作用的评估。此外，嵌套 Shapley 分解既满足一致性（即各个变量对机会不平等的贡献总和等于机会不平等本身），也满足独立性（即努力变量的缺失不会影响从收入差距中分解出的机会不平等大小以及各个变量对机会不平等的贡献大小），因此，该分解方法是适用的。

最终，在理论分析与实证研究的基础上，结合我国经济现状，对政策进行深思熟虑并提出相应建议。为了确保经济发展的成果更加广泛且公平地惠及全体人民，在坚持社会主义市场经济原则的同时，改善收入分配结构、减少收入差距显得尤为重要。个人基于自主选择和努力产生的收入差异，实际上反映了市场竞争和效率。因此，无需调整这类由个人差异导致的收入差距。相反，应当着力改善和纠正由机会不均等所引发的收入差异。

（二）三大国际经济领域的不平等与交融理论

马克思提出的国际不平等交换理论自诞生以来就引发了广泛的争议，学术界至今未能就其解释达成一致意见。西方经济学家对该理论持怀疑态度，他们认为国际贸易利益是由多种因素（包括技术、资本、劳动和管理）共同决定的。然而，当面对发达国家和发展中国家之间显著的经济利益差距时，西方经济理论却显得力不从心，无法提供令人信服的解释。这种理论上的分歧凸显了不同价值论基础之间的根本差异。

马克思的国际不平等交换理论主要关注实物贸易中的不平等现象，受限于其提出的时代背景。然而，随着经济全球化的发展，不平等交换的现象已经扩展到国际贸易、国际投资和国际金融等多个领域。在这种背景下，马克思的理论难以全面而精确地解释当今复杂的国际不平等现象。

尽管国际经济迅速增长，国际不平等交换不仅没有因经济增长和频繁的国际经济交往而减少，反而在国际贸易、国际投资和国际金融领域中变得更加严重。更值得注意的是，这些领域的不平等性相互交织，产生了复杂的交叉影响。例如，国际贸易中的不平等交换与国际投资和国际金融中的不平等性密切相关。在这种情况下，马克思的国际不平等交换理论显然无法合理解释现实经济条件下的这种复杂交叉影响。

针对涉及多国经济利益的国际不平等交换问题，各国学者从不同角度展开了广泛的研究，尽管取得了一定的成果，但仍存在较大的发展空间。一方面，现有研究主要集中在国际贸易领域的不平等交换问题上，鲜有对国际贸易、国际投资和国际金融三大领域的不平等性进行全面系统的解释。另一方面，现有文献对不同国际经济领域中不平等性的交融影响涉及甚少，缺乏理论上的抽象概括和实践中的验证。

面对国际不平等交换与交融理论的发展以及现实中出现的新变化和新情况，理论界迫切需要进行创新性研究。为了应对这一挑战，可以抓住马克思国际不平等交换理论的核心内容和作用机制，拓展其内涵，以更好地解释现实中的新变化。

首先，随着全球经济格局的演变，技术差距和制度差异及其交互作用成为影响国际分工的新要素。研究不仅扩展了对实体经济分工的理解，还将其延伸至金融业与实体经济的关联领域，为重新定义国际不平等交换提供了理论基础。基于对国际分工的深入考察，学者们将不平等交换分为三个层次，分别是形式平等但实质不平等、形式不平等但实质平等，以及形式和实质上的双重不平等。这一划分不仅丰富了不平等交换的理论内涵，也为理解国际贸易、投资和金融领域中不平等现象的交融提供了新的思路和逻辑框架。

其次，通过对国际贸易、投资和金融三大领域的不平等性进行系统分析和实证检验，揭示了全球经济中的复杂不平等机制。一是，在国际贸易领域，不平等交换通过国际分工、产业转移以及制度话语权的不对称，导致贸易利益的失衡分配。二是，国际投资的不平等表现为外资引发国内不同劳动力层次间的收入差异，加剧劳资矛盾和收入分配的不公。三是，国际金融领域的不平等交换则体现在汇率偏离和金融体系失衡导致的国际剩余价值转移。三大领域的不平等现象共同构成了全球经济中不平等交换的复杂格局，进一步深化了对全球经济不平等问题的理解。

最后，首次创新性地提出了"国际不平等交融"的概念，这一概念描述了三大国际经济领域中不平等性相互渗透和融合的新状态。同时，首次尝试对不同国际经济领域中的不平等交融理论进行了系统性的分析，并以国际贸易不平等为例，实证检验了国际投资领域和国际金融领域中的不平等性对其交融的影响程度。理论逻辑和实证结果均证实，国际贸易、国际投资和国际金融这三大领域中的不平等交融确实存在。

四、关于考虑虚拟价值的宏观经济框架及其应用

当代经济中出现了三大重要新现象,这些现象不仅改变了全球经济的运作方式,也对理论经济学构成了重大挑战。

一是以股票、债券等虚拟资本为核心的虚拟财富不断增长,以及虚拟泡沫的频繁破灭,直接影响到人们的切身利益。然而,对于这类虚拟财富和虚拟泡沫的度量一直缺乏客观标准,导致人们只能依赖主观经验来判断其虚拟程度。这种主观判断往往容易引发错误,进而造成巨大的经济损失。因此,建立客观的度量标准成为亟待解决的重要问题。

二是随着互联网的深入发展,传统经济活动与互联网的融合催生了大量新的商业模式和经济形式,标志着"互联网+"时代的到来。这种变革不仅体现在生产、管理、营销等领域,还通过众筹、电子支付等创新手段改变了金融和商业生态。然而,尽管这些现象迅猛发展,学术界和理论界对这些互联网经济现象的系统性分析和理论框架仍显不足,亟待进一步完善和总结。

三是资源环境问题正逐渐凸显,对人类的生存与发展构成了严重威胁。自20世纪70年代以来,全球生态系统一直处于超负荷状态。这一严峻形势的根源在于,资源环境要素被大规模地纳入经济活动中,却未能获得应有的回报与修复,这不仅可能使经济体系在某些关键时刻或条件下出现"脱轨"现象,更可能引发整个国家乃至全球范围内的生态危机,导致生态资源极度匮乏。

面对这三大现实情况,无论是西方经济学还是马克思主义经济学,都难以提供一个令人信服的解释。

(一)西方经济学者对这一新经济现象难以给出具有说服力的解释

现代金融、网络信息、资源环境等领域的"价值外溢"现象,直接挑战了经济学基础,为"索洛悖论"提供了有力的证据。西方学者对于这一问题的多种理论解释,始终无法完全解释"索洛余值"。

（二）依据经典劳动价值理论的回应明显乏力

马克思在经济理论中对非劳动产品的虚拟价格、虚拟经济现象以及自然力的作用都有所涉及，但他的研究重心主要放在实体经济上，未能深入探讨虚拟经济与实体经济的相互关系，也未将资源环境因素整合到价值理论中。这表明马克思的经济分析在当代经济复杂化和环境问题凸显的背景下，需要进一步的拓展和补充。

在马克思经济学的框架内，拓展并发展马克思的劳动价值论，以构建一个全新的理论体系，是推进马克思经济学现代化的必然要求。

首先，引入虚拟经济的概念。虚拟经济代表了一种新兴的经济模式，从一个更宽泛的角度来看，它可被定义为依托于虚拟资本和网络技术两大支柱，同时以自然资源为根基运作的经济体系。该体系的核心在于虚拟资本的价值、网络虚拟价值、资源虚拟价值以及房地产虚拟价值。其虚拟特性主要通过未来导向性、数字化特征以及稀缺性得以体现。

其次，深化对经典劳动价值理论的理解，并在此基础上构建虚拟价值理论。在马克思主义经济学的框架下，价值被界定为劳动价值的范畴，这里的劳动特指人类抽象的生产性劳动。此价值唯有在实体经济的土壤中方能彰显其意义，因为它必须依附于物质载体——即生产性劳动所创造的、具备使用价值的物质产品，这些产品能够满足人们的特定需求。然而，价值的范畴不应局限于劳动产品，非劳动产品同样应纳入其中。因此，我们可以将马克思的价值范畴细化为劳动价值，而将非生产性或非劳动产品的价值定义为广义虚拟价值。劳动价值与广义虚拟价值共同构成了广义价值的广阔领域。依据虚拟价值与虚拟经济的定义，结合各类虚拟价值的独特属性，我们可以将虚拟价值细化为三类：以虚拟资本为基石的、以网络技术为媒介的，以及以自然条件为基础的虚拟价值。

再次，在对虚拟价值进行本质特性探讨的基础上，本研究进一步分析了虚拟价值的量化特性，即虚拟价值的定价模型，并论证了引入虚拟经济部门后，再生产模型所展现的新变化和新特征。显而易见，虚拟资本、网络产品和自然资源已经成为实体价值向虚拟领域转移的三大途径。

最后，将虚拟价值理论应用于解析"互联网空间"及"互联网+"等虚拟经济新景观。首要地，将虚拟价值理论应用于互联网空间，我们会发现互联网从根本上来说，是一个由尖端互联网技术支撑，并通过错综复杂的互联网关系交织而成的虚拟疆域。再者，互联网空间已经演化为一个独特的经济要素，其地位远非传统经济学所能简单容纳。我们不应仅仅将互联网视为一个普通的经济变量纳入经济学体系，而应将其视为一个具有特殊性质的经济变量进行深入剖析。它至少在经济体系中发挥着引擎般的推动力和酵母般的催化作用。而"互联网+"的核心理念，正是要深入探索这种"引擎+酵母"双重效应的内在运作机制。

媒体信息在现代经济中扮演着越来越重要的角色。通过互联网和新媒体，媒体信息可以快速传播，影响市场供给者和需求者的预期价格，从而使市场发生变化。媒体信息的这种影响可以被视为一种"媒体之手"，它可以补充"市场之手"和"政府之手"的不足，成为经济活动的一个重要因素。

第四节　现代经济学的方法论反思与理论发展

随着中国经济建设的不断发展，现代经济学研究取得了显著进步。文章围绕现代经济学的研究方法和基本框架展开讨论，通过提供研究平台、建立参照系、设定度量标尺和分析工具，构建了现代经济学的理论基础。同时，文章明确了现代经济学的五大基本框架：评估和比较不同经济现象、明确经济环境、制定制度安排、设定行为假设和选择均衡结果。详细的分析不仅为现代经济学的理论发展提供了结构化的路径，还为未来的研究工作提供了宝贵的参考，推动了经济学理论的创新和应用。

经济学是一门研究价值创造与实现的学科，具有独特的性质，与自然科学的精确性和可控性明显不同。自然科学强调数据和操作的精确控制，而经济学不仅要对经济现象进行系统分析，还要研究人的假设行为，面对不可预测的因素。由于社会和经济条件的不断变化，经济学研究面临巨大挑战，经常使经济学家们的预测偏离实际，这一现象有时会导致他们受到批评。这种批评既可能源于经济学家自身的能力限制，也可能因评估中不可预测的外部变化而影响其判断。经济学研究的复杂性与不确定性，使其在实际应用中更需审慎权衡，突显出其与自然科学的本质区别。

一、研究现代经济学基本分析框架和研究方法的重要性

经济学是一门关注人类经济行为、资源分配和利弊权衡的学科。其核心在于解决有限资源与无限欲望之间的矛盾，指导人们如何在资源稀缺的情况下做出最优选择。现代经济学通过科学方法，如数据收集、实验观察和理论构建，深入探索经济现象，帮助制定合理的资源利用策略。作为一门具有独特性质的学科，现代经济学不仅提供了对经济系统的分析框架，更代表了科学的研究方法，致力于通过系统化的研究手段提升资源的利用效率，满足人类的基本需求。这一特性使经济学在复杂多变的社会经济环境中成为指导经济决策的重要工具。

现代经济学不仅提供对经济理论的分析框架，还为实际经济数据的研究提供了科学工具。因此，深入理解经济学的基本框架和研究方法对推动学科创新至关重要。现代经济学的核心在于其普遍适用性和多样性，不同学派和理论通过设定各自的假设和模型来解释各种经济现象。这种多样化的框架和方法，不仅使经济学能够在不同的经济环境中应用，还能通过贴近实际的假设，为社会提供科学的预测和指导。掌握这些经济学的原理和方法，有助于分析各时期、不同制度下的经济行为，为应对复杂多变的经济问题提供理论支撑，使经济学成为研究和解决实际问题的有力工具。

现代经济学的独特之处在于其分析框架和研究方法的普遍适用性。尽管不同的经济、政治和社会环境可能会产生各自的经济理论，但现代经济学的基本原理和方法在全球范围内通用，并不受地域或国家限制。现代经济学通过其系统的分析框架，可以有效研究不同时期、不同地区及多样文化下的经济问题，进而提出解决方案。这种方法的普遍性不仅增强了经济学的研究价值，也拓展了其在其他学科中的应用，如政治学和社会学。过去几十年的实践证明，经济学的理论和方法不仅为经济行为的研究提供了科学依据，还为理解复杂社会现象提供了新的视角，使现代经济学在学术界和实际应用中展现出独特的魅力。通过全面掌握现代经济学的分析工具，人们可以在不同的社会环境中分析和解决经济问题，推动科学的决策与发展。

二、现代经济学的基本分析框架

现代经济学的问题解决方式其实与日常生活中的琐事处理相似，往往需要与人打交道。经济学家在解决问题时，首先要深入了解各国的国情和民风，认识到问题涉及的人及其生活环境。这种对人和环境的了解是制定经济决策的基础，能够帮助更准确地权衡经济利弊，从而选择最适当的规则来解决问题，最大限度地实现预期效果。通过这种方式，经济学不仅体现了其理论的应用价值，也展现了其在日常决策中的实用性和亲民性。

现代经济学以科学性和规范性为基础，通过其分析框架研究经济现象和人类经济行为的利弊取舍。解决经济问题的过程通常从明确研究方向开始，经济学家根据不同的经济现象，如经济衰退、贫富差距、市场失灵等，提出应对措施。比如，当经济衰退时，政府需采取何种政策来缓解衰退；面对市场失灵，探讨市场制度的优缺点及其控制失灵的应对策略；在解决经济外部性问题时，是通过产权明晰、政府干预还是其他方法。这种分析框架帮助经济学家系统研究经济问题，从而提出合理的解决方案。对于中国经济学家来说，当前面临的挑战包括金融体系改革、国有资产流失等经济转型问题，需依靠现代经济学的框架和方法,制定出适应国情的改革路径。

尽管现代经济学研究的问题看似多样,如经济衰退、贫富差距、市场失灵等,但它们的研究框架却高度一致,均由经济环境、行为假设、制度安排、均衡经济结果和评估比较这五个部分组成。这一结构化的分析框架为经济学提供了系统化的研究路径,使得各类经济问题能够在统一的理论框架内被解构和分析。因此,掌握这些基本组成部分,不仅有助于理解经济学原理,更能够灵活应用这些框架去分析和解决复杂的经济问题,提升对现代经济学的全面理解与掌握。

(一)界定经济环境

分析经济框架时,界定经济环境是关键的一步,即从实际问题出发,明确研究对象的周围环境和背景。经济环境包括经济人的特征、现代社会制度和经济信息结构等内容。在界定经济环境时,可以从两个方面入手:一是客观描述经济环境,注重事实和数据,以获得准确的经济结论;二是刻画经济环境,通过简化和艺术化的处理,使复杂的问题变得灵活易懂。这两者结合,使经济环境的界定更加全面与有效,既体现了科学的严谨性,又具备了艺术的表达技巧。通过这种科学与艺术的结合,经济学家能够更准确地分析和解决实际的经济问题,为后续的研究和决策提供坚实的基础。

界定经济环境的第一步是描述经济环境,通过经济理论将研究对象的经济环境准确呈现出来。由于各地的经济状况不同,所得到的理论和结论也各有差异。描述的精准度直接影响结论的准确性,因此准确描述是至关重要的。在此基础上,还需要对经济环境进行刻画,即从众多信息中提炼出环境的基本特征,以抓住经济问题的核心。这一过程不仅是对环境的简单描述,更是对其本质的揭示。完整列出经济环境的各个方面能够真实反映其全貌,但若只是简单罗列部分情况,可能会忽视经济问题的重点,导致分析偏差。通过全面而精准地描述与刻画,经济学家才能更好地理解经济环境,为研究与解决经济问题提供科学依据。

（二）设定行为假设

在现代经济学的分析框架中，设定行为假设是核心组成部分之一，它对经济学理论的应用和经济发展起着基础性作用。这一假设主要是对经济人的行为方式进行假定，判断这些假设是否能准确反映大多数人的行为方式。经济理论的有效性和经济的快速发展往往依赖于这些行为假设的准确性。如果假设能够真实代表经济主体的实际行为，那么理论就更有可能提供有效的预测和指导，从而推动经济的健康发展。

在经济学的实践中，不同个体在相同规则下会根据自身意愿进行取舍。这种差异性要求根据参与者的不同特征来调整游戏规则。对于诚实守信的个体，相处与规则设计较为直接，不需复杂处理；而对于狡猾或缺乏诚信的个体，相应的规则会变得更加复杂，需要更多的策略和时间来应对。这种对个体行为方式的研究不仅帮助理解经济主体的决策过程，还在界定经济环境时发挥着关键作用。通过深入分析个体取舍行为，经济学能够更准确地设计和调整规则，确保经济理论和实践的有效性。

在经济学中，人类行为的一个核心假设是自私性，即人们通常会追求自身利益。这一利己性假设不仅适用于个人，也适用于国家、集体和家庭等更大的社会单位。虽然这种假设可能并不完全符合所有情境，但它符合大多数现实情况，并且即使在某些方面不准确，也不会引发严重的后果。相对而言，依赖于利他性假设可能会导致更大的问题，因为利他假设假定人们总是无私地考虑他人利益，这在实际应用中可能带来更多的挑战和风险。

在经济学和现实生活中，准确判断人的行为至关重要。如果错误地将一个自私且狡猾的人视为单纯无害的个体，可能会导致合作中的重大失误和不良后果。这种错误假设的严重性体现在实际操作中，尤其是在财务管理和公共资源使用方面。为此，现实中的法律和严格的财务制度显得尤为必要。这些制度能够防止那些有私欲的人滥用权力，随意挪用公共财产，从而维护公平和秩序，保障公共利益。

（三）给出制度安排

在现代经济学中，给出制度安排，即设定游戏规则，是核心组成部分之一。这一规则的制定必须根据不同的个体、环境和具体情况进行调整，以适应不断变化的实际条件。当环境或情况发生变化时，游戏规则也应进行相应的调整。规则的变化会直接影响经济效益，因为它们不仅决定了个人的行为方式，还影响到权衡取舍的结果。不同的游戏规则可以引导不同的经济行为，进而产生不同的经济结果。

（四）选择均衡经济结果

在现代经济学中，选择均衡经济结果是关键组成部分之一。这一过程指的是在面对多种可行方法时，如何做出最佳的选择。在给定的经济环境中，个体需遵守设定的游戏规则，并根据自身的行为方式进行反应，最终在众多选择中进行权衡取舍。这个选择的过程称为均衡结果。不同的行为假设，比如利己性或利他性，会影响均衡结果的选择。利己的人通常选择能最大化自身利益的均衡结果，而利他的人则可能选择对他人或社会更有利的结果。

（五）进行评估比较

在现代经济学中，评估比较是重要的组成部分，涉及对经济制度安排和选择结果进行系统的价值判断和比较。这个过程类似于个人从学校进入社会实习阶段时的经历，需要对过去的学习和经验进行总结，并将新环境与之前的学习生活进行对比。这种评估不仅帮助理解当前的经济制度和选择的效果，还能提供改进的依据。通过评估和比较，经济学家能够识别制度安排的优缺点，优化经济政策和决策，从而提高经济活动的效率和效果。

三、现代经济学的基本研究方法

在现代经济学中，任何经济理论的构建都需包括五个基本组成部分：界定经济环境、设定行为假设、给出制度安排、选择均衡经济结果和进行评估比较。为了将这些部分有效地结合在一起，需要遵循一系列的研究方法。这些方法包括建立研究平台，以提供一个系统的分析基础；构建经济参考体系，以便于对经济现象进行比较和分析；制定度量标准和分析工具，以确保研究结果的准确性。此外，还必须明确经济理论的适应范围，正确区分充分条件和必要条件，以优化理论应用。同时，理解数学与现代经济学之间的关系和区别也是至关重要的。

（一）研究平台、参照体系和给出度量标尺

在学科研究中，无论是经济学还是其他领域，建立一个合适的研究平台和参照体系都是基础性工作。这些步骤不仅为学科发展提供了必要的支持和框架，还能够显著简化研究过程中的问题思考方式。提供经济研究平台是确保研究系统化和科学化的关键，它为研究人员提供了一个可以组织和分析数据的环境，使研究过程更加规范和有效。建立经济参照体系则是制定评估标准和度量工具的过程，它帮助研究人员设定明确的评价标准，用于衡量理论和实践的成效。这不仅有助于明确研究方向，还能有效把握问题的本质。

1.研究平台

研究平台是由现代经济学中的经济理论和特定原理共同构建的。它旨在分析经济现象形成后，各个因素对现代经济学产生的影响，或者在假定其他因素保持不变的情况下，探究某一特定因素对经济现象的作用。

2.参照系或基准点

参照系或基准点，指的是在理想经济状态下，通过参照系可以观察到各种理论模型或现实经济制度与理想状态之间的差异。

3.度量标尺

尽管许多假设可能与现实不符,但它们扮演着至关重要的角色,可作为进一步研究的基准。这些基准的价值不在于精确地反映现实状况,而在于构建理解现实的尺度,为深入洞察现实提供参考框架。

(二)分析工具

在经济现象的深入分析中,除了依赖理论框架和研究平台外,还需要采用各种分析工具,包括定性和定量分析方法,以获得全面和准确的研究结果。

(三)经济理论的作用、一般性与相对性

经济理论不仅能够阐释现实世界中的经济现象和行为,还能够对特定经济环境、经济主体的行为模式以及经济制度进行科学的预测,并指导解决实际经济问题,其中后者的作用尤为重要。

在经济学研究中,经济理论的一般性和相对性是两个关键的考量因素。

一般性:经济理论的力量在于其广泛的适用性。理论通过一系列关于经济环境、行为方式和制度安排的假设来得出结论。一个好的经济理论必须具备一般性,即能够在不同的经济环境中提供有效的解释。这种广泛的适用性增强了理论的解释能力和说服力,使其能够更好地应对各种经济现象。

相对性:尽管理论应具备一般性,但其适用范围存在局限。在实际应用中,理论的相对性体现为其适用范围的限制。即使是一般化的理论,也不能适用于所有经济情况。研究者必须注意到理论的适用范围,并避免将其普遍应用于所有环境,否则可能会得出错误的结论。因此,准确理解和运用理论的适用范围是确保结论正确性的关键。

(四)经济学语言和数学语言的相互转换

经济学作为一门学科,其核心目标是服务社会。这就要求我们在学习和传播经济学知识时,将复杂的技术语言转换为通俗易懂的语言,使更多人能够理解和应用这些知识。

深入理解现代经济学,需精准把握其基础分析框架与先进研究方法,这样才能全面领悟其本质意义及广泛适用性。本节内容详尽介绍了现代经济学的五个基本支柱,强调在探讨经济议题时,要清晰辨识并区分充分条件与必要条件的差异,同时,深入理解经济理论的普遍指导意义与具体情境下的相对性也至关重要。此外,将复杂的经济学语言转化为通俗易懂的大众语言,是提升学习成效的关键一环。学习现代经济学,不仅应掌握其核心理论,还需学习如何提出问题、分析问题并寻找解决方案的思维方式。掌握现代经济学的基本分析框架与方法,对于深入学习和研究经济学具有重要价值,更能助力我们更有效地处理日常生活与工作中的经济问题。因此,从这一角度而言,现代经济学无疑是一门"贴近生活"的科学。

第五节 现代化经济体系视域下的供给侧结构性改革

社会主义主要矛盾的核心是我国供给与需求之间的失衡,这种不平衡和不充分的发展导致有效供给不足,难以满足人民日益增长的美好生活需要。解决这一矛盾的关键在于提升供给质量和效率。

为应对这一挑战,党的二十大报告提出了"建设现代化产业体系"的战略目标,强调供给侧结构性改革是提高供给体系质量和效率的主线。同时,党的十九大报告指出,人民的美好生活需要不仅包括物质和文化生活,还涉及法治、公平、正义、安全和环境等多个方面,这要求供给侧结构性改革需推进经济、政治、社会、文化和生态的"五位一体"改革。

自2016年供给侧结构性改革开展以来,虽然在"三去一降一补"方面取得了显著成效,但也面临一些问题,例如在实际操作中忽视了供给与需求之间的"对立统一"关系,甚至在某些领域将两者完全对立起来。要进一步推动现代化经济体系建设,需要从供给侧结构性改革的理论基础出发,系统梳理我国改革历程,借鉴国外发展经验,探索适合我国国情的实现路径。这不仅对理论研究具有重要意义,也对实际操作具有深远的现实意义。

一、建设现代化经济体系视域下供给侧结构性改革的理论依据

（一）国外对供给侧改革的理论认识

在古典经济学蓬勃发展的时期,诸多学者对供给理论进行了详尽的研究,为供给学派的诞生铺设了坚实的理论基石。例如,威廉·配第提出的"劳动乃财富之父,土地则为财富之母"这一经典论断。而亚当·斯密在其巨著《国富论》中更是明确指出:"劳动是供给国民所需一切物品的根本源泉。"随后,法国经济学家萨伊对亚当·斯密的理论进行了深化与拓展,他阐述道:"土地孕育地租,劳动带来工资,资本则产生利息,供给自然而然地催生出需求。"萨伊坚信,在自由市场经济的框架下,生产过剩的情况鲜少发生,因此他主张减少税收负担、放松政府管制、打破行业垄断,并依托市场机制来实现供求关系的自然平衡。这便是广为人知的"萨伊定律"。

经济学理论的发展经历了从效用最大化原理到边际效用价值论,再到供求均衡价值理论的过程。奥地利学派的戈森、门格尔和庞巴维克为边际效用价值论奠定了基础,强调了人类欲望和消费的重要性。马歇尔结合了供给和需求分析,提出了市场均衡机制的概念,认为价格机制是资源配置的关键。然而,20世纪30年代的全球经济危机揭示了自由市场的局限性,凯恩斯通过对"萨伊定律"的质疑,提出了政府应主动干预经济,通过需求管理来稳定经济发展的观点。凯恩斯的理论在二战后得到了广泛的应用,成为现代宏观经济政策的重要基石。这一系列理论的发展反映了经济学对现实问题的不断探索和回应,也体现了政府角色在经济调控中的重要性。

20世纪70年代,西方国家面临"滞胀"难题,凯恩斯主义的需求管理政

策显得捉襟见肘。供给学派适时兴起，以拉弗、万斯基和吉尔德等人为代表，他们认为供给不足才是导致经济问题的根源，而政府干预和管制加剧了这一状况。供给学派主张减少政府干预，释放市场活力，尤其是通过减税降费来刺激经济，其中"拉弗曲线"成为供给学派的核心理念之一。拉弗曲线揭示了税收收入与税率之间复杂的关系，指出存在一个最优税率点，超过或低于此点都会影响税收收入和经济增长。供给学派的理论和政策建议，对后来的经济实践产生了深远影响，尤其是在减税政策方面，为解决经济滞胀提供了一种新的思路。

（二）国内对供给侧结构性改革的理论认识

改革开放以来，中国采取了需求管理的宏观经济政策，成功推动了经济快速增长，但也暴露出产业结构升级受限的问题。城市化和非农化进程中，基础产业供给不足成为瓶颈；而高消费的兴起又加剧了技术供给的短缺。面对这些挑战，学者们提出应强化基础设施建设和提升奢侈品供给能力，以此作为经济新增长点。然而，国内关于供给管理的研究相对薄弱，亟需构建更加完善的理论体系和政策指导。当前，中国经济正面临"刘易斯拐点"和"中等收入陷阱"的双重考验，这要求我们深化供给侧结构性改革，优化产业结构，提高全要素生产率，以确保经济的长期稳定增长。

当前，中国学术界正积极投身于供给侧改革的研究，力图构建符合国情的经济理论体系。一方面，学者们深入挖掘西方供给学派的理论渊源和发展脉络，如贾康和苏京春揭示的"供给侧"学派的两次"否定之否定"历程；另一方面，立足中国改革开放实践，探索适用于本国经济问题的供给侧结构性改革理论，如滕泰提出的从供给侧视角解读经济周期，并倡导"刺激新供给、创造新需求"的策略。贾康基于"新供给经济学"理论，系统地阐述了中国供给侧结构性改革的方向。金海年则强调，新供给经济学与西方供给学派的区别在于对供给和需求双侧作用的非对称性理解。这些研究和思考表明，经济理论和政策的形成需紧密联系具体的社会经济环境。在经济效率低下阶段，供给理论往往成为主流，市场主体的作用尤为关键，这与中国当前推进供给侧结构性改革，以提升经济效率和竞争力的背景相呼应。

经济理论和政策的重心会依据经济环境的变化而发生转移。在效率问题不显眼，而需求不足成为主要矛盾的情况下，需求理论往往占据主导，政府干预成为提振经济的必要手段，这一点在凯恩斯主义盛行的时期尤为显著。然而，理想中的供需平衡在现实中往往是短暂的，经济系统时常处于失衡状态。因此，供给侧和需求侧在经济发展中互为表里，政府必须根据实际经济环境，灵活调整政策，寻求动态平衡。当前，中国正处于经济转型的关键时期，经济政策正向供给侧改革倾斜，目标是建立现代化经济体系。为了应对这一特殊的历史节点，构建一套具有中国特色的供给侧结构性改革理论体系，对于指导实践、推动改革进程至关重要。中共十九大指出，社会主要矛盾的转变要求以供给侧结构性改革为主线，推动现代化经济体系建设，这是解决新时代社会主要矛盾的中心任务。社会主要矛盾的转化，对供给侧结构性改革提出了更加全面的要求，不仅局限于经济层面，而是要求政治、社会、文化、生态等多个领域的综合改革，以实现经济社会的全面进步和可持续发展。

二、推动现代化经济体系建设的供给侧改革国际经验与国内进程

（一）推动现代化经济体系建设的供给侧改革国际经验

1.美国供给侧改革的成效与缺憾

20世纪七八十年代，美国经济遭遇了前所未有的内外部挑战，包括苏联的军事威胁、日本与西欧的经济竞争以及石油危机的影响。国内经济受到劳动力人口增速放缓、产能过剩和滞胀的三重打击，传统的凯恩斯主义政策显得力不从心。面对这一局面，里根政府采取了供给学派的建议，实施了一系列供给侧改革，包括减税和放松行业管制，以激发经济活力。这些改革措施取得了显著成效，美国经济在里根任内实现了强劲复苏，通货膨胀率降至历

史低点,经济增长率创历史新高。供给侧改革不仅推动了经济总量的增长,还促进了产业结构的升级,传统制造业得到振兴,新兴服务业和高科技产业快速发展,美国在全球高科技领域确立了领导地位,并催生了互联网为代表的"新经济"产业,加速了现代化产业体系的构建,为美国巩固其全球霸主地位奠定了坚实基础。然而,供给学派的政策也伴随着一些负面效应,如减少社会福利支出加剧了贫富差距,紧缩货币政策导致的高利率增加了企业运营成本。

2. 日本供给侧改革的成效与缺憾

日本在 20 世纪 70 年代和 21 世纪初,分别遭遇了经济增速放缓和房地产泡沫破灭的双重挑战,政府通过两次供给侧改革,力图重塑经济活力。在 70 年代的石油危机后,日本政府迅速行动,采取了降低成本、鼓励创新和引导产业升级等供给侧改革措施,特别是在电子计算机和高精度装备等高科技领域加大投入,奠定了日本电子产业的国际领先地位,同时服务业的繁荣也为经济结构优化注入了强大动力。进入 21 世纪初,面对房地产泡沫带来的经济萧条,日本政府再次启动供给侧改革,通过减税、放松管制和推动养老保险改革等方式,试图恢复经济活力,尽管取得了一定成效,但效果不及首次改革显著,房地产泡沫问题也未得到根本解决。日本两次供给侧改革的经验表明,降低企业成本和引导产业转型升级是推动经济复苏和结构优化的关键路径,但终身雇佣制度和人口老龄化等深层次问题,对改革效果构成了制约,提示我们在经济改革中需全面考虑各种结构性因素,以确保政策的长远效益。

3. 德国供给侧改革的成效与缺憾

德国在经历了战后的经济奇迹后,于 1966 年遭遇了经济增速换挡的挑战,政府最初尝试通过需求侧刺激政策来应对,但结果却导致了财政赤字的累积和产业结构的不合理化,加剧了经济危机。1982 年,科尔政府上台后,德国经济政策转向供给侧改革,通过减税、降低成本、产业结构升级和资产私有化等措施,成功激活了经济活力。德国政府加大科研投入,推广自动化技术,重点支持电子、航空航天和汽车等关键产业发展,提升了经济发展的质量和竞争力，为德国成为全球领先的制造业大国奠定了基础。然而，供给侧改革在清理过剩产能、推动产业升级的同时，也引发了高失业率的问题，自动化设备的应用导致了大量岗位的消失，对社会经济产生了一定的负面影响。这表明，供给侧改革在推动经济增长的同时，也需要妥善处理好就业和社会保障问题，以确保经济转型的平稳进行。

（二）我国推动现代化经济体系建设的供给侧改革的发展进程

在20世纪50至70年代，我国经济长期面临由于社会生产力发展水平较低而导致的严重供给不足问题。为了应对这一挑战，我国政府采取了双管齐下的策略：一方面，通过实施重工业优先发展的政策，启动了156项重大工程和"两弹一星"项目，从而初步构建了在封闭条件下运作的现代工业体系；另一方面，政府通过实行票证制度等措施来控制总需求。在这一时期，政府主要依赖计划经济的手段来提升供给并控制总需求，以缓解持续的供给短缺压力。

自1978年十一届三中全会以来，中国开启了经济体制的重大改革，逐步从高度集中的计划经济体制转向充满活力的市场经济体制。政府采取了多项措施放松经济管制，如在农村实施家庭联产承包责任制，极大调动了农民的生产积极性；在城市，企业通过租赁承包和股份制改革，增强了企业的自主经营能力；同时，政府积极吸引外资，引入先进技术和管理经验，促进了经济的对外开放。通过降低工业用地和能源资源的成本，充分利用劳动力资源优势，加大科技研发投入，以及支持主导产业的发展，中国成功地实现了经济的快速增长。

自20世纪90年代起，我国社会生产能力显著提升，经济结构从供给短缺转向需求不足，标志着我国经济进入了以需求为导向的增长阶段。随着城镇化的持续发展，投资、消费和出口这三大驱动力成为我国经济增长的主要模式，促进了我国经济的迅猛发展。然而，2008年全球金融危机的爆发，促使我国政府继续从需求侧入手，实施了宽松的货币政策和财政政策以刺激社会总需求，从而应对危机。然而，需求管理策略的副作用也开始显现，导致了产能过剩，大量资金流入股市和房地产市场，使得投资、消费和出口这三大领域均显现出增长乏力的迹象。

自 2014 年以来，中国经济经历了从高速增长到中高速增长的转变，经济发展方式从过去的粗放型转向了更加注重质量和效益的集约型，标志着中国经济迈入了新常态阶段。为适应这一转变，中国政府实施了"三去一降一补"的结构性改革，旨在调整经济结构，提高发展质量和效率。通过去产能、去库存、去杠杆、降成本、补短板等一系列措施，中国经济展现出了新的活力。服务业的快速发展，不仅成为经济增长的重要引擎，还有效吸纳了大量就业，优化了经济结构。工农业的转型升级，推动了产业向高端化、智能化迈进，增强了经济的内生动力。

针对我国经济今后的发展方向，党的二十大指出"要坚持以推动高质量发展为主题，把实施扩大内需战略同深化供给侧结构性改革有机结合起来，增强国内大循环内生动力和可靠性，提升国际循环质量和水平，加快建设现代化经济体系，着力提高全要素生产率，着力提升产业链供应链韧性和安全水平，着力推进城乡融合和区域协调发展，推动经济实现质的有效提升和量的合理增长。"

三、以建设现代化经济体系为目标的供给侧结构性改革实现路径

（一）以建设现代化经济体系为目标的供给侧结构性改革须要理清的认识误区

1.过分强调供给侧而忽视需求侧

自 20 世纪 80 年代以来，中国政府长期依赖需求侧管理来推动经济的快速增长。然而，随着经济环境的变化，政策焦点逐渐转向供给侧改革，但这并不意味着需求侧管理的削弱。当前，中国经济面临"供给不足与供给过剩并存"和"需求下降与需求外移并存"的双重挑战，解决这些问题需要供给

侧和需求侧的协同作用，实现供需平衡。供给侧改革是一项长期任务，短期内仍需通过需求侧管理来刺激经济，确保平稳过渡。特别是在中国区域发展不平衡的背景下，西部地区的投资和基础设施建设潜力巨大，需求侧管理对于促进这些地区的经济增长至关重要。事实上，供给管理和需求管理是相互关联、相互促进的。例如，供给侧改革中的减税措施，虽直接减少了政府的税收，但间接增加了企业和个人的可支配收入，进而可能转化为投资或消费，刺激经济活动。

2.生搬硬套西方供给学派观点来理解中国供给侧结构性改革

在国内供给侧结构性改革理论研究尚待深化的背景下，中国学者积极寻求西方供给学派的智慧，以期为中国的改革提供参考。西方供给学派推崇的减税、放松管制等策略，确实与中国供给侧结构性改革的部分目标相契合。不过，中国供给侧结构性改革的内涵远比西方供给学派的主张更为丰富，它着眼于长期、全面的经济结构优化。在借鉴西方经验时，必须立足于中国具体的经济环境和改革实践，避免机械复制，否则可能适得其反。同时，西方供给学派的局限性不容忽视，如里根政府的改革虽刺激了经济增长，但削减社会福利的代价是社会问题的滋生，这警示中国在改革中需平衡经济增长与社会公正，避免重蹈覆辙。

3.将供给侧结构性改革简单理解为增加商品或劳务供给

近年来，随着国内部分产品供应的紧张，不少消费者选择到海外进行购物。这一现象使得许多人误以为供给侧结构性改革仅仅是增加商品和服务的供应量。然而，我国所倡导的供给侧结构性改革远不止于此，它是一场涉及经济、政治、文化、社会和生态等多维度的深刻变革。因此，将供给侧改革简单等同于增加商品和服务的供应，无疑是对改革内涵的片面理解。

实际上，供给侧结构性改革的力量源泉"不仅在于商品和服务的供给增加，更在于供给主体的优化、生产要素的高效配置以及全要素生产率的提升等深层次的组织和管理变革"。此外，建设现代化经济体系的核心在于推动产业结构的优化升级，提升产品质量，以满足人民群众日益增长的美好生活需要。若仅将改革视为增加商品和服务的供应，可能会导致对低端产品的过度投资，而忽略了对高端产品的投入，从而进一步加剧我国产能过剩的矛盾。

4.将供给侧结构性改革回到计划经济或产业政策的老路

在供给侧结构性改革中，政府的角色虽然关键，但不应被误解为通过计划或主导方式来直接操控供给结构。历史上，由政府强制淘汰旧产业、扶持新兴产业的做法，往往容易滑向计划经济或产业政策的老路，导致政府过度干预经济，滋生权力寻租和腐败，增加企业负担。现代化经济体系的核心在于建立完善的社会主义市场经济体制，这意味着政府应当退居幕后，减少对微观经济活动的直接干预，让市场机制在资源配置中发挥决定性作用。政府的任务是制定长远的、全局性的战略规划，创造有利于民生、创新和企业发展的良好环境，完善教育和科研体系，培养高素质人才，推动科技创新，而不是直接插手企业的生产决策。

（二）以建设现代化经济体系为目标的供给侧结构性改革的"双核"动力：减税降费与简政放权

1.减税降费

提升产品和服务品质、促进传统产业的转型升级是构建现代化经济体系的关键目标。然而，在企业增加投资以改善产品质量的过程中，成本不可避免地大幅上升，这可能导致企业生产无利可图，同时消费者面临物价普遍上涨的难题。解决这一困境的关键在于打通供需之间的中间环节，减少这些环节的成本，从而促进供给和需求两侧的有效对接。这个中间地带主要包括：

（1）政府税收与社保缴费负担沉重。自1995年至2014年，政府税收及预算内收费占GDP的比例从10%增长至22%。若将土地出让金、社会保险费以及行政机构的收费和罚款计算在内，企业的成本显著增加。

（2）垄断性国有企业占据了大量社会资源。这些企业往往能以低价从政府手中获取土地，享受巨额政府补贴，并以优惠的利率从银行获得大量贷款。它们通过价格垄断来维持运营，这在很大程度上推高了整个社会的生产成本。

（3）我国银行业长期的垄断地位和行政定价机制导致非国有经济融资困难、成本高昂。在融资方面，大型民营企业的贷款利率及其他相关费用通常需要支付12%，中型民营企业则需承担16%~18%，而小型及微型企业面临的融资成本更是高达20%~25%。

减税降费政策在供给侧结构性改革中具有举足轻重的地位，它不仅能够有效连接供给与需求，更是深化供给侧结构性改革的关键推动力。与需求管理中减税降费以扩大总需求为目标不同，供给侧结构性改革中的减税降费更侧重于供给侧的结构调整。通过实质性地减轻企业税费负担，降低企业运营成本，企业将获得更多资金用于扩大生产、增加研发投入、创造就业机会，以及探索新的商业模式，进而推动产业结构的优化升级，激发经济的内生增长动力。

近年来，为激发市场活力，中国政府在宏观调控和税制优化方面采取了一系列减税降费措施，但其效果受到财政体制改革滞后等因素的制约，仍有较大提升空间。为了更有效地推进减税降费，可从短期和长期两个层面展开行动。短期内，应持续推进增值税改革，扩大增值税覆盖面，清理和整顿政府非税收费，减轻新创企业税收负担，同时密切关注国际税收竞争环境，适时调整政策。长期上，政府需适度下调财政收入增速，深化分税制改革，加快政府职能转变，降低企业运营成本，推动税收结构优化，使之更加适应经济发展需求。

2.简政放权

构建现代化经济体系的关键在于打造完善的社会主义市场经济体系，这要求通过供给侧结构性改革来激活市场活力，确保市场机制在资源配置中发挥主导作用。然而，当前供给侧结构性改革在操作层面上过度依赖行政干预，如通过限购、限贷等措施来抑制热点城市房价，虽然短期内能取得立竿见影的效果，但长期来看，这种做法的负面效应不容忽视。

在市场经济成熟度较高的国家，政府通常偏好采用经济和法律手段来调节经济，而在市场经济体制尚不健全的国家，行政手段则更为常见。当前，中国正处于完善社会主义市场经济体制的过程中，政府习惯于通过行政干预来解决经济问题，这在一定程度上是由于市场经济体制尚未成熟所致。然而，随着供给侧结构性改革的深入推进，改革的目标是全面、长期和持续的，要求政府从根本上解决问题，这需要更多地运用经济和法律手段。为了减少行政干预对经济的不利影响，政府应加大简政放权力度，向企业、社会组织和地方政府下放权力，以此激发市场活力，同时也使政府能够摆脱繁重的行政事务，集中精力于宏观调控和公共服务的提供，促进经济的健康稳定发展。

简政放权被视为供给侧结构性改革的核心动力之一，它不仅有助于消除改革的行政障碍，还能通过释放市场力量来调整经济结构，解决深层次的结构性问题。近年来，中国政府在简政放权方面取得了一定成效，尤其是在减少行政审批事项方面。然而，行政体制问题的长期积累使得其本身也成为结构性问题的一部分，单纯减少行政审批事项只能带来量的变化，难以实现质的飞跃。要实现真正的突破，必须从更全面、更深层次的角度推进简政放权，这包括但不限于深化行政体制改革、转变政府职能、放宽市场准入、创新监管方式等，以促进经济结构的优化升级，激发市场活力，最终推动经济高质量发展。

（三）以建设现代化经济体系为目标的供给侧结构性改革的实施重点：增加公共品供给、提升公共服务能力

目前，我国在公共产品和公共服务方面面临总量不足、结构失衡以及质量和效率低下的问题，这些问题凸显了我国发展中的不平衡和不充分。特别是在教育、医疗、养老和住房等直接关系到民众利益的领域，供给的不足对我国的经济社会产生了严重的负面影响。例如，天价学区房现象在很大程度上反映了优质教育资源的短缺。我国的供给侧结构性改革强调了"五位一体"的系统性改革策略，旨在通过增加公共产品的供给，不仅在经济层面上扩大居民消费和促进就业，而且在促进社会和谐稳定、提高人民生活质量、改善生态环境等方面发挥关键作用。这成为推动我国供给侧结构性改革、构建现

代化经济体系的关键动力。为了避免公共产品和公共服务供给的不平衡和不充分问题，必须妥善处理政府与市场的关系，既要充分发挥市场在资源配置中的决定性作用，也要更好地发挥政府的作用。

尽管自20世纪90年代起，我国政府便启动了公共服务市场化改革，并且社会力量参与公共服务的规模逐年增长，但政府对公共服务的垄断局面尚未发生根本性转变。这种政府在公共品和公共服务领域的垄断导致了政府在不应干预的领域过度介入，而在应当发挥积极作用的领域却未能妥善管理，特别是在农村公共品供给方面，政府的缺席尤为明显。因此，我国公共品供给侧结构性改革可以从以下三个方面着手：

首先，必须充分认可市场在公共品领域所发挥的关键作用。为此，应建立和完善社会力量的进入与退出机制，促进社会资本的自由流动，并推动营利性公共服务事业向产业化方向发展，鼓励非国有企业参与，以提高公共品和服务的供给效率。

其次，政府需要积极转变职能，构建服务型政府。政府应从宏观角度规范和引导公共服务的发展，确保公众能够平等地享受公共品，解决供给侧结构失衡的问题，特别是在教育、医疗等民生关键领域。

最后，应鼓励非营利性社会团体和个人积极参与公共品的供给。

综上所述，提升公共品供给质量和增强公共服务能力是构建现代化经济体系的关键保障。政府应确保在公共服务领域既不越权干预，也不缺席失职。

（四）以建设现代化经济体系为目标的供给侧结构性改革的主攻方向：优化产业结构

供给侧结构性改革的核心在于通过优化产业结构，构建现代产业体系，以提升经济的现代化水平。根据新供给主义经济学的观点，经济周期分为四个阶段，其中供给成熟和供给老化阶段会导致经济活力下降。当前，我国许多传统产业正面临这一挑战，传统的经济管理手段难以有效应对。为了激发经济新动能，改革应聚焦于战略性新兴产业、现代服务业和高端制造业等具有高成长潜力的领域,通过资源的有效配置,促进这些产业的发展,从而推动整体经济结构的优化升级。

1.战略性新兴产业的发展

互联网、物联网、新能源、大数据、生物技术和人工智能等战略性新兴产业已成为全球经济增长的重要引擎。各国都在这些领域投入巨资,力求成为领导者。近年来,中国在这些领域也取得了显著进展,例如高铁、电商和共享经济等方面表现亮眼。然而,与发达国家相比,中国在技术和创新能力上仍有较大差距。因此,供给侧结构性改革应将战略性新兴产业发展作为重点,大力挖掘和培育"新经济"动力,推动经济社会的转型升级。政府需要继续推进创新驱动发展战略,扩大对外开放,充分发挥集聚效应,激发民间智慧和力量,以实现全面的技术突破和产业升级。

2.现代服务业的发展

我国已进入工业化中后期,经济结构转型升级的重点是以服务业为主体。目前,我国服务业占GDP的比例明显低于发达国家(约20%),也低于印度、俄罗斯等金砖国家(约10%),并且低于工业化中后期的实际需求(约5%)。此外,大量资金仍然滞留在传统服务业中,现代服务业比重偏低,公共服务业供给不足,显示出我国服务业具有巨大的发展空间和发展潜力。随着居民消费水平的不断提高,消费结构正从物质型消费向服务型消费转变,这进一步凸显了服务业在未来经济发展中的重要性。

以养老产业为例,传统养老模式主要聚焦于满足老年人的住宿和饮食等基本生活需求。相比之下,现代养老产业已经演变成一个集地产、养生、健康医疗和旅游于一体的综合性产业链,形成了一个庞大的经济实体。这充分说明,现代服务业的发展能够显著优化产业结构,并为我国的经济增长注入新的活力。此外,以研发为核心内容的生产性服务业不仅能够调整产业结构,还能促进制造业的升级转型,因此制造业与现代服务业之间存在着相互促进的关系。目前,我国现代服务业供给不足的一个关键原因在于服务业市场的开放程度不够,这导致了服务水平低下和价格偏高的问题。因此,增加现代服务业有效供给的关键措施是进一步开放服务业市场,打破行政垄断,建立一个统一、开放、公平竞争的现代服务业市场体系。

3.高端制造业的发展

中国制造业面临着结构性的分化:一方面,传统制造业因产能过剩而陷入发展困境;另一方面,高端制造业则展现出蓬勃的生命力和广阔的发展空间。这些高端领域不仅在技术和附加值上占据优势,而且其产业链的关联性强,能够带动相关产业的发展,提升整个国家的工业水平和国际竞争力。随着中国在航空航天、高铁、核能等领域的不断突破,高端制造业不仅有望解决当前的产能过剩问题,还将成为推动经济转型升级的重要引擎,为中国制造业的未来提供新的增长点和国际竞争优势。

中国经济正处于从数量增长向质量提升的关键转型期,供给侧结构性改革作为这一时期的主线,旨在通过系统性、全方位的政策措施来优化产业结构,提高经济发展的质量和效益。改革的深化要求不仅在经济领域进行调整,还需要在政治、社会、文化及生态环境等方面进行协同推进,以形成合力。减税降费和简政放权是推动改革的双核动力,旨在激发市场活力和社会创造力。同时,通过加强公共服务供给和推动高端制造及新兴产业的发展,中国正在构建一个更具韧性、更可持续、更能满足人民对美好生活向往的现代化经济体系。

第六节 现代化经济体系:基本框架、关键问题与理论创新

打造现代化经济体系,是大国经济向高质量发展阶段迈进的鲜明标志与核心战略。我国在构建现代化经济体系时,需精心构建涵盖产业体系、市场

体系、分配体系、区域协调发展体系、绿色生态体系、开放型经济体系及经济制度等多个子系统的综合框架。其核心在于确立一个明确的指导方针，紧扣一条核心主线，致力于建设以创新为驱动、协同共进的产业体系，并构筑起"三有"特色的经济体制。其中，实体经济的壮大与现代化产业体系的构建，是支撑整个体系与框架的坚实基石。现代化经济体系的构建，不仅是实践层面的重大部署，也是理论层面的创新突破，它极大地丰富和发展了中国特色社会主义经济理论。

随着新时代的到来，我国经济建设的总体指导方针已经转变为从追求速度的经济阶段向高质量发展的阶段过渡，加速构建现代化经济体系。这一转变不仅是跨越发展方式、优化经济结构、转换增长动力的关键时期所必需的，也是我国发展的战略目标。习近平总书记强调，建设现代化经济体系是一项宏伟的课题，它既是一个重大的理论问题，也是一个重大的实践挑战，需要我们在理论与实践的交汇点上进行深入研究。深入研究如何撰写这篇大文章，对于准确理解建设现代化经济体系的目标、核心内容和关键点，寻找切实有效的政策工具和行动方案，以及在这一过程中提炼经验教训、进行理论创新，丰富中国特色社会主义经济理论的宝库，无疑具有极其重要的意义和作用。

一、发展中大国建设现代化经济体系的战略意义

现代化经济体系是中国共产党第十九次全国代表大会报告中提出的一个重要经济概念，它基于"国家强盛，经济体系必须强健"的理念，并汇聚了全党全国人民的智慧，创新性地构建。这一概念不仅具有高度的建设性，而且是现代化强国的经济基础。构建现代化经济体系是解决新时代社会主要矛盾的关键途径，其重要性和地位无论怎样强调都不过分。

进入新时代，中国的社会主要矛盾已经转变，反映了人民对生活品质的更高追求和对发展质量的更高要求。这一转变标志着中国从解决温饱问题转向追求全面、协调、可持续的发展。然而，尽管矛盾的具体内容有所变化，

但中国基本国情和社会主义初级阶段的定位没有改变,这要求我们继续坚持以经济建设为中心,推动经济的高质量发展。同时,社会主要矛盾的经济属性保持不变,强调了经济发展在解决社会矛盾、实现人民美好生活愿望中的基础性作用。在新时代,中国经济社会发展的焦点已经从解决"有没有"的问题转向了"好不好"的问题。尽管生产力水平有了显著提高,但与发达国家的差距依然存在,主要体现在经济结构的优化和发展质量上。因此,当前的主要任务不是单纯的经济增长,而是要通过经济建设的持续推进,着力解决供给和需求两端的结构性问题,提升经济发展的质量和效益。这意味着中国必须在坚持发展是第一要务的同时,重点解决发展的不平衡不充分问题,推动经济向更高质量、更有效率、更加公平、更可持续的方向转变。

随着向高质量发展阶段的转变,以经济建设为中心的内涵经历了深刻的变革。速度型经济体系正逐步向质量型经济体系转型,这两个体系在多个方面存在差异。

(一)历史条件和背景不同

在高速度发展阶段,社会的主要问题是贫困和温饱,经济呈现短缺状态。受东西方冷战的影响,各部门和地区采取非均衡的赶超战略以追求快速发展。然而,随着社会进入高质量发展阶段,生活水平提升至全面小康,经济总体上出现过剩现象。在这一阶段,非均衡的赶超战略逐渐让位于均衡发展战略,以实现更为平衡和可持续的发展。

(二)发展评价的维度不同

在高速度发展阶段,政策评价标准较为单一,主要关注数量的有无和多少。而在高质量发展阶段,评价标准变得多维化,质量成为核心要求。高质量发展不仅仅是经济增长,更是对美好生活的全面追求,包括收入、教育、工作、社保、医疗卫生服务、居住条件和环境等多个方面。这种发展模式体现了新发展理念,强调创新作为第一动力,协调成为内生特点,绿色成为普遍形态，开放成为必由之路，共享成为根本目的。通过这种多维评价和全面发展，高质量发展能够更好地满足人民对美好生活的需求。

（三）实现的手段和工具不同

在经济发展的不同阶段，政府和市场的作用会发生变化。在高速发展阶段，政府可以通过集中资源和计划手段来实现快速发展，而在高质量发展阶段，市场调节更为合适。然而，随着社会的发展，非市场调节领域的扩大，政府需要适应新的情况，改变其作用领域和管理职能，以更好地应对新的挑战。这种转变要求政府更加灵活和高效，能够在不同阶段发挥不同的作用，促进社会的持续发展。

在全球化的背景下，国家的经济发展战略取决于其自身的规模和需求。小国经济由于资源和市场的限制，需要通过参与国际分工合作来实现发展，而大国经济则需要依靠自身的规模优势，建设独立自主的现代化经济体系。中国作为世界上最大的发展中国家，需要通过自主研发和创新来获取核心技术和知识，形成基础厚实的制造业和强大的军事工业。这种独立自主的发展战略不仅有利于中国的经济安全，也是实现国家强盛的必然选择。通过自主发展，中国可以避免对外部市场和技术的依赖，真正成为世界经济的领先者。

二、现代化经济体系建设的主要内容

现代化经济体系是一个复杂的系统，不能孤立或片面地理解。它是一个由多个环节、层面和领域组成的有机整体，包括生产、流通、分配、消费等各个方面。要理解现代化经济体系，必须从系统化的角度出发，考虑到国民经济的各个方面，包括工农商学兵、东西南北中、上下左右中等各个层面，以及投资、再生产、电价、财金、物流等各个环节。只有通过这种系统化的分析，才能真正理解现代化经济体系的内在联系和相互关系，才能有效地推动经济的发展和现代化。

中国经济的发展已经取得了显著的成就，但未来仍面临着新的挑战和机遇。要跻身世界中等发达国家序列，中国需要通过创新和生产力的发展来推动经济增长。为此，需要一个更大的宏伟设想和纲领，即建设现代化经济体系。这个设想和纲领将统领中国经济的发展方向和目标，根据中国国情和借鉴世界上发达国家的经验，现代化经济体系将包括几个子体系和建设内容。习近平总书记的经济思想为建设现代化经济体系提供了指导和方向。通过实施这一设想和纲领，中国将能够实现经济的可持续发展和国家的长期繁荣。

（一）产业体系

现代化经济体系的核心是现代产业体系，它是经济增长的基础和动力。现代产业体系的目标是实体经济的发展，而不是单纯的金融或科技发展。通过科技创新、现代金融、人力资源等要素的协同发展，可以实现实体经济的壮大和升级。这些要素之间的协同作用是关键，科技创新需要为实体经济提供动力，现代金融需要为实体经济提供资金支持，人力资源需要为实体经济提供人才支撑。只有通过这些要素的协同发展，才能实现实体经济的可持续发展和现代化经济体系的建设。现代化产业体系的目标是使科技创新、现代金融、人力资源等要素的贡献份额不断提高，共同促进实体经济的发展和升级。

（二）市场体系

市场体系是现代化经济体系的核心机制，它决定了资源的配置和经济的发展方向。只有建立和完善的市场体系，才能为企业和消费者提供公平竞争和自由选择的环境，促进经济的高质量发展。市场体系的完善需要确保准入畅通、竞争充分、秩序规范，这样才能实现商品和要素的自由流动和平等交换。同时，市场体系也需要为消费者创造自由选择和自主消费的空间，才能满足他们的需求和促进经济的增长。通过建立和完善市场体系，现代化经济体系可以实现资源的优化配置，促进经济的可持续发展和社会的繁荣。

（三）分配体系

收入分配和再分配机制是现代化经济体系的重要组成部分，它决定了经济体系的公平性和社会的稳定性。现代化经济体系需要在追求效率的基础上，实现社会成员之间的合理收入分配，确保每个人的劳动和贡献得到公平的回报。通过缩小收入和财富分配的差距，现代化经济体系可以推进共同富裕和基本公共服务均等化，实现社会的公平和稳定。这种机制不仅是经济体系现代化的基本要求，也是社会发展的根本性标志。

（四）区域发展体系

生产力布局是现代化经济体系的空间结构，它决定了经济体系的效率和公平性。现代化经济体系需要在兼顾效率和公平的基础上，实现国土资源的高效利用和要素的密集配置。同时，需要确保生态容量的适度和城市群落的连绵发展，减少区域发展差距。这种生产力布局结构不仅可以提高经济的效率，也可以促进社会的公平和稳定。通过优化生产力布局，现代化经济体系可以实现经济的可持续发展和社会的繁荣。同时，需要注重区域发展的协调和均衡，确保不同区域的发展差距不至于过大，实现全国范围内的共同富裕。

（五）绿色发展体系

绿色发展是现代化经济体系的重要组成部分，也是国民财富的基础。现代化经济体系需要在追求经济发展的同时，注重环境保护和资源节约，实现绿色循环低碳发展。这种发展模式不仅可以减少环境污染和资源浪费，也可以促进经济的可持续发展和社会的繁荣。通过实现人与自然的和谐共生，现代化经济体系可以确保经济发展的长期性和可持续性。同时，需要注重绿色技术的创新和应用，推动绿色产业的发展，实现经济发展和环境保护的双赢。

（六）开放体系

开放型经济体系是现代化经济体系的重要组成部分，它决定了国家经济系统与外部世界的联系方式。高水平的开放型经济体系需要深度加入全球分工体系，实现与世界经济之间的良性循环关系。这种关系不仅可以输出商品和要素，也可以吸收商品和要素，实现双向开放。同时，需要注重对外开放的多元化和多方向化，实现对东开放和沿"一带一路"向西向南开放。通过开放型经济体系，现代化经济体系可以实现经济的全球化和国际化，促进经济的发展和增长。同时，需要注重开放型经济体系的风险管理和调节，确保经济的稳定和安全。

（七）经济体制

这是现代化经济体系的制度基础。并非仅西方的市场经济体制才代表现代市场经济。新时代中国特色社会主义市场经济，其核心特征在于充分释放市场活力的同时，更有效地发挥政府职能，确保市场机制高效运作、微观主体充满活力、宏观调控适度而精准。

中国作为世界第二大经济体，正经历着从计划经济向社会主义市场经济体制的全面转轨。尽管经济规模庞大，但经济体制和市场体系仍然不够完善和健全。作为发展中国家，中国的生产力水平和内部结构存在高度不均衡的问题。产业技术体系呈现出从原始的农业和手工业到世界领先的航天航空技术的梯度分布。因此，建设现代化经济体系需要充分考虑基本国情，并转变那些过去有效但现已不适应国情的基础战略。

中国在建设现代化经济体系的过程中，需要进行一系列基础战略的调整，以适应当前和未来的发展需求。首先，不再片面追求经济增速，而是更加注重生态保护、技术创新和公共服务的均衡发展。同时，经济增长模式要从依赖储蓄和资本积累转向创新驱动，构建多维度协调发展的产业体系。市场化配置资源的效率将在高质量发展中起到至关重要的作用，特别是资本的合理分配，将加速经济结构的转换。

此外，共享性分配战略的实施有助于促进消费，扩大内需，防止陷入中等收入陷阱。在地区政策方面，必须平衡城市群发展与乡村振兴，以实现区域经济的协调发展。绿色发展不再仅仅是成本，而要成为持续增长的动力，推动绿色GDP核算与生态补偿机制的建立。出口导向的全球化时代也将逐步转向以内需为基础的全球化，确保自主创新与经济独立。最后，必须建立面向高质量发展的经济体制，通过法治化的宏观调控和竞争政策，优化地方政府的激励机制，从而推动中国经济的可持续发展。

三、我国建设现代化经济体系的总框架

构建现代化经济体系，体现了中央对我国经济发展战略的顶层设计。根据十九大报告的指导精神，现代化经济体系的总体框架旨在坚守一个方针，把握一条主线，打造以创新为引领、四大领域协同发展的产业体系，以及构建具有"三有"特征的经济体制。

建设现代化经济体系需要坚持质量第一、效率优先的方针，这是对过去发展模式的深刻反思。尽管赶超战略取得了显著的经济成就，但也留下了结构性失衡问题，导致人民日益增长的美好生活需要和不平衡不充分发展之间的矛盾加剧。为此，必须在战略上进行纠偏，从追求高增长速度转向追求高质量经济体系，实现发展速度与民生福利的双重追赶。这一转变叠加人口老龄化等因素，导致要素价格上扬，社会成本提高。如果这种成本上升不能通过技术创新、科技进步和生产率提升来消化，转向高附加价值的竞争优势，未来的经济发展动力将衰减，可能出现滞胀格局，陷入中等收入陷阱。因此，推动质量、效率、动力三大变革成为坚持质量第一、效率优先的必然选择。这不仅需要政策和制度的创新，还需要在实践中不断调整和优化，以适应快速变化的经济环境和发展需求。

深化供给侧结构性改革是解决中国经济结构性失衡的关键所在，也是推

动经济高质量发展的核心主线。当前的"重大结构性失衡"体现在供给的结构与社会需求日益升级之间的矛盾，导致了产能过剩、效率低下及资源配置不合理。为解决这些问题，供给侧改革的核心任务是通过结构调整来提升经济运行的质量和效益。

这一改革的重点是加快先进制造业、战略性新兴产业和高技术产业的发展，并推动新兴技术与实体经济的深度融合，增强经济的创新驱动能力。为此，政府需要减轻实体经济企业的税负，放松行政干预，赋予市场更多自主调节的权力，使实体经济能够灵活应对全球竞争。同时，各级政府应着力推动资源、政策和制度创新向实体经济倾斜，营造鼓励创新创业的社会氛围。这一系列措施将为中国现代化经济体系的建设提供坚实的基础，促进经济结构的优化升级，推动高质量发展。

创新引领、四位协同的产业体系建设是中国现代化经济体系的核心战略，强调实体经济、科技创新、现代金融和人力资源的协同发展。实体经济是国民经济的基础，是发展的最终目标。任何使虚拟经济脱离实体经济、自我循环的现象，都可能削弱经济的根基，因此需要及时纠正。科技创新作为实体经济的主要驱动力，为产业升级和竞争力提升提供动力支持。现代金融体系则是经济运行的血液系统，确保资金流动畅通、资源配置高效。人力资源作为第一生产力，推动着整个经济体系的持续优化与创新。

建设现代化经济体系的关键在于"三有"经济体制，即市场机制的效率、微观主体的活力和宏观调控的适度。中国经济的成功源于不断进行体制改革，尤其是推动市场取向改革。未来的任务是合理调整政府与市场的关系，减少过度干预，确保政府不缺位、不越位、不错位。放手让市场发挥作用是推动经济活力的核心，但政府仍需通过制定规则、监督市场活动，以及在必要时纠正市场失灵，来为市场提供良好的外部环境。

四、创新引领、协同发展的产业体系是现代化经济体系的基础

"创新引领、协同发展的产业体系"作为我国经济发展的新目标,强调实体经济、科技创新、现代金融和人力资源的协调配合,这是从要素投入角度对产业体系的重大理论创新。其核心在于通过高级生产要素的协同作用,提高全要素生产率,推动经济高质量发展。特别是要将各种生产要素最终落实到实体经济上,要求金融服务实体经济,并通过现代金融机制支持科技创新,实现经济持续增长。在实践中,构建这一产业体系的关键在于处理好相关的三对关系,确保各要素协同高效运作。

(一)实体经济与科技创新的关系

提高科技创新对实体经济的贡献是经济发展的重要方向,但当前我国科技水平与世界的差距小于实体产业水平的差距,反映出科技成果与实体经济的脱节。造成这一问题的原因包括科研成果转化机制不完善、知识产权保护不足以及对科研产业化的支持欠缺。解决这一问题的关键在于推动科研成果产业化,使其服务于实体经济。然而,科研的产业化过程需要分为两个阶段:科学家负责将资金转化为知识,而企业家则负责将知识转化为经济效益。在这过程中,既要注重科研的原创性,也要确保科研活动最终能转化为实际的经济效益,否则科技与实体经济将难以有效协同,阻碍经济的良性循环。

(二)实体经济与现代金融的关系

现代金融应更加有效地服务于实体经济,以避免制造业"空洞化"和虚拟经济过度膨胀的现象。然而,当前金融发展存在资金在金融体系内部运转,未能有效流入实体经济的问题,导致实体经济产能过剩、杠杆率高、生产率低,难以吸引投资者的关注。同时,居民巨大的理财需求与优质资产供应不足之间的矛盾,造成了"资产荒",推高资产价格,进一步加剧了资金"脱实向虚"流向房地产等领域的趋势。为解决这些问题,必须通过发展现代金

融，增加优质理财资产的供给，既满足居民对财富增值的需求，又促进资金更合理地流向实体经济，推动经济的健康发展。

（三）实体经济与人力资源的关系

要实现实体经济的振兴，必须优化人力资源的配置，增强其对实体经济发展的支撑作用。然而，当前优秀人才往往不愿意进入实体经济领域，这种人力资源错配成为振兴实体经济的重大障碍。年轻人不愿从事的行业，难以拥有光明的前景。因此，关键在于提高实体经济的盈利能力，为人才提供更具吸引力的物质条件。特别是要大幅提升制造业技术工人的待遇，实施首席技工制度，并鼓励他们持有企业股份，以实现与企业的共同成长。同时，提升职业技术教育的社会和经济地位，增强工匠职业的尊严和吸引力，从而吸引更多年轻人投身实体经济，助力国家经济的可持续发展。

第三章 现代市场经济发展

第一节 现代市场经济的特征

建立有中国特色的社会主义市场经济体系是中国经济发展的重要目标。然而,仅仅实行市场经济并不足以保证经济的繁荣。事实上,许多国家尽管实行市场经济,但由于缺乏规范和有效的体制,导致经济停滞不前。因此,中国需要借鉴世界成功经验,建立自成体系的企业制度,规范政府职能,促进有效的市场竞争,培育良好的社会信用,健全法制基础。只有这样,才能实现资源配置的优化和社会福利的增加,推动经济的可持续发展。同时,中国需要避免其他国家在向市场经济转轨中陷入的陷阱,确保市场经济的规范和有效运行。

一、独立的企业制度

在市场经济中,企业是最主要的市场主体,其独立性是实现分散决策和资源优化配置的关键。通过赋予企业充分的独立性,市场经济可以避免计划经济中信息难题的弊端,实现更高效的资源配置。明确和独立的产权是企业独立性的基础,能够确保企业的决策权和自主权。同时,企业必须对自己的决策和行为负民事责任,这样才能保证企业的行为是合理和合法的。因此,建立独立的企业制度是市场经济发展的重要前提。

企业的自主权和对决策的后果负责是市场经济的重要基石。然而，在我国，企业的自主权仍然受到外部干预和限制，非公有制经济受到的制约和干预更为严重。同时，产权保护的法律环境不完善，尊重产权的社会意识和氛围不足，这使得企业难以对自己的决策后果负责。破产制度作为市场约束制度在国有经济领域的实施也存在问题。因此，我国需要进一步完善独立企业制度，落实企业决策自主权，完善产权保护法律环境，并建立有效的机制使企业对其决策后果负责。

二、规范的政府职能

（一）政府的职能通过法律得到明确和恰当地界定

在市场经济中，政府的作用不应是替代市场，而是增强市场的功能。政府应该通过制定和执行规定来维护市场秩序，确保公平竞争，并为市场机制正常发挥作用创造条件。政府不应干预市场能够自行解决的问题，但对于市场无法解决的问题，政府必须承担责任。政府需要在三个主要领域发挥作用：制定和执行规定以保护产权和合同，进行宏观经济调控以维持稳定的经济和社会环境，以及提供公共产品以满足社会需求。只有政府有效地发挥其作用，市场机制才能正常运作，经济和社会才能实现可持续发展。

（二）民主和透明的政府决策程序

政府职能的有效执行需要确保决策的正确性，这依赖于恰当的决策流程。随着经济的发展，决策所需信息和专业知识变得复杂，个人智慧不足以保证决策的正确性。在市场经济中，政府决策应基于专业论证和广泛听取社会意见。法律规定的决策程序有助于监督政府行为，减少随意干预和腐败。

（三）政府权力要受到法律的有效约束

市场主体在经济活动中比政府更具优势，因此需要法律来严格限制政府的干预行为，保障企业的独立性和自由交易。法律应具体明确政府干预的内容和权限，避免赋予政府过多的自由裁量权，以防止其对经济的过度干预。政府的干预行为必须在法律规定的范围内进行，并接受立法机关和社会的监督，以维护市场经济的秩序。

三、有效的市场竞争

竞争是市场经济的核心，它通过优胜劣汰推动企业降低成本、提升质量、改善管理和创新，以提高效率和优化资源配置。有效的市场竞争需满足三个条件：公平、充分和有序。公平竞争要求法律和政策对所有市场主体一视同仁，确保市场准入和资源获取的平等，以及为劳动者提供平等的机会和条件。这样的公平环境是实现社会公正和经济效率统一的关键。

确保竞争有效性需消除行政和经济障碍，防止市场垄断。行政障碍涉及行政权力导致的垄断，如行业垄断和地方保护；经济障碍则源于企业规模过大或市场集中度过高。两种垄断均损害竞争有效性，需采取措施消除。企业自由退出和进入市场对竞争公平性和有效性同样重要。此外，有效竞争应是有序的，这要求有符合市场经济的规则，包括法律法规和行业规范。市场主体必须遵守这些规则，制止不正当竞争行为，如欺诈、造假、低价倾销和价格竞争。

我国市场竞争存在差距，包括不同所有制、规模和地域企业间的不平等竞争，企业设立和退出市场的烦琐程序，以及大量不正当竞争行为。此外，行政干预和政策障碍导致的行业垄断和地方保护主义，不仅损害市场统一性和有效性，也是腐败的根源。

四、良好的社会信用

面对会计信息失真、假冒伪劣商品泛滥、拖欠贷款、逃避债务、金融诈骗和职业道德缺失等问题，建立良好的信用环境不仅对经济的持续快速增长至关重要，也直接影响改革的成败。为改善信用状况，需要从多个方面共同努力，采取综合措施来提升社会整体的信用水平。

（一）增强各类市场主体自我保护的意识和能力

进一步加强宣传教育，大力弘扬诚信文化。进一步引导和支持企业加强信用管理制度建设，提升风险防范能力。

（二）要尽快建立社会化信用信息服务体系，努力改善信息不对称情况

发达国家的经验表明，社会化信用体系的建立应依靠市场力量，鼓励民间资本投入征信服务。政府应通过立法规范征信行为并推动信息公开，而不应直接参与征信机构的设立和运营。同时，政府应以身作则，树立诚信的榜样，推动社会整体信用环境的改善。

（三）要提高失信行为的成本

法律应强化对失信行为的处罚，涵盖经济、行政和刑事方面，确保违规者付出沉重代价。同时，必须确保法律的严格执行，实现法律的权威。发达国家之所以重视个人信用，是因为失信的严重后果。信用体系的建立与经济发展阶段相关，需要时间来培养诚信。经济发达地区已开始重视并取得成效。只要持续重视并采取有效措施，必将取得良好效果。

五、健全的法制基础

（一）法的内容符合基本的或公认的正义，特别是符合市场经济的内在要求

法治环境的健全并不等同于法律的数量，而是法律的质量和合理性。只有当法律有效保护产权和公平竞争，尊重经济主体的自由时，才能真正为市场经济的发展提供有力的支撑。过多的限制性法律不仅不能促进市场经济的发展，反而会扼杀经济活力，导致法治环境不健全。因此，需要注重法律的质量和合理性，确保其符合市场经济的客观规律和要求。

（二）法是至高无上的，法律面前人人平等

法治的核心理念是确保所有公民、团体和政府机构都在法律面前平等。任何个人或机构，不论其权力如何，都不能任意破坏法律，必须严格遵守法律的规定。在法治国家中，法律是最高的权威，任何违法行为都必须受到法律的制裁。

（三）法律必须得到公正执行

建立完善的社会主义市场经济体制是一个复杂的过程，它需要多方面的努力，包括建立健全的司法体系、培养良好的法治观念和守法意识等。市场经济体制的成功不仅依赖于法律和制度的制定，还需要全社会的参与和支持。随着时间的推移，市场经济体制会不断演进和完善，但不同国家和经济发展阶段都有其独特的挑战和机遇。因此，我们需要研究和借鉴规范的市场经济体制的共性，同时也需要根据我国的实际情况进行努力和探索，才能建立起适合我国国情的社会主义市场经济体系。

第二节 "市场决定性"与中国现代管理理论

市场在资源配置中发挥决定性作用,这是市场经济发展的必然趋势。"市场决定性"作为中国现代管理理论的基础,是中国国情、现代化建设需求和理论逻辑的共同产物。它为中国现代管理理论的发展提供了背景、环境和平台,确保了理论的客观性、适应性、规范性和科学性。自改革开放以来,中国市场经济改革不断深化。市场经济的建立和发展推动了中国现代管理理论的适应化、系统化和科学化,研究"市场决定性"与现代管理理论的关系对于理解中国的现代化建设和管理理论至关重要。

一、"市场决定性"的内涵、发展与特点

(一)"市场决定性"的内涵

中国特色市场经济的核心问题是如何平衡市场与计划(政府)的关系,确保市场在国家宏观调控下对资源配置起基础性作用。市场的决定性作用意味着社会资源配置的客观性、适合性与绩效性取决于市场的行为与活动,而政府的职能应重点放在改善公共服务、保障公平竞争、维护宏观经济稳定等方面。这种新的认识突破了传统理论的局限,开创了中国特色社会主义的政府与市场关系的新格局,这是中国特色社会主义和中国特色市场经济理论的重大创新。

(二)市场经济在中国的发展

中华人民共和国成立后,我国的商品经济经历了一个复杂而曲折的发展

过程。由于曾经的片面认识，商品经济被误认为是资本主义的特征，而社会主义不应该有商品经济。这种认识导致了对商品经济的排斥和消灭，但后来逐渐认识到商品经济在社会主义经济中的重要性。党的十四大明确决定建立社会主义市场经济体制，标志着我国对商品经济认识的重大转变。这个过程虽然付出了沉重的代价，但最终实现了认识与实践上的飞跃，为我国经济的快速发展奠定了基础。

1. 排斥与消灭商品经济阶段

20世纪50年代初期，我国在学习苏联经验的基础上，建立了高度集中的计划经济体制。这种经济体制把市场经济与资本主义等同起来，视市场经济为社会主义的"异己"，并对市场经济行为与活动进行了排斥和打击。虽然这种经济体制在初期曾奠定了新中国的物质技术基础，但是随着社会生产力的发展和经济规模的扩大，经济结构和关系的复杂化，以及人民物质生活需求的提高，这种传统计划经济体制已经不能满足我国现代化的要求。它不仅限制了社会生产力的发展，也严重束缚了经济的活力和创造力。

2. 承认与允许商品（市场）经济阶段

（1）承认与允许商品经济的存在与发展。传统理论提出了"三个主体、三个补充"的经济模式，但在实际操作中，尽管主体部分得以确立，补充部分却往往难以落实或缺失，导致经济体系难以达到预期的平衡与灵活性。

（2）以市场经济为改革导向。提升社会生产力的关键在于改革不适应经济发展的旧有体制，通过引入市场机制替代过于集中的计划经济，市场经济逐渐成为主导力量，推动了我国经济的迅速发展和社会的深刻变革。

（3）市场经济起基础性作用。在商品经济发展和生活水平提高的背景下，资源合理配置成为改革的重点。1992年党的十四大提出建立社会主义市场经济体制，并明确市场机制在资源配置中的核心作用，标志着我国正式走上具有中国特色的市场经济道路。

3. 市场经济起决定性作用阶段

自确立市场经济道路后，人们通过实践不断优化计划与市场的关系，既尊重市场的决定性作用，又注重政府的宏观调控，以实现精准有效的经济管理，推动中国特色市场经济取得新的进展。

（三）"市场决定性"的现实特殊性

由于历史和制度等多方面的制约，我国市场经济体制自一开始就与西方模式有所不同，市场的决定性作用在中国表现出与本国社会环境紧密联系的独特特征。

中国的市场经济并非自然历史演进的结果，而是在政府主导下，从苏联式计划经济的改革中逐步发展起来的。尽管市场经济的框架已初步确立，但传统的计划经济烙印尚未完全消除，政府的角色在这一过程中至关重要。中国的经济基础并非以私有制为核心，而是以公有制为主导，强调多种经济形式的并存与合作。此外，市场主体仍未成熟，建立现代企业制度和实施国民待遇原则是未来的关键任务。要进一步完善市场经济运行机制，必须推动党政、政企分开，明确国家的角色，并通过生产社会化的发展，全面实现农业、工业、科技、国防与治理的现代化。在治理结构上，中国共产党领导的多党合作制仍将发挥核心作用，推进治理现代化和协商民主是当前的重要任务。

二、"市场决定性"与中国现代管理理论

在当今社会，市场经济不仅是资源配置的基础，也是现代管理运行的平台，深刻影响了管理模式、目标、原则及其过程。"市场决定性"在中国现代管理理论中占据核心地位，既提供了理论发展的实践基础，也推动了管理理念的不断丰富和创新。研究市场在资源配置中的决定性作用，不仅是经济理论的任务，也是管理理论发展的关键。随着市场机制在中国现代化建设中的影响逐渐增强，管理理论将依托这一实践基础，逐步完善其内容与原则，推动管理体系的现代化进程。

（一）"市场决定性"是中国现代管理理论的客观环境

20世纪50年代，我国在借鉴苏联经验的基础上建立了传统的计划经济体制，尽管这一体制为经济恢复奠定了物质基础，但随着生产力的发展和人民需求的提升，其局限性逐渐显现，成为束缚经济发展的因素。直到20世纪70年代末期，党和人民逐步认识到计划与市场的关系，实现了从"计划经济为主"到"市场经济起决定性作用"的重大转变。这一转变推动了经济管理方式的演变，由过去的行政手段过渡到更为市场化的经济调节方式。尽管计划手段仍然是宏观调控的重要工具，但市场在资源配置中的决定性作用更加突出。中国现代管理理论正是在社会主义制度与市场经济体制结合的基础上发展起来，既体现了市场经济的需求和特征，又展示了社会主义制度的优势，为管理理论的创新和发展提供了坚实的理论支持。

（二）"市场决定性"为中国现代管理理论提供原动力

市场经济通过价值规律调节资源分配，促进社会活力。而"市场决定性"体现在利益主体的多元化和独立性，经济利益驱动市场主体积极参与竞争。竞争不仅使市场充满活力，也成为推动中国现代管理理论发展的核心动力，通过这一机制，管理理论在市场经济平台上不断创新与演进。

（三）"市场决定性"是中国现代管理理论的运行平台

党的十八届三中全会确立了"市场决定性"原则，推动我国从"计划经济"向"市场经济"全面转型。这一转变修正了过去以政府计划为主导的管理方式，逐步确立市场在资源配置中的主导地位。市场规律通过竞争和利益机制引导经济活动的发展，标志着从"市场导向"到"市场决定"的改革进入新阶段，尽管这一改革过程困难重重，但其影响深远且不可逆转。

经济基础决定上层建筑，市场经济为现代管理提供了平台，其规律和机制深刻影响管理实践。"市场决定性"进一步强化了市场在管理中的作用，为中国现代管理理论的发展提供了更完善的环境，推动管理理论的持续丰富与优化。

三、"市场决定性"与中国现代管理理论的实现形式

（一）市场经济是人类文明发展的基本形式

人类文明发展是一个逐步演进的过程，具有阶段性和地域差异。但在自然经济向商品经济过渡时，人类展现出共同性。市场经济作为商品经济的高级阶段，具有普遍特性，超越了社会制度差异，推动文明进入新阶段。各国和民族不应拒绝市场经济这一文明发展的主体形态，因为它既是生产力发展的必然，也是生产关系进步的体现。认识这一点，能提升改革开放的自觉性，帮助我们从规律性角度理解理论，规范行为，避免犹豫不决，坚定走市场经济道路。

市场经济作为人类文明发展的必然形式，是一种独立于个人或政党意志的客观规律。人们的作用在于通过理解和掌握这一规律，主动引导中国经济沿着市场经济的路径前行，融入全球文明的逻辑发展轨道。

（二）中国现代管理理论是市场经济发展的智慧与理论结晶

过去将计划与市场对立的观点割裂了二者的内在联系，给现代化建设带来了不必要的损失。若能认识到社会主义条件下商品生产和市场经济的必然性，以及公有制与市场经济的兼容性，计划和市场的关系问题就能在实践中得到有效解决。这一逻辑同样适用于现代管理理论的发展。

当前经济理论常将计划性与公有制、商品性与多种经营形式割裂，未全面揭示计划与市场的内在关联。事实上，计划是商品经济发展到一定阶段的必然要求，是价值规律在公有制基础上的宏观表现形式。生产资料公有制不仅为市场经济提供了计划性实现的可能性和现实性，还通过按比例分配社会

总劳动的方式体现价值规律的宏观作用，从而在计划和市场间形成有机联系。

价值规律的核心在于节约劳动时间，这一规律在社会主义制度下仍具有双重作用：既调节社会劳动分配，又衡量个人劳动贡献与消费分配。不同的生产结合方式仅影响这一规律的表现形式，而不改变其根本调节功能。社会主义条件下的公共生产和集体劳动体现了劳动时间节约规律的持续作用，凸显了计划与市场调节的内在一致性。

"计划规律"在社会主义中体现了价值规律在公有制基础上的作用，推动社会劳动的节约和国民经济的协调发展。计划与市场并非对立，而是价值规律的双重表现形式，在社会主义市场经济中相互作用，共同发挥宏观与微观调控作用。这一理论为中国的经济改革和管理模式设计提供了指导，并在实践中被验证和丰富，促进了中国现代管理理论的发展，涵盖了从计划控制到资源配置等多个关键领域，推动了中国特色市场经济的深入发展。

（三）中国现代管理理论的基本原则体现"市场决定性"

中国现代管理理论在其目的、模式、原则等方面都体现了市场经济的核心理念。作为中国特色市场经济发展的重要支撑，管理理论不仅反映了市场经济的要求，还通过有效的管理实践推动市场经济的健康发展。

"市场决定性"要求公开透明的资源配置和信息披露，以保障市场的自由竞争和效率。市场作为"看不见的手"调控经济，确保管理活动遵循市场原则。违背这些原则的行为将被市场淘汰，从而为中国现代管理的良性发展创造稳定的环境。

中国现代管理在从计划经济向市场经济转型及改革深化过程中发挥着关键作用。随着经济发展中的问题和矛盾逐步显现，未来还将面临新的挑战和不确定性。在这一背景下，"市场决定性"将加强现代管理，推动社会公平与正义，促进管理理论的完善，使公开原则成为中国现代管理的核心原则，推动管理机制更加透明有效。

市场公正性是"市场决定性"的核心要求，公平的资源配置依赖于健全的市场体系和透明的市场秩序。通过建立公平竞争、自主经营、自由流通的市场机制，市场才能充分发挥其在资源配置中的决定性作用。中国现代管理理论应以公正为基础，统筹全局，提升效率，确保社会资源得到合理配置与有效管理，推动经济健康发展。

诚信是市场经济运作的基石，它确保市场主体在平等和契约精神的基础上履行承诺，利益分配与贡献挂钩。在现代管理中，诚信不仅是企业运营的核心原则，也是维持市场秩序的关键。缺乏诚信的管理将导致混乱和低效。诚信原则为市场主体提供了自由创造和公平竞争的环境，激发了市场活动的积极性和创新性，体现了现代管理的高水平境界。

市场经济是秩序和规范的经济，不是完全自由的经济。价值规律的微观和宏观规定性对市场经济运行具有规范和约束作用，形成市场经济的秩序。宏观上，价值规律通过按比例分配社会总劳动，推动社会分工的专业化和集约化，要求现代管理遵循生产力的发展规律制定有序的管理策略。经济危机的产生并非由于价值规律，而是由于资本主义生产关系，尤其是私有制和垄断的影响。

传统计划经济的管理方式在中国实践中被证明不适宜。改革开放后，市场经济的引入推动了现代管理的快速发展，市场经济成为资源配置的核心力量，也为中国现代管理理论提供了广阔的平台。中国现代管理理论在"市场决定性"的实践下，将更好地体现自由、平等、竞争等基本精神，遵循公开、公正、诚信、有序的原则，促进民生与现代化建设的发展，使管理理论更加科学、合理、符合国情。

第三节 标准化与现代市场经济理论

党的十九大提出了我国经济迈向高质量发展的战略部署,强调标准化在这一过程中具有基础性和引领作用。加快形成符合国际水平的标准体系,推动经济发展的质量、效率和动力变革,已成为实现高质量发展的关键。在市场监管中深入研究标准化的作用,不仅能明确其在新时代的定位,还能进一步激发其潜在动能,充分发挥在统一市场监管中的关键作用,助力现代化经济体系的建设。

一、标准化在现代市场经济中的地位

(一)标准化是市场公平交易的准则

市场标准作为交易的准则,具有中立性,确保各方遵循并维护公平与公正。由于消费者是市场中的弱势群体,标准制定时需特别保障其合法权益,确保市场运作平衡,促进各方利益的协调与保护。

(二)标准化是市场竞争中突破技术壁垒的有力武器

国际市场竞争在很大程度上是标准的竞争。一方面,标准推动产品质量和技术进步;另一方面,标准也被一些国家用作技术壁垒,限制其他国家的竞争。我国企业在国际市场中面临的技术壁垒挑战表明,只有提高标准化水平,与国际标准接轨,才能突破这些壁垒,让我国产品顺利进入全球市场并增强竞争力。

（三）标准化是市场经济中提升经济效益的重要手段

在市场经济中，由于各方主体实力不均，统一标准成为保障公平竞争和提升整体经济效益的关键工具。通过标准化，不仅能推动经济利益的增长，还能有效保护弱势主体的权益，确保市场的平衡与健康发展。

二、标准化在现代市场经济中的作用

（一）帮助企业适应市场经济

标准化为企业进入市场并参与竞争提供了技术基础，确保产品符合市场需求和标准要求。出口企业需遵循国际或出口国标准以消除技术壁垒。为增强竞争力，一些企业还制定了更高于现有标准的企业标准，以进一步提升产品质量和市场竞争力。

（二）为市场竞争提供健康环境

现代市场经济不仅为企业创造了良好的发展环境，还要求公平竞争。标准化通过设定准入门槛，防止不合格产品进入市场，保护消费者和企业的合法权益。企业通过制定高于行业或国家标准的企业标准，能够提升产品的附加值，增强市场竞争力，实现更高的市场优势。

（三）促进企业管理体系化

企业管理标准体系的建立以管理、技术和工作标准为核心，辅以其他标准，通过标准化理论和方法规范企业的各项工作流程。这种体系化管理有助于提升企业管理的科学性和有序性，确保企业运营更加高效、规范。

三、促进标准化作用得以发挥的策略

（一）完善市场机制构建，促进现代市场体系有效运行

在市场经济条件下，消费与投资机制对市场起着重要的引导作用。消费通过市场实现，成为推动经济发展的内在动力，但供给不仅仅是被动适应消费需求，反而可以通过创新驱动创造新的消费需求。因此，供给侧结构性改革的核心在于提升供给的创新能力，以此激发消费活力，同时通过投融资体制的创新为供给结构的优化提供动力。价格机制在这一过程中也不可或缺，尤其是科技创新、知识产权、劳动力、资本与资产的市场价格机制的优化。在科技创新和人才要素领域，合理的价格机制可以通过市场化手段引导资源向高效方向流动，而资本与资产价格机制的市场化则能够有效促进企业并购与资产重组，推动经济的高质量发展。

（二）形成全面开放格局，构建高水平的现代市场体系

中国应通过学习国际规则，提升在全球经济中的参与度和话语权，推动国际经济新秩序的构建。同时，借鉴发达国家的市场经济经验，结合国情深化改革，确保市场在资源配置中的决定性作用，并合理发挥政府调控作用。通过区域市场的统一联结，充分发挥各地优势资源，促进区域协调发展，构建更加完善的中国特色社会主义市场经济体系。

第四节　现代市场经济的成本控制新理念

企业要在激烈的市场竞争中实现利润最大化，必须重视成本控制。通过准确把握市场环境，积极应对挑战并抓住机遇，企业能够优化管理理念，提高成本控制水平，从而有效提升经济效益和竞争力。

一、宏观角度上构建科学的成本发展战略

企业的成本管理应从战略高度出发，管理者需重视并推进全方位成本控制，将其贯彻于每个业务环节，形成全员参与的成本管控文化。通过结合企业自身业务特点，合理预测和优化成本结构，企业不仅能应对市场挑战，还能提高经济效益。现代成本管理理念应超越传统的节约思维，融入更具前瞻性的成本效益观，采用综合的宏观策略来提升企业的长期竞争力。

二、重视技术研究

在当前的企业发展过程中，技术研发逐渐成为核心工作，越来越多的企业选择以科技驱动作为其主要发展策略。在现代市场经济体系下，企业需要重视技术创新，聚焦于提升生产技术、引进先进工艺和优化管理，而不是简单追求降低日常运营成本。只有通过加强技术研究，企业才能构建系统化的管理体系，提升其综合竞争力和内部资源配置效率，从而在竞争中取得领先优势。同时，技术密集型趋势已成为企业发展的新方向，企业应顺应这一趋势，调整管理思路和成本控制策略，以适应日益激烈的市场竞争和现代化经济的需求。

三、加强人员管理

在成本控制中，企业应采纳现代人员管理理念，超越仅依赖奖惩的旧模式，转而重视员工的主观能动性和创造性。在市场经济的新环境下，人力资源被视为战略资源，需要引入人性化管理策略。企业应营造全员参与成本控制的文化，通过教育提升员工的成本管理意识和积极性。激励措施应同时满足员工的物质和精神需求，管理人员应解决员工的实际问题，并重视人才培养，定期提供岗位培训，以提升员工整体素质。同时，企业应创建良好的工作环境，促进员工潜能的发挥。

随着市场竞争的加剧，企业面临的成本控制挑战日益复杂，传统的成本控制理念必须与时俱进，涵盖多元化的经营成本及无形成本的管理。只有通过科学的成本控制方法和理念创新，企业才能增强竞争力，适应现代市场经济的变化与需求，实现可持续发展。

第五节 现代市场经济对社会信任的内在需求

现代市场经济作为商品经济的高级形态，其核心特征是经济关系的契约化。市场化改革是契约关系普遍化并取得主导地位的过程。作为"契约文明"，市场经济高度依赖社会信任，信任是契约履行的基础，缺乏信任将导致契约失效，增加法律诉讼和社会运行成本，从而降低市场效率。市场经济对信任的需求体现在多个方面。

一、社会信任是市场经济产生与发展的基础

社会信任是市场经济形成的基础，市场经济作为一种交换经济，依赖个

人之间的交易活动。历史上，人类经历了人格化的交换形式，这种形式下，交易者彼此了解，交易依靠信任而非契约或法律，交易成本较低。随着市场经济的发展，非人格化的交换形式逐渐取代了这种早期形态，但信任仍然是经济活动中不可或缺的重要因素。

随着社会分工深化和市场的扩大，现代市场经济的非人格化交换形式逐渐取代了早期的交易方式。在这种广泛的市场交易中，由于双方互不熟悉，信任不再依赖个人关系，而是通过契约来维持交易的可靠性和稳定性，推动市场经济的发展。

契约的核心在于信任，它是平等主体间通过合意达成的牟利性交往方式，旨在让各方获得更大利益，并建立起相应的权利和义务关系。契约当事人的合理期待包括对交易结果的价值最大化和对方履行承诺的信任，而这些期待的实现都依赖于契约双方的诚信和履约能力。信任不仅是契约成功的基础，更是市场经济得以健康运行的根本保障。这种信任构成了市场经济的道德底线和行为准则，维系着市场主体的基本规则，确保了交易的顺利进行和市场秩序的稳定。

现代市场经济本质上是一种信用经济，信用作为社会信任在经济中的体现，决定了市场主体间交易的稳定与效率。经济信用行为依赖于社会信任，信用水平的高低直接影响经济运行效率和整体发展水平。因此，提升信用水平是推动经济健康发展的关键。

二、社会信任是市场经济良性运行的必备条件

社会信任是市场经济良性运行的必要条件。在现代市场经济中，契约精神是基础，交易应基于非人格化原则，对所有交易对象一视同仁。与传统经济不同，现代市场经济强调物质交换关系，而非个人关系。因此，市场主体间的信任和认同变得更加重要，影响其生存和发展。双方的依赖基于对未来持续交换关系的兴趣，无论是与当前还是其他交易伙伴的关系。

现代市场经济的顺利运行既依赖于契约中的信任，也受益于竞争机制的驱动。然而，过度竞争尤其是无序竞争可能导致社会和经济秩序的混乱，破坏市场健康发展。因此，要确保市场经济的有序运行，公平竞争至关重要。法律制度在这一过程中扮演了关键角色。它不仅规范了市场主体的行为，还为防范失信行为、保障市场秩序提供了最后一道防线。完善的法律体系通过强有力的约束力和权威性，维持市场经济的平稳运行，为其健康发展保驾护航。

三、社会信任是现代市场经济主体获取效益的源泉

在市场经济中，社会信任扮演着至关重要的角色，它是各个市场主体获取效益的根本源泉。市场经济的起点是多个利益主体的存在，这些主体在追求自身利益最大化的过程中，推动了经济的活力和增长。正如亚当·斯密所言，市场中的食物和饮料的供应源于生产者的自利动机，而非单纯的恩惠。然而，市场经济不仅仅是个体的利益追逐，它是一个整体，各种经济主体通过合作实现彼此的比较优势和资源的合理利用。这样的合作必须建立在相互信任的基础上，只有在信任的环境中，各方才能有效地合作，确保资源的高效配置并获得应有的利润。

社会信任可以显著减少市场交易成本，这是其作为市场经济主体获取效益源泉的另一个重要原因。交易成本包括产权保护、寻找交易对象、谈判、合约执行和监督等费用。在信息不对称的情况下，交易成本可能增加，损害交易双方乃至社会的利益。因此，交易双方的相互信任及其信任度的高低对降低交易成本起着关键作用。

在一个信用信任的社会中，交易双方的互信能够显著降低交易成本，提升经济效率。诚信和信息沟通的程度使得交易过程中的各项费用减少，从而优化了资源配置和社会福利。信任的建立使得信息收集、签约及履行过程更加紧密，矛盾解决也更加高效。相对而言，在信任缺失的环境中，交易成本

显著上升。双方交易在缺乏信任的情况下，必须投入更多时间和资源来进行信息验证和合约维护，导致交易过程烦琐且费用高昂。这不仅增加了社会的经济负担，还可能使交易变得无利可图，最终导致社会经济运行效率的降低。因此，社会信任的建立对于提高交易效率、降低经济成本以及促进整体社会福利运行水平的提升具有至关重要的作用。

第六节　在深化改革中完善现代市场经济体系

一、深化营商环境改革，加快完善现代经济治理体系

优越的营商环境是现代市场经济体系健康发展的基石，它不仅影响资源配置和经济竞争力，还为构建统一、开放的市场体系提供了制度保障。通过优化营商环境，可以激发各类要素的创造力，推动改革深化和现代经济治理体系的完善，实现经济的持续繁荣与发展。

在推进中国特色社会主义建设中，经济活力和发展动力依赖于企业的活力和实力，而这需要完善的营商环境作为基础。打造一流营商环境需从市场准入、市场运营和市场监管三个方面入手：深化工商登记制度改革，简化登记流程；减少对市场的过度干预，让市场主体自行调节；建立公平透明的监管机制，确保监管标准获得市场主体的广泛共识。

国务院2018年常务会议强调了优化营商环境对解放生产力和提升经济竞争力的重要性，认为这是推动高质量发展的关键。尽管各地在改善营商环境方面取得了一定成效，但仍存在不足。会议要求通过深化"放管服"改革，聚焦市场和企业的实际需求，推出强有力的措施，解决现存问题，进一步优化营商环境。

"放管服"改革旨在激发市场主体活力的同时，规范市场秩序，避免过

度干预和市场失控。优化营商环境需加强对企业合法权益的保护,构建防止侵权和不正当竞争的机制,清除阻碍合法经营者发展的障碍。同时,需完善保护消费者权益的体制,激发消费活力。改革还应打破行政壁垒,推动政府透明化,规范政府对市场的干预,避免不作为或过度干预。

广东在优化营商环境方面领先全国,特别是广州连续多年被评为中国内地最佳营商环境城市。广东的营商环境以包容和务实著称,市场竞争活跃,改革取得先行经验。尽管如此,广东仍需创新以提升国际评价,强化优势并改善不足。具体而言,应继续推广广东自贸试验区的便利化措施,同时解决制度性交易成本高、企业税费负担重、融资难贵、生产要素成本高、知识产权保护不足等问题。此外,还需确保大型企业和小微企业享有公平的营商环境,加强政府大数据协作服务,完善"放管服"改革,强化市场监管,制定系统性解决方案和长效制度。

二、推进产权制度改革,增强市场要素配置主体活力

在建设和完善现代市场经济体系中,企业作为最重要的市场主体,必须能够固本强基,形成强大的企业群体和层次丰富的企业体系。这是因为市场经济体制的本质是资源配置的市场化,从资本、技术到劳动力或人才等各类要素、各类资源,其配置的主体就是企业因此,企业结构、企业素质、企业活力等的状况,是制约市场要素配置质量和配置效益的直接因素。鉴于企业组织的基础是产权结构,这就需要在深化改革中,着力优化市场主体的结构,实现不同所有制的共同发展,构建起适应现代市场经济的产权体系。

产权制度改革的核心是推动国有企业和国有资本管理体制的变革。由于国有资产具有国家和全民属性,且国有资本涉及基础性和关键性领域,国有企业在改革与混合所有制经济的构建中扮演着重要角色。这一改革不仅是提升多元产权制度活力的关键,也对推动经济结构优化具有深远影响。

因此,要深化国有企业和国有经济改革,需要从三个基本方面入手。首

先，要不断优化国有经济在国民中的战略布局，确保经济集中于国家安全和关键行业，同时保持灵活性，解决现状企业问题。其次，要完善国有企业的治理结构，完善授权经营体制，提升法人治理能力，并增加混合所有制企业的比例，以增强市场决策和风险管理能力。最后，要加强对国有企业的治理企业与国有资本的战略性重组，特别是在国企改革中的梯队管理，解决实力薄弱、布局散乱、实力大等问题，通过资源重组实现企业实力。同时，梯队在国企改革中必须承担责任，解决清理不良企业、过度融资和不当杠杆等问题，从而推动国有企业和国家经济的健康发展。

改革开放以来，特别是历经国际金融危机后，现代广东及全国的民营企业在经济领域的各项主要指标上均实现了亮眼表现，这充分展现了它们在中国市场经济中不可替代的优越地位与强大实力。党的二十大明确支持民营企业发展，这为民营企业然而，民营企业在成长过程中仍面临着诸如短期行为和治理模式等挑战。为了进一步发展，民营企业需要在完善营商环境的基础上进行自我改革。第一，完善企业治理结构，减少对"人治"的依赖，建立企业制度和长效机制；第二，推动企业间的良好合作，打破各自为战的局面，实现现代集群发展的竞争优势；第三，民营企业还应积极打破一切壁垒，通过与国有经济的合作，在产权、产业分工和市场拓展等方面进行全产业合作，从而提升中国企业在国际市场上的综合实力和品牌话语权。

三、完善市场机制构建，促进现代市场体系有效运行

市场机制作为市场经济体系的核心，包含动力、传导和制衡机制，它的作用效能直接反映了市场经济体系的运作水平。高效的市场机制是现代市场经济健康运作的关键，决定了经济活动的流畅性和竞争力。

市场竞争机制的有效发挥取决于破除垄断和创造公平的竞争环境。虽然大企业在资源配置中占据优势，但过度依赖政府支持可能导致垄断，降低市场效率和创新能力，损害社会公平。因此，政府需重点关注中小微企业的生

存与发展，确保市场机制和政府调控的平衡，促进市场的健康发展。

风险防护与市场化改革。通过市场化改革和完善市场组织结构，减少政府干预，提升企业风险管理能力。同时，借鉴国外经验，实施地方政府破产机制，防止过度融资借债，构筑风险防护墙，促进市场健康发展。这种综合性策略有助于减少地方政府对市场经济环境的不适当干预，推动中国经济转型升级。

四、形成全面开放格局，构建高水平的现代市场体系

全面开放格局包括积极参与经济全球化和打破国内市场的区域壁垒。只有通过全面开放，才能更有效地配置资源，提升资源配置效能，建立完善的市场经济体系。广东省在珠三角支持粤东西北经济协调发展方面已采取多种措施，但区域间的发展考虑不平衡仍是抵消因素。建议未来应在经济要素的基础上，进一步推进科技、文化、教育等多方面的举措。特别是利用珠三角地区集中在高水平和科研机构的优势，推动珠三角优质高校和科研机构与粤东北方地区的高校、科研机构合作，共建教育和科研体系，建立覆盖粤北的大学集团这样可以引导珠三角的优质资源支持粤东北部地区，落实高水平研发支持和人才培养。

第四章　现代绿色经济发展

第一节　税制改革与发展绿色经济

一、税制改革的原因分析

（一）税制改革是促进经济健康稳定增长的需要

中国经济发展模式正经历着从粗放型到高质量发展的转变。过去的粗放型经济发展模式导致了资源枯竭、环境污染和有效供给不足等问题。为应对经济下行压力和实现可持续发展，中国需要推动经济结构调整、产业转型升级、创新创业和绿色经济发展。税制改革在这一过程中发挥着重要作用，它可以通过优化税收结构、降低税负、鼓励创新等方式，助推经济健康稳定增长。

（二）现有税制在发展绿色经济方面存在诸多不足

1.现有税制涉及绿色经济的内容

（1）增值税。我国现行增值税条款中包含了多项优惠政策，旨在鼓励企业有效利用资源、保护环境和发展环保节能项目。这些政策通过免税、即征即退、暂免征税和先征后退等方式，支持企业开展废旧物资回收利用、综合利用资源、发展环保节能项目和使用清洁能源等活动。通过这些政策，政府希望促进企业转向环保和可持续发展的方向，减少环境污染和资源浪费，推动经济发展的质量和效益。这些政策的实施将有助于实现我国的环保和可持续发展目标。

（2）消费税。国家通过征收消费税，对某些产品实施差别化税率，旨在保护环境和引导人们消费。这种政策通过提高污染严重、资源消耗量大的产品的税率，鼓励企业和消费者选择更环保、更节能的产品，从而促进国家产业结构的调整。

（3）企业所得税。为鼓励企业采用新设备和新技术进行节能减排和环保，国家实施了一系列税收优惠政策。具体而言，企业如果采用高新技术处理污染，将享受15%的企业所得税减免。此外，企业在购买用于开发环保新技术和生产环保产品的设备仪器时，若单价在10万元以下，可以将其费用一次性或分次摊入管理费用。

（4）资源税。中国资源税的实施是该国对自然资源进行有效管理的重要举措。1984年开征资源税，并于1993年制定了相关条例，涵盖了多种自然资源的税收。资源税旨在鼓励节约资源，防止过度开采，并确保自然资源的可持续利用。

（5）城镇土地使用税。城镇土地使用税是国家对城镇土地使用者征收的一种税，旨在抑制投资过热，滥用土地的行为。税额根据所在地区的大小和发展水平而定，大城市的最高税额可达每平方米30元，而县城和建制镇等地区的税额较低。

（6）耕地占用税。耕地占用税是为了保护耕地资源而设立的一种税种，其税率根据地区人均耕地面积的不同而有所差异，这种设计旨在鼓励土地资源的合理利用和保护，尤其是在人均耕地面积较少的地区，通过较高的税率来抑制过度开发和建设，从而实现耕地保护的目标。

（7）关税。我国的关税政策旨在促进可持续发展和资源优化配置，一方面通过出口免税和退税政策鼓励优势产业的出口竞争力，另一方面对高能耗、高污染和资源性产品出口实施限制和调控，通过加征出口关税和降低或取消出口退税，引导这些产品的国内消费和国外资源的利用，实现资源的合理配置和环境保护的目标。

（8）排污收费制度。我国的排污费征收制度是对污染者实施经济惩罚和经济调节的一种手段，旨在实现污染控制和环境保护的目标。通过对污染者征收排污费，不仅可以增加企业的污染控制成本，促使其采取污染减少和控制措施，还可以为国家积累资金，用于污染治理和环境保护工作。

2.现有税制的不足

（1）税收调控绿色经济效果还不明显。在中国的税收体系中，虽然已经设立了资源税和城镇土地使用税等绿色税种来促进绿色经济的发展，但这些绿色税收的收入占比仍然较低，远不足以支撑国家在环保领域的大规模投资需求。根据数据，绿色税收收入在税收总收入中的比例仅有不到14%，如果将消费税中的绿色税收部分也算入，这一比例也只略有提升至不到20%。这种低收入水平直接限制了国家用于环境保护的资金来源，特别是对于那些需要大量资金投入的节能减排项目和环保技术研发项目来说，资金短缺成了一个重要的制约因素。

（2）现有税收体系绿色税种设置尚不全面。为有效调节绿色经济，税收政策需要贯穿生产和消费的各个环节，涵盖多个税种。然而，我国目前的税收体系中虽然有一些包含绿色成分的税种，如资源税和城镇土地使用税，但仍然缺乏一种专门针对环境保护的税种，比如环保税。

（3）我国对企业排污和开采矿产征收相关费用，但存在几个问题：一是收费项目不够细致，通常采取统一标准，未考虑污染物浓度差异；二是收费标准偏低，如污水排污费每污染当量1.2元，远低于环保治理成本；三是存在乱收费现象，增加了企业负担；四是收费项目未能及时更新，未能覆盖新出现的污染问题，如挥发性有机物污染。

（4）税收优惠政策存在不足。我国当前的税收优惠政策存在不够全面和系统的问题，主要分散在增值税和企业所得税等多个税种中。在制定这些政策时，国家有时会出现顾此失彼的情况，导致政策效果不尽如人意。例如，为了支持农业生产，将农机、农药、农膜的增值税税率降低到9%，但这种措施可能忽视了农药大量使用对生态环境的负面影响。

二、税制改革对发展绿色经济的积极作用

（一）税制改革，倒逼传统发展模式，促进产业改造升级

1.营改增

营业税改征增值税（营改增）的一个显著优点是消除了重复征税的问题，使税收体制更加合理。以建筑业为例，在营业税时期，建筑企业购进的原材料不能抵扣进项税，导致企业在支付增值税的同时，还要承担已经包含在原材料成本中的增值税，形成了重复征税。这不仅加重了企业的税负，还推高了产品和劳务的价格，增加了消费者的负担，抑制了消费需求，不利于国家扩大内需的政策。

而在营改增后，建筑业一般纳税人可以通过进项税票抵扣购进原料和劳务的增值税，有效避免了重复征税的问题。这样不仅减轻了企业的税负，还使得税收体制更加合理和高效。

营业税改征增值税（营改增）的另一个重要优点是能够降低企业税负，为企业积累资金进行技术改造。以建筑业为例，营改增前，企业需要同时负担进项税和营业税，总税负较高。而在营改增后，无论是小规模纳税人还是一般纳税人，企业的税负都有所降低。

对于小规模纳税人，增值税税率低于营业税税率，因此税负减轻。对于一般纳税人，通过规范业务流程，积极索要发票，取得足够的进项税抵扣，可以减少或避免税负，甚至产生留抵税额。尽管某些行业的增值税税率有所上升，但只要企业合理抵扣进项税，仍然能够实现减负降税的效果。

营改增政策的实施，打通了增值税抵扣链条，实现了从原来的分离式税制转向了连续式税制，工商企业在整个产业链中缴纳的增值税都可以抵扣，

减轻了税负，惠及工商企业。这种改革，促进了产业链的流通，提高了税收效率，更加公平地分担了税收负担。

营改增政策的实施，通过打通增值税抵扣链条，促进了工商企业和专业科技服务企业之间的研发合作，提高了科技研发的动力。企业可以外包非核心研发工作，享受专业化服务，降低成本，集中主业。专业科技服务企业可以通过抵扣进项税，降低税负，提高经济效益，增加科技投入，促进了科技创新发展和经济结构优化。

2.资源税改革

自2010年资源税改革启动以来，改革经历了从计税问题到全面推进的过程。改革主要包括四个方面：一是扩大了资源税课税范围，逐步将水资源税和其他资源税纳入。二是，将税制从按量计税改为按价计税，这种变化从新疆开始，后来扩展至多种资源品目，包括铁矿、金矿等。三是，全面整顿矿产资源相关的收费基金，取消了地方的均等收费项目，将矿产资源补偿费降为零，停征价格调整基金。四是，在关税确定和优惠政策方面，中央设定了梯度范围，在此范围内设定具体增速，并针对税收征税较大或综合利用的资源提供税收优惠，对尾矿等副产品的资源则有可能给予税收减免。

资源税改革通过调整税收机制，实现了税负降低和资源节约利用的双赢。以煤炭和水资源为例，改革后优质煤炭和高耗水企业面临更高税率，促使它们优化生产和使用习惯，减少资源浪费和环境污染。这种改革机制，鼓励纳税人采用高效节能技术，减少对自然资源的依赖，保护生态环境和促进可持续发展。

3.调整股权激励和技术入股所得税政策

2016年，国家出台了两项重要文件，旨在通过税收政策支持科技成果转化和创新创业。首先，《国有科技型企业股权和分红激励暂行办法》于3月1日实施，随后国家税务总局和财政部又发布了《关于完善股权激励和技术入股有关所得税政策的通知》。这些政策允许企业或个人将技术成果用于投资入股时，享受递延纳税的优惠，即在投资入股时暂不纳税，等到股权转让时再缴纳所得税。通过这些举措，国家进一步完善了鼓励科技创新和创业的税收政策，激发了科技型企业的活力，推动了技术成果的高效转化。

（二）税制改革，引导消费者绿色消费，促进经济结构调整

国家通过税收政策引导绿色消费和生产，助力绿色经济发展。在汽车领域，大排量汽车被征收 40%的高额消费税，而小排量乘用车享受购置税减半的优惠，城市公交车和新能源汽车则完全免征购置税。在消费品方面，国家自 2015 年起对普通电池征收消费税，但环保电池如锂电池则免税，以鼓励使用绿色能源；卷烟的从价税率大幅提升，抑制不健康消费。通过这些税收政策，国家有效推动了经济结构的绿色转型，促进资源节约和环境保护，推动社会健康可持续发展。

第二节　云计算助力绿色经济发展

云计算技术在第四次工业革命背景下，成为推动绿色革命和可持续发展的关键驱动力。通过运用云计算，能够降低碳排放，提高效率，实现节能减排。以 C 市为例，云计算在各领域的使用，预测了可持续发展的未来，提供了借鉴研究。信息技术产业作为高能耗产业，承担着建设低碳可持续发展社会和构建绿色经济的重要责任，云计算技术将成为其实现这一目标的关键手段。

一、云计算与节能减排

云计算通过集中化和虚拟化计算资源，实现了资源的共享和高效利用，降低了能源消耗。两种典型应用类型，主机云和桌面云，能够展示云计算的

节能优势。

（一）主机云

主机云通过云计算技术，能够解决传统数据中心资源利用率低（不足10%）的问题，提高资源利用率（可高达80%以上）。此外，主机云还能够降低能源消耗，通过计算，能够节省大量的电力费用。按照数据中心 PUE（Power Usage Effectiveness）能源利用效率和每台服务器功率估算，主机云能够显著降低能耗。除了能耗以外，主机云还能够带来其他效益，例如提高 IT 资源的灵活性和可扩展性，降低维护和管理成本，提高业务的可靠性和可用性。

此外，主机云可以带来直接经济效益，如节省机房占地、机柜机架空间、网络设备、线缆等资源以及运营维护管理成本。同时，也可以带来间接经济效益，如提高数据安全等级、业务零阻断、提高可靠性和灵活性。主机云可以帮助企业提高效率、降低成本、提高可靠性和灵活性。

（二）桌面云

桌面云作为一种新兴的信息技术应用，通过将传统的桌面环境虚拟化，并托管至云端，为用户提供了一种既经济又高效的计算解决方案。随着服务器技术的发展，这种模式能够支持越来越多的用户同时在线，而用户端的硬件要求大幅降低，只需简单地瘦终端即可。这不仅降低了企业的 IT 成本，还提升了系统的整体稳定性和安全性。在企业级应用中，桌面云还能解决传统桌面 PC 在维护、升级和安全管理上的多重挑战，显示出其在现代 IT 支持体系中的重要价值。随着技术进步和成本效益的持续改善，预计桌面云将在多种商业场景中被广泛采纳，特别是在对成本敏感和需求高安全性的行业中。

二、云计算的绿色经济——以 C 市为例

《云计算发展三年行动计划（2017—2019 年）》的发布，不仅是政策层

面对云计算技术重要性的认可,也是推动该技术在中国快速成长和应用的一个关键步骤。通过这一行动计划,政府希望促进云计算技术的研发、应用和市场扩展,以支持国内信息化进程。实际应用表明,云计算已经开始在政府和企业中起到了降低成本、提高效率的作用。

(一)电子政务云

C市政府的采购公告表明了其对提升电子政务服务效率和安全性的重视。通过将关键业务系统部署在私有云上,而将其他系统外部化采购云服务的策略,C市政府展示了对不同业务需求的精细化管理方法。这种做法不仅保障了系统的安全和稳定,还通过优化资源配置,提高了政府运作的灵活性和效率。此外,选择三大运营商作为服务提供商,保证了云服务平台的可靠性和专业性,同时电子政务云的实施将使得政府部门的信息系统更加集成和统一,有效避免了信息孤岛,促进了部门间的信息共享和协作,这对于提升政府服务质量和工作效率具有重要意义。

(二)地税桌面云

C市地税通过引入桌面云系统,显著提高了纳税服务大厅的工作效率和数据管理的安全性。这种技术的应用不仅实现了设备的快速部署和易于管理,还通过统一的系统更新和维护显著降低了技术支持的复杂性和成本。此外,使用桌面云还增强了系统的稳定性和可靠性,确保了业务连续性和数据保护,这对于税务部门这样的关键公共服务部门来说尤为重要。通过这种方式,C市地税有效地利用了现代云计算技术,优化了其信息化架构,为纳税人提供了更快、更安全的服务,同时也为其他政府部门提供了信息化升级的成功范例。

(三)工地监控云

C市建筑安全与设备管理协会通过创新引入工地监控云平台,解决了建筑工地上长期存在的安全生产和环境污染等难题。通过实时视频监控和预警体系，监管部门可以远程掌握施工现场的动态，减少了安全事故的发生，提高了管理效率。同时，施工单位得以降低因偷盗、人员伤亡带来的损失。该平台不仅帮助建筑工地实现了更高效的管理，还为社会带来了显著的经济与安全效益。

（四）企业创业云

在当前的经济环境下，互联网技术和相关的政策扶持正在塑造一种新的创业文化，特别是在 C 市地区的孵化器和创业园区。这些平台不仅提供了土壤让创业者快速成长，还通过促进企业运营的轻资产化，极大地推动了经济活力和创新能力。轻资产运营模式，尤其是基于云计算的资源使用策略，不仅降低了初创企业的门槛，还提高了运营效率和灵活性。这种模式使企业能够把更多的精力和资金投入产品开发和市场营销上，从而加快创新速度和市场响应。随着云计算技术的进一步普及和成熟，预计未来企业对 IT 资源的使用将更加高效和经济，推动着整个社会经济向更绿色、更高效的方向发展。

三、云计算的未来

云计算作为一种革新的技术，已经在微观和宏观层面上产生了深远的影响。在微观层面，它通过减少物理硬件的需求，直接降低了企业和个人的运营成本。在宏观层面，云计算正在成为推动社会经济发展的关键力量，它的应用跨越了教育、医疗、交通等多个重要领域，不仅提高了这些行业的效率和公平性，也推动了服务质量的提升。此外，云计算的集中资源管理和优化使用符合当前社会的环保和节能需求，对于支持可持续发展和绿色发展具有重要意义。未来，随着云计算技术的进一步发展和普及，其在促进社会经济发展和环保方面的作用将更加显著。

第三节　金融支持绿色经济发展

我国在面对日益严峻的资源和环境压力中,已明确将绿色经济发展定位为经济转型和升级的关键路径。通过在 G20 杭州峰会上提出的低能耗、低排放和低污染的发展理念,政府不仅强调了绿色经济的重要性,同时通过建立绿色金融支持体系,为绿色项目和技术的发展提供了坚实的金融基础。这种策略的实施,不仅促进了资源的合理利用和环境保护,也为经济的长期健康发展提供了新的动力。

在全球化背景下,我国的绿色经济发展不仅是国内政策的需求,也是对国际环保趋势的响应。金融作为推动绿色经济的关键力量,需要通过更加有力的政策支持和金融创新来实现其潜力。构建一个专门针对绿色经济的财税金融体系,将能有效地促进资源的节约和循环利用,同时对抗和缓解环境压力。面对金融在绿色经济发展中遇到的挑战,如资金短缺和政策支持不足,需要政府、企业和社会各界共同努力,制定和执行更为严格和具有前瞻性的政策措施。

一、我国金融支持绿色经济发展的制约因素

（一）绿色经济发展的政策体系缺失金融支持

在我国绿色经济的发展过程中,尽管有环保和税务部门的一些支持措施,如费用返还,这些措施依然无法完全解决金融支持的不足。宏观层面的金融政策缺乏针对性和具体性,未能明确金融在绿色经济中的职责和作用,同时政策传导机制的不顺畅也阻碍了金融政策对绿色经济的有效支持。这些问题

表明，我国需要加强对绿色经济的金融支持策略，明确金融职责，并改善政策传导机制，确保金融资源能有效地促进绿色经济的发展。此外，建立风险补偿政策和更多具体的金融优惠措施，将对绿色经济项目的实施和扩展起到关键作用，同时也有助于激发金融机构对绿色项目的信贷投放，从而有效推动我国绿色经济的健康发展。

（二）资金来源比较单一，政府投资不足

我国绿色经济的发展面临资金短缺的困境，主要依赖财政支持，社会资本参与不足，缺少有效的激励和保障机制。尽管绿色经济的投资逐年增加，但其在 GDP 中的占比仍低，资源利用和环境改善效果有限。随着绿色经济需求的增加，资金缺口愈发明显，融资手段欠市场化进一步制约了绿色经济的健康发展，亟须通过政策和金融创新来填补资金缺口，推动绿色经济的可持续发展。

（三）缺乏金融资源配置

当前，我国商业银行在信贷资金分配上存在明显的偏向性，这种偏向不仅限制了小企业尤其是高新技术企业的发展，也加剧了银行系统自身的风险。贷款的高度集中于大企业和大项目，一方面可能因市场波动导致巨大风险，另一方面也抑制了创新和循环经济的发展。银行应重新考虑其贷款策略，支持更多高新技术产业和小型企业，这不仅有助于降低风险，也促进了经济的多元化发展。

二、世界上其他发达国家对于金融支持绿色经济的经验

（一）注重法律规范

全球范围内，绿色金融的发展已经成为推动可持续经济增长的关键因素。

随着环境问题的日益严峻,国际社会开始认识到金融政策在环保和可持续发展中的重要作用。从 1980 年美国对企业环境责任的强调,到 1993 年美国证券管理委员会要求的环境实质性报告,再到 1997 年和 2001 年英国及澳大利亚的相关法规制定,各国通过逐步引入绿色金融政策和法律,不仅加强了企业对环境保护的责任意识,也推动了金融机构在投资决策中加入环境因素的考量。

(二)启动金融行业自律

全球金融界对环境保护和可持续发展的关注日益增加,显著的例子是世界银行和其他主要金融机构制定和实施了针对项目融资的环境影响评估规则。这些规则不仅要求对大型项目的环境影响进行系统评估,还推动了商业银行在其业务发展中积极采纳社会责任标准,确保金融活动的环境友好性。此外,国际金融公司和亚洲开发银行等机构在推动环境评估标准的建立和实施方面发挥了关键作用,而联合国环境署则通过提供指导和召集相关会议,促进了全球金融自律组织对可持续发展战略的研究和实施。这些努力表明,环境保护已成为全球金融行业的一项核心职责和行业规范,展现了金融领域对全球环境挑战的积极响应和责任担当。

(三)建立绿色政策性银行

德国和波兰率先成立了专注于环保项目的生态银行和环保银行,为绿色项目提供了独特的融资渠道。日本通过环境评级机制,与商业银行协作,推动政策性银行在绿色信贷中的协调作用,促进环保投资项目的顺利发展。

(四)发展绿色基金

随着环保意识的增强和全球对可持续发展的需求加剧,绿色资金如生态基金、可持续发展基金和环境共同基金的创建和发展,为支持环保项目和技术创新提供了重要的财务支援。这些基金不仅投资于传统的环保项目,还积极寻找和支持那些专注于开发新技术和低碳解决方案的企业,如波兰的国家环境保护和管理基金会和荷兰的"低碳加速器"基金。这些机构和基金的运作展示了绿色资金如何促进环境保护与经济增长的双重目标，同时也显示了投资者在推动企业向绿色转型中的关键角色。通过这种方式，绿色基金不仅提高了企业的环境责任感，还为投资者提供了实现其环保目标的有效途径，加速了全球向可持续发展的转型。

三、我国金融支持绿色经济发展的途径

（一）建立了绿色经济发展制度的保障体系

推动绿色经济发展，必须学习国外成功经验，完善法律法规，确保绿色经济在法律框架下稳步推进。同时，政府应改革领导干部考核机制，将绿色经济纳入考核指标，推动创新与落实。此外，各级政府需签订责任制，杜绝地方保护主义，确保绿色经济政策得到有效执行与推广。

（二）建立专门的绿色经济发展银行

为了有效推动绿色经济的发展并实现区域经济的平衡，提出建立区域发展银行和绿色经济促进银行的策略是至关重要的。这些银行将专注于为落后地区和绿色项目提供必要的资金支持，从而促进全国范围内的均衡发展和环境保护。此外，通过建立奖励资金和减排基金，政府可以激励企业采用节能和减排技术，同时投资于新能源和技术改造，进一步扩大资金投入的范围。利用市场和法律手段平衡环保与经济增长的关系，以及通过实施结构性降耗和强化约束激励机制，可以确保节能减排措施的全面推进和有效实施。

（三）使金融宏观政策的调控力度得到加大

绿色信贷是推动绿色经济持续发展的关键工具。通过差别性信贷政策和金融服务产品的创新，可以有效引导资本向环保和节能减排项目流动，同时

支持循环经济的发展。此外，规范和监督民间融资活动，确保其合理性和合法性，对维护金融市场秩序至关重要。央行和地方环保部门应增强合作，建立健全的征信系统，将企业的环保表现作为信贷评估的核心因素，这不仅有助于防范金融风险，也促进了地方经济的可持续发展。通过这些措施，绿色信贷不仅能够支持环保项目，还能激励企业提升环保标准，共同推动社会经济的绿色转型。

尽管我国绿色经济发展初期面临诸多挑战，但政府的积极介入和支持正在逐步改变这一局面。通过实施更具针对性的政策和增强金融扶持，我国正致力于解决起步晚和发展缓慢的问题。这些措施不仅有助于提高资源使用效率，还促进了经济结构的优化和升级，为社会经济的持续健康发展提供了动力。此外，加大绿色信贷和投资的力度，将进一步激励企业和个人投身于绿色和低碳项目，从而推动环境保护和可持续发展的双重目标。总之，虽然挑战依旧存在，但我国绿色经济的未来发展前景是乐观的，关键在于持续的政策支持和社会各界的共同努力。

第四节 论可持续发展与绿色经济

环境在当代经济结构中扮演着越来越关键的角色，不仅因其直接和间接的经济利益，而且因其在促进可持续发展方面的作用。随着环保意识的提升和绿色技术的进步，传统工业已经开始向更环保、资源利用更高效的模式转变。这种转变不仅体现在国内政策和企业决策中，也受到国际社会和区域发展策略的影响。在这一过程中，绿色经济不仅是一个理想，更成为实现经济增长与环境保护双赢的必由之路。因此，持续推动绿色化进程，优化资源配置，加强绿色技术的研发和应用，是实现现代工业可持续发展的关键。

生态经济是人类经济活动与自然环境的有机结合，形成了平衡发展的生态经济格局系统。绿色经济是这一理念的体现，强调环境保护和可持续发展，成为现代经济发展的重要方向。通过融合生态经济、环境经济和绿色政治等理念，绿色经济科学致力于构建人与自然和谐共生的经济体系。

绿色经济的发展受到多方面的驱动，包括资源损耗问题、生态经济和绿色技术问题。国际组织的推动和全球经济危机的挑战使绿色经济成为解决经济问题和确保生态安全的重要手段。许多国家的反危机计划已将生态经济作为关键组成部分，推动了绿色经济的发展和全球转型。

一、绿色经济下工业发展现状

（一）工业和后工业经济的绿色化环保问题

联合国亚洲及太平洋经济社会委员会的倡议为绿色经济的发展提供了一个明确的框架。通过推动绿色发展的四个优先领域和后续增加的两项，联合国致力于促进可持续的经济增长和环境保护。这种框架强调了消费模式的转型、市场和机构的绿化、基础设施的可持续性以及税收和预算的改革。同时，投资自然资本和生态效率指标的增加有助于评估和改善经济的生态效率。

进行绿色经济转型需要考虑地域差异，因为经济发达国家和发展中国家或新兴工业化国家的人力资本和人力发展模式不同。绿色经济转型的三个主要原因是：人类对有限区域的影响不断扩大，可能对生态环境造成重大影响；地球上的资源有限，不能取之不尽；人口增长导致需求增加，需要公平分配现有利益。因此，人类面临的经济问题需要一种解决生态、社会问题的新方法。绿色经济转型分为三个时期：教育人民和发展社会措施（2016—2020年）、制定绿色经济体系（2020—2030年）和绿色经济体系成果期（2030—2050年）。绿色经济转型涉及四个主要类别：生态、知识、政治和道德。

(二)信息经济绿色化中的应用方向和问题

绿色经济活动强调了知识和技能的重要性,正确的经济分析和评估对于有效利用自然资源至关重要。信息技术与新兴数字经济发展将为后发经济体提供机遇,促进知识的扩散和产业转型。结合信息技术与后发经济体资源的优势,将带来自然资源的保护、经济增长和公共利益,提高资源使用效率并将其保存在未来。保护生态系统及其带来的服务是绿色经济的优先发展方向,旨在实现可持续发展和资源的可持续利用。

人类的可持续发展面临新的挑战和趋势,包括绿色经济、绿色生活方式、绿色消费和绿色行为。绿色经济和绿色生产的核心是高效使用自然资源、避免环境污染和储蓄自然资源。这种理念是可持续发展的基础,特别是在工业和农业领域。通过运用自然法则,人类可以实现资源的高效利用、环境的保护和可持续发展。

(三)对国际和区域举措的分析

绿色经济的投资主要包括资金服务、科学研究服务、信息服务和技术转让服务。统计数据显示,信息部门占比最高,而技术支持部门占比最低。这意味着科学研究需要更多的技术支持,以便更快地实施新技术和推动绿色经济的发展。通过增加技术支持,科学研究可以更好地实现其目标,促进绿色经济的发展和可持续性。

环境质量可以通过多个指标衡量,包括空气、水、土壤、生物多样性、污染和噪声等。通过研究这些因素,可以改善解决现有环境问题的方法。未来绿色经济的形成需要多学科的方法和合理的体系。同时,绿色经济和可持续性发展的企业正在创造大量的绿色就业机会。例如,2018年美国环境商品和服务的就业人数超过350万,其他国家如巴西也看到类似的水平和动态。可再生能源部门的就业增长特别强劲,全球范围内的增长速度为每年21%。这些数据表明,绿色经济和可持续性发展正在创造大量的就业机会和经济增长。

二、绿色经济下我国工业可持续发展理论应用的启示

（一）提供经济的绿色化激励机构

环境税改革可以促进绿色经济的发展，并带来良好的劳动力市场和社会发展成果。通过将生态税与就业支持实施结合，2020年多要素生产率达到1.5%，到2050年将高出5%。此外，研究表明，对就业的净影响可能是积极的。在全球范围内，如果征收二氧化碳排放税，并将产生的收入用来削减劳工税，可能会增加1400万个净新工作岗位。

绿色经济的投资是必要的，但当前的市场信号无法有效地引导投资。许多领域的投资不足，包括清洁能源、资源节约型住房、制造业和运输、可持续的农业和农村基础设施以及生态系统服务。提供有针对性的支持对于企业，特别是中小企业至关重要。中小企业在绿色经济发展过程中占有重要地位，合作社、商业协会和合伙企业价值链上的支持可以帮助中小企业成长和发展，使其能够成功地抓住绿色经济发展机会。这些支持尤其适用于建筑业、能源业、资源密集型产业、运输业、农业和渔业部门。

（二）确保就业，体面工作和社会包容不可或缺

在可持续发展的背景下，制定政策是实现可持续发展的关键步骤。然而，绿色经济的局限性使得社会和劳动力市场政策变得尤为重要。通过制定社会和劳动力市场政策，能够抓住机遇、实现过渡缓冲、防范风险并促进收入支持措施的实施。收入支持措施，如失业救济金，应成为这些政策的核心，以确保所有人能够在经济转型中受益。通过这种方式，能够实现可持续发展的三重核心：人、地球和公平。

在绿色转型背景下，政策制定变得更加复杂和挑战性。政策必须针对企

业绿色化的变化和动态量身定制，以应对劳动力市场结构的变化。技能和教育政策在促进工作过渡和改善就业能力方面起着至关重要的作用。然而，这些政策必须考虑到各个经济领域之间的差异，并确保男女平等，让妇女平等获得技能和就业机会，并增加妇女在决策中的代表权。

（三）以社会对话为中心

我国推进绿色经济发展的关键在于加强社会监督和管理，以规范市场秩序。环保部门需加强执法检查，严惩环境违法行为，如偷排污水等，以保证环保法规的实施。由于公众对绿色经济的认识不足，环保教育应成为提升社会参与的重要手段，逐步建立绿色经济发展的良好社会基础。此外，应强化规划环评的作用，从源头防控污染，推动绿色经济的根本性改善。在政策支持方面，现有法律如《环境保护法》和《大气污染防治法》需补充节能减排管理办法，并鼓励清洁能源的开发和应用。企业应抓住政策契机，致力于绿色转型和产业结构调整，构建绿色经济特色的发展路径。

随着世界工业经济的发展趋势转向绿色技术开发，信息通信技术（ICT）在绿化中的作用日益突出。然而，工业经济仍然没有信息化，而生产自动化方面有着巨大的绿化潜力。因此，绿化的过程应首先在工业信息化背景下考虑工业经济，并实现采用创新方法的信息经济。通过开发和应用相关应用程序，能够解决绿化技术问题并抓住经济和社会发展的机遇。越早开始绿色发展，越能避免过度破坏性变革的社会成本，从而促进可持续发展。

第五节　以节水环保促进绿色经济发展

在中国的经济发展背景下，绿色经济发展面临着水资源保护的挑战。水资源分布不均匀、总量不足、节水工作未落实以及水资源浪费和污染现象严重等问题构成了水资源危机的根源。然而，通过对水资源危机原因的分析和研究，中国提出了节水环保促进绿色经济发展的策略。这种策略不仅能够实现水资源的保护与节约，而且对发展绿色经济具有深远的意义。因此，节水环保成为推动绿色经济发展的战略性重要性。

一、我国水资源现状

（一）水资源总量不够丰富

中国水资源的短缺情况日益严重，尽管拥有世界第 4 位的水资源总量，但仅占世界总量的 8%，人均水资源占有量仅为世界水平的 1/4，已被列入贫水国家。这种情况不仅阻碍了中国的绿色经济发展，而且对人们的生活水平产生了负面影响。每年用水需求量近 6000 亿立方米，而供水量仅仅 5000 亿立方米，导致农业缺水十分严重。因此，解决水资源短缺问题成为当务之急，才能促进绿色经济发展和改善人们的生活水平。

（二）水资源地区分布不均匀

我国水资源的地域分配不均，呈现出明显的南北差异。长江以南地区拥有充沛的水资源，占全国水资源的绝大部分，这使其成为我国水资源最为丰富的地区之一。然而，长江以北地区却面临着水资源短缺的严峻挑战，其水资源仅占全国的 20%，与国土面积占比形成鲜明对比。这种不均衡的分布导致北方地区在经济发展过程中面临着严重的缺水问题，水资源的短缺成为制约其可持续发展的关键因素之一。

（三）降雨量分布不均匀

我国水资源的分布和利用存在着复杂的情况，不仅因地域广阔导致水资源蒸发量和降雨量的差异，还存在季节性集中降雨的现象，这给水资源管理和调配带来了困难。上游和下游地区之间水资源的矛盾凸显，上游地区的用水行为直接影响下游地区的水资源供应，这要求我们必须重视水资源的合理利用和保护，加强水资源的统筹规划和管理，避免过度开发和浪费，以确保水资源的平衡分配和可持续利用，从而减少水资源短缺带来的负面影响，促进经济和社会的可持续发展。

（四）地下水破坏严重

中国地下水资源的过度开采已成为一个严峻的挑战。一方面，过度开采导致地面沉降，引发土地沙漠化，破坏生态环境。另一方面，地下水污染问题日益严重，工业排污、生活污水等污染物导致地下水水质下降，威胁着人类健康和生态安全。沿海地区地下水过度开采还会导致海水入侵，引发地质灾害和生态环境问题。

二、我国水资源危机的根源

（一）生态破坏严重

中国水资源危机并非单纯的水资源分配问题，更深层次的原因是生态破坏导致的水资源循环系统失衡。人类过度开发和利用自然资源，忽视生态保护，导致森林砍伐、土地荒漠化、水土流失等问题。这些问题不仅减少了降雨量和蓄水能力，还加剧了洪水泛滥和水资源流失，最终导致水资源短缺。

（二）水污染严重

中国水资源危机不仅来自自然因素，也深受人类活动的影响。工业化进程中，大量的工业废水排放，污染了水体，严重威胁着水资源的质量。同时，生活污水处理不到位，也加剧了地下水和表流水体的污染。大量的生活垃圾和工业废弃物倾倒到河流湖泊中，进一步恶化了水环境，导致水资源的饮用功能丧失。

（三）缺乏水患意识

缺乏水患意识导致人们忽视水资源的宝贵性和可持续性，使得水资源浪费现象普遍存在。农业灌溉技术落后，大水漫灌方式导致农业用水量过大；工业用水技术水平低，水资源消耗量高；家庭用水缺乏节约意识，重复利用率低，这些都加剧了水资源短缺问题。

三、以节水环保促进绿色经济发展的策略

（一）加强对水资源的科学管理

水资源管理是我国环保政策和节水优先政策的重要组成部分。通过加强水资源管理，可以有效减少水资源浪费，促进绿色经济发展。完善法律规定、加大惩罚力度、统一管理和规划、提高管理效率等措施，都是确保水资源可持续利用的重要手段。此外，制定科学的用水计划和实施水资源节约战略，可以进一步提高水资源的利用效率，减少对水资源的过度开发和浪费。

（二）大力开发节水技术

节水技术的提高和推广是我国绿色经济发展的重要战略。通过技术性节

水、推广节水器具和工艺、改进农业和家庭用水方式等措施,可以有效减少水资源的浪费,提高水资源利用效率。同时,加强对先进节水技术的学习和研究,开发污水处理技术,实现水资源重复利用,可以进一步缓解水资源短缺问题。

(三)增强节水意识

节水意识的提高是节水环保工作的基础,也是绿色发展的重要推动力量。通过加强宣传教育、引导人们树立环保意识和节水意识,可以有效地提高人们对水资源保护和节约的认识,激发人们的自觉行动。同时,将节水工作落实到各单位和企业,鼓励开展节水活动,可以进一步培养人们的节水习惯,形成节水型社会。这些措施的实施,需要政府、媒体和教育机构的共同努力,通过多渠道、多形式地宣传和教育,让节水意识深入人心,为绿色发展和水资源保护贡献力量。

(四)强化水资源的再利用

间接回用与直接回用相结合,有效提升水资源利用效率,尽量少用新鲜水;开源和节流相结合,将再生水作为一种重要水源,减少废水排放,改良土壤盐碱成分,有利于水生态自然恢复,形成良性的水循环体系;节省一点是一点,能回收的回收,能开发的开发,使污水处理变为可持续的绿色行为;扩大中水使用范围,节约优质水资源,提高节水的道德高度,营造良好的节水社会氛围。

(五)加强水污染防治

控污增加重点是抓好源头控制、推进企业治污、强化法律意识三大环节。政府主导是关键。一是要发挥政策支撑带动效应。二是要发挥资金投入聚变效应。三是要发挥技术指导助长效应。四是发挥行政监管压迫效应。排污者的法律责任是根本。必须从法律规定和违约责任入手,一方面要重视法律规定，树立法律责任意识，强化威慑力；另一方面要严肃违约追责，不管是行政监管或是司法监察都要强调这点，夯实排污者的法律责任。公众参与是基础。要增强公众的环境保护意识和责任意识，增强对水污染的自觉性和信心，在社会上形成一种人人参与的氛围。

（六）优化水价机制

水价机制改革通过破除低价水费制度，实行市场化定价，能够有效提升水资源价值，引导社会节约用水。而且，通过实施累进加价、限量供水等政策，能够进一步约束用水行为，有效减少水资源的浪费和过度开发。这一系列措施的落实，有待政府、水务企业、公众等多方共同努力，完善水价机制，建立起合理的价格体系，促进水资源的合理利用和保护，推动绿色发展和生态文明建设。

第六节　资源型城市向绿色经济转型

绿色经济是高效可持续的经济发展模式，对国家文明程度具有战略意义。它由绿色政治、社会、文明和文化支撑。绿色经济是绿色发展的核心动力。过去，资源型城市采用粗放模式，虽促进了经济快速增长，但也导致了资源和环境问题。现在，随着产能效率提升和资源供给重要性下降，这些城市面临发展速度减缓和制约。为实现可持续发展和生态文明建设，资源型经济向绿色经济转型是迫切需要的。

中国近年来 GDP 增速引人注目，不仅追求经济增长，还重视环境保护、生态治理、提高效率、民生保障和文化素质。自十六大提出科学发展观以来，十八大强调生态文明建设，十九大将人与自然和谐共生作为发展方略，二十大进一步强调绿水青山就是金山银山的理念。党中央持续推动绿色发展理念，实施生态文明建设,这不仅包括资源利用和环境修复,也关乎城市经济转型和民生问题。绿色经济是生态文明建设的关键,资源型城市需抓住机遇,从粗放型向绿色可持续经济转型。中央和地方政府应多方面推进这一转型,以实现美丽中国的愿景。

一、绿色经济转型的必要性

绿色经济发展践行了新时代潮流,遵循了自然规律,是可持续发展的必然选择。全球气候变化、资源枯竭、生态环境恶化等人口、资源、环境压力已经成为影响世界经济均衡发展的主要因素之一。发展绿色经济,既是积极承担责任、呵护人类共同命运的庄严责任,也是调整经济结构、实现可持续发展的内在要求,更是迈向工业化、现代化的一个重要途径。绿色经济本质上是一种实现公平、做到共享的经济发展模式;生态绿色循环、经济社会低碳、能源资源优化…以绿色高质高速增长方式振兴经济,以扩大风光可再生能源比重弱化化石能源依赖,在市场需求旺盛时为新能源制造企业提供成长空间,在全社会营造鼓励共享、宽容失败的良好创新氛围,加快技术创新和技术标准协同,让资本流动性充分滋养新能源市场,全民受惠于技术扩散与成本下降,人类必将拥有一个稳定、健康且充满希望的美好未来。绿色经济是正确处理增长与平衡、局部与整体、子孙之间的关系,并为创新给定历史地位的生命大格局。践行绿色发展,实现技术与产业的新跃迁,必能推动企业与其他各方实现合作共赢。谁能勇立潮头而不急谋一时之功,谁便能基业长青进而赢得未来的伟大博弈。

二、资源型城市绿色经济转型的发展现状

资源型城市向绿色经济转型,是优化经济结构、转换增长动力、实现可持续发展的必然选择。在这一转型过程中,不少资源型城市面临经济转型和

环境保护的双重压力，亟须加快经济增长方式转变，摆脱传统依赖资源消耗的老路子。把握好绿色创新发展路子，拿出精准有效的举措，发挥相关政策效应，坚持技术创新驱动，筑牢绿色法治根基，强化全民绿色行动，才能促使资源型城市真正转型，实现绿色经济健康发展，使之融入协同推进人民富裕、国家强盛、中国美丽的发展画卷。

三、推动绿色经济转型的可行性措施探究

（一）完善优化政策法规扶持制约

绿色经济转型发展是我国可持续发展和生态文明建设的重要战略，党的十八大、十九大、二十大均强调了经济转型和生态环境保护的重要战略地位。虽然中央高度关注并制定了相关法律法规和扶持政策，但实际上仍存在法律法规难以规制的盲区、部分政策扶持难以触及的死角。因此，需要充分考量宏观经济社会发展大局和基层的具体实际情况，因时因地制定政策，倾听人民群众的需求和呼声，维护好老百姓的具体利益，才能实现环境保护和经济转型。以科学理论为引领，全方位洞察市场和产业布局，实现绿色经济结构和发展模式的良性互动。多元化约束与激励机制相协同，政府部门的严格监管和精准补贴相结合，才能真正促成资源型企业绿色转型的目标实现。

（二）加大地方政府导向监管力度

地方政府在推动绿色经济转型中面临着多重挑战，既要保障环境保护和生态建设，又要确保经济发展和民生保障。要实现这一目标，地方政府需要采取多元化的策略，包括招商引资、技术创新和模式转型。通过引进低消耗低污染的高新技术产业和鼓励本地企业进行创新转型，可以实现经济发展和环境保护的双赢。同时，地方政府还需要注重保障人民群众的生活经济利益，让他们从绿色经济中受益，从而赢得他们的支持和参与，实现可持续发展的

目标。

绿色经济转型是地方政府面临的重要课题，其成功实施离不开多元化的策略布局。

第一，产业转型是绿色经济转型的基石，地方政府应积极采取"内外兼修"的策略，即一方面通过引进外部优质产业资源，另一方面推动本地产业自我革新，实现绿色升级。这种"外引源、内自改"的转型模式，能够为绿色经济提供坚实的产业支撑。

第二，人才是绿色经济转型的第一资源。地方政府应高度重视人才引进工作，积极搭建人才引进平台，吸引更多高层次、创新型人才投身绿色经济领域。同时，加强教育发展，提升本地劳动力的技能水平和创新能力，为绿色经济转型提供源源不断的人才支持。

第三，地方政府在推动绿色经济转型的过程中，还需精准把控产业发展的"力度"。既要注重经济发展的速度和质量，又要确保环境保护得到有效落实，实现经济发展与环境保护的双赢。这需要地方政府在制定产业政策时，充分考虑环境因素，推动形成绿色低碳的产业结构。

第四，完善城市功能和治理生态环境是地方政府实现绿色经济转型的重要任务。通过提升城市基础设施水平、优化城市空间布局、加强生态环境保护等措施，打造宜居宜业的绿色城市环境。这不仅能够提升城市居民的生活质量，还能够吸引更多绿色企业和人才入驻，为绿色经济转型注入新的活力。

绿色经济作为可持续发展的核心动力，不仅推动生态文明建设，还为经济繁荣提供保障。在实现"美丽中国"目标的过程中，必须严格执行国家政策和法律，推动资源型城市向绿色经济转型。绿色经济是实现人民富裕与环境保护的双赢之路，也是中国和全球未来发展的长久之策。

第七节 非公有企业促进绿色经济发展

非公有制经济是社会主义市场经济的重要组成部分,与绿色经济发展密切相关。在发展绿色产业链、培育绿色科技人才、提高技术创新能力等方面,非公有制企业为绿色经济发展提供了动力。然而,在区域绿色经济发展协调性、科技人才管理、非公有企业监管和绿色创新质量等方面仍存在不足。因此,需要加强上述方面的工作,进一步促进非公有企业在绿色经济发展中的作用,实现可持续性发展目标。

毫不动摇地鼓励支持引导非公有制经济发展,支持民营企业走向更加广阔的人生舞台。截至 2024 年 5 月底,我国实有民营经济主体总量 18045 万户,占全部经营主体总量的比重由 2019 年的 95.5% 上升至 96.4%,其中民营企业 5517.7 万户、个体工商户 12527.3 万户。2024 年世界 500 强企业中,中国民营企业达 25 家。但与此同时,非公有制企业既是我国经济高质量发展的基本盘,也是生态环境保护的重要力量,近年来民营企业环境污染矛盾纠纷案件频发,大量高耗能高污染企业未纳入重点排放改造范围。

中国当前的经济发展是在稳中求进、高质量发展的基础上实现的,绿色经济发展战略是实现这一目标的必然选择。为了应对全球气候变化的挑战,中国需要推动绿色经济发展。循环经济(CE)是实现绿色经济发展的重要手段,通过循环经济,企业可以实现资源优化、生态设计、废物管理和材料再利用,减少对环境的负面影响。非公有企业的发展与中国的绿色经济相配是当前经济发展的重要任务,需要研究解决非公有企业的发展与绿色经济发展之间的关联方式,使非公有企业为绿色经济发展战略提供更加可持续地促进动力。

一、国外理论综述与理论分析

(一)最受关注的是影响企业选择绿色发展战略的各种因素

Agyemang 等学者在巴基斯坦的研究表明,循环经济在汽车工业中的应用受益于盈利能力、市场份额、成本降低及商业原则等驱动因素,而阻碍因素则包括意识缺乏、财务约束和专业知识短缺。在北美,企业社会责任(CSR)框架下的绿色管理实践主要受到战略动机的驱动。澳大利亚昆士兰州的研究则揭示了中小型制造业的可持续商业实践的四个关键推动因素:整合战略、持续进步、股东参与和简化流程,同时面临资金、技术、时间、风险、文化和政策等六大障碍。基于这些发现,学者们提出了一个"可持续商业实践的战略推动者模型",以指导中小企业实施绿色战略,强调绿色思维的引导作用,助力企业实现可持续发展。

欧洲学者的研究表明,中小企业实施循环经济商业模式面临着多重挑战,包括供需网络缺乏支持、资金和政府支持的不足、行政负担和技术知识的缺乏。然而,公司环保文化、从需求网络中获得支持、关系网络和资金吸引力等促成因素也可以帮助中小企业克服这些挑战。

同时,研究也表明,国家宏观经济环境和公司的选择倾向对中小企业实施循环经济商业模式的影响非常重要。在经济衰退时,中小企业更倾向于短期成本节约,而不是长期的资源效率策略。在经济状况良好时,中小企业更有可能采用资源效率策略。

此外,2018 年"欧洲晴雨表"调查数据表明,中小型企业在施行绿色措施时的考虑点与大公司不同,中小型企业通常依赖于自己内部的资源和技术专家。

(二)对于绿色经济的各项支持环节各国的学者也有一定的研究

Bert Colijn 的研究发现,丹麦、瑞士和挪威的绿色工作岗位招聘需求最高,但这些岗位在性质上存在较大差异。与此相比，中欧和东欧经济体在绿色就业创造方面的进展较慢，绿色工作岗位在欧盟总就业中所占比例仅为3.25%，表明绿色社会的转型仍处于起步阶段。

韩国的研究表明，绿色供应链管理（GSCM）能显著提升企业绩效。尽管这种管理方式会带来一定的财务负担，但有效的规划、企业间的合作和基础设施整合能够使GSCM的实施取得成功，从而对企业绩效产生积极影响。

在印度的研究中，学者们认为中小型和大型工业企业在绿色制造（GM）中的作用至关重要。制造业的绿色增长与"绿色"概念的传播密切相关，"印度制造"计划的成功很大程度上依赖于这些企业的积极参与。

（三）研究者也关注了绿色经济对企业的影响

克罗地亚学者和Baranova Polina&Paterson Fred两位学者对中小型企业的研究表明，绿色企业是可持续和社会责任企业背景下的主要业务领域之一。通过对英国东米德兰地区120家中小型企业的研究，Baranova Polina&Paterson Fred发现企业的环境能力对降低成本有直接的积极影响。

私企的发展在推动中国市场经济快速发展和促进绿色经济变革中发挥着重要作用。探索非公企业对绿色经济发展的影响，对于理解企业层面因素对绿色经济转型的意义、为企业制定绿色发展战略提供参考都具有重要意义。本研究尝试首次从企业的角度探究非公有企业在绿色经济发展中的作用，以期揭示企业内部特性如何推进或阻碍绿色经济发展，进而为私企和政策制定者提供可行的经验教训。这项研究不仅可以引导私企制定可持续的绿色经济发展战略，还有助于中国和世界各地的企业实现长期发展。

二、非公有企业与中国绿色经济关联现状分析

非公有企业在国家经济发展中扮演着关键角色。根据国家统计局的数据，2023年中国GDP达1260582亿元，同比增长5.2%，非公有企业在其中贡献了

重要力量。特别是在绿色经济方面，非公有企业的影响主要体现在四个方面：一是对工作与劳动力市场的贡献，二是推动企业技术与服务的绿色转型，三是加强企业知识管理，四是促进企业与当地政策的对接。这些方面体现了非公有企业在推动绿色经济发展中的多重作用。

（一）工作与劳动力市场方面

在中国经济持续增长的背景下，非国有企业在促进就业方面起到了至关重要的作用，这些企业在面对劳动力市场的波动时，展现出了较高的适应性和灵活性。特别是在绿色就业领域，我们可以观察到明显的季节性和地域性特征。绿色人才的招聘高峰往往出现在年初，尤其是第一季度，而需求最旺盛的地区则集中在了经济繁荣的沿海地区，如江苏和浙江，相比之下，内陆及北部地区的绿色人才需求则显得较为平稳。国际劳工组织（ILO）发布的《2018年全球就业和社会展望：绿色就业》显示：到2030年，全球将创造2400万个就业机会。对于中国来说，这是一个难得的机会。如果中国非公有企业能够积极加入绿色转型的进程中，不仅可以创造更多的高质量的就业机会，还可以推动城乡共同发展，减少区域经济差异。绿色能源、绿色金融、绿色生产和绿色管理等新兴领域需要大量科技人才和各行各业的参与，这将为中国经济的可持续发展提供强大的动力。

（二）企业技术产品与服务方面

2018年，中国实体经济尤其是制造业在转型升级中彰显了稳中有进、坚定前行的姿态，不仅体现在传统制造业的转型升级上，还体现在与科技创新和现代服务业的深度融合上，表明制造业转型升级蕴含的无限潜力开始释放，强劲动力崭露头角。而非公有制企业尤其是民营企业的表现可圈可点，他们不仅在研发上舍得投入，在取得专利上占有较大的比重，为绿色技术发展贡献力量，而且通过服务创新、引导消费者转变消费模式，积极参与绿色经济发展。这样的多维度参与，不仅助力了经济的可持续发展，更让中国企业在全球绿色经济领域脱颖而出，担当起不可或缺的角色。

（三）企业知识管理方面

知识管理（KM）在推动绿色经济发展中起到了关键作用。它不仅通过供应链协同效应来提升企业间的合作，还通过内部和外部的知识转移与共享来促进绿色创新。尽管中国的绿色供应链发展起步较晚，并且知识管理的应用也不够广泛，但中国在这两个领域已经取得了显著进展。例如，2018年中国成立了绿色供应链联盟，推动了绿色供应链的发展。同时，中国在知识管理方面也在迎合数据时代，利用人工智能和大数据技术来加速进步。减少碳排放的知识共享对中小企业尤其重要，因为它们在创新领域处于前沿，知识共享可以显著改善它们的绩效并促进绿色经济的成长。根据统计，中国的小型微型企业占企业总数的76.57%，因此，知识共享不仅帮助这些企业提升效益，也推动了绿色经济的发展。

（四）企业与当地政策关联方面

中国的绿色经济正在起步阶段，各地区的相关政策仍在探索和试验中。绿色企业在这种制度不确定性下面临多重挑战，包括政策与法律的适应性和绩效的实现。一些研究建议，政府在绿色转型过程中应采取适度的约束政策，避免对企业发展造成过度限制或市场秩序的混乱。统计数据显示，2019年—2023年，全国法院共处理了总计128.1万件环境资源相关的案件。值得注意的是，各级人民法院审理的环境资源案件数量经历了一个显著的下滑趋势，从2019年的27万件逐年递减，直至2023年减少至23.2万件，下降幅度达到了约14%。特别地，当我们聚焦于环境污染防治案件的审理情况时，可以看到2023年此类案件的数量为5386件，相比前一年下降了11.5%。这一趋势表明，绿色经济的推进有助于政策和法律体系的逐步完善，地方政府的有效引导有助于市场秩序的维护和绿色企业的发展，从而促进了企业的转型和经济的可持续发展。

三、当前非公有企业在绿色经济发展中的主要问题

（一）非公有企业生命周期短

中国非公有制经济中的中小微企业面临着生存周期短的普遍问题，这不仅影响了企业的长期发展规划，也对绿色经济的推进造成了显著的障碍。由于这些企业更关注短期的生存和盈利，它们在面对需要长期投入的绿色转型时往往持观望或消极态度。此外，循环经济作为绿色经济的一个重要组成部分，其建立和见效周期长，超出了许多中小微企业的生存期限。这意味着即使有企业愿意尝试绿色转型，也可能因无法在短期内看到回报而放弃。解决这一问题需要多方面的政策支持，包括但不限于提供更宽松的融资环境、增加政府补贴、提升企业管理水平和技术支持，以延长企业的生命周期，鼓励并支持它们进行绿色转型，从而促进整个绿色经济的可持续发展。

（二）非公有企业管理模式存在不足

非公有企业在绿色转型升级过程中面临多方面挑战，既有长期积累的生产经营模式带来的矛盾，也有人才、技术和资金等方面的不足。家族传承和权力过度集中使得一些非公有制企业在摆脱粗放型增长模式上面临挑战，导致在制定和实施绿色战略时缺乏远见和灵活性，这增加了企业转型升级的潜在风险。中小企业在资源有限的情况下，尝试绿色管理模式创新要承担较大的试错风险，这反过来又会影响企业主业和创新潜力开发。原有治理结构和企业文化难以充分激发绿色人才潜在动力，绿色人才发展空间受限，导致企业在实现绿色发展目标上效能不高。非公企业要成功克服上述障碍，必须在内部治理模式上深化改革，拓展决策权制衡路径，优化人才管理机制；同时政府和行业组织也应提供有效指导和支撑，帮助非公企业顺利完成绿色转型升级过程，推动可持续发展目标实现。

（三）非公有企业文化建设力度不足

非公有企业管理者往往缺乏必要的管理或经济文化知识，这影响了企业文化的实际效用。企业文化若不与企业精神相结合，会导致员工归属感和责任感缺失，进而引发人才流失。此外，企业价值观若过于功利，忽视可持续发展，会削弱企业的社会责任感。管理者对先进思想和政策学习不足，仅关注技术和组织氛围，忽视政策理解，这不利于绿色政策的实施和企业的长期发展。

四、非公有企业对绿色经济发展的积极作用及促进方式

（一）发展绿色产业的产业链

非公有企业通过绿色产业链的多维度发展为绿色经济提供了强大推动力。绿色价值链传播绿色理念，推动企业的全面绿色化；绿色企业链在竞争与合作中激发活力，促进企业之间的良性互动；绿色供需链则提升了供应和物流的效率，为企业节省成本并提高产品的市场竞争力；绿色空间链整合了各地区的资源与产业链条，促进了全国范围内的绿色协同效应。这些因素的相互作用推动了非公有企业在技术创新、产品优化和知识管理上的提升，最终助力绿色经济的可持续发展。

（二）帮助培养绿色科技人才并提供发展机遇与渠道

非公有制企业是绿色经济发展的重要推动力，其灵活性和创新性为绿色科技人才提供了施展才华的理想舞台。通过与高校合作，非公有制企业能够培育更多高质量的绿色人才，传递绿色文明和价值理念。非公有制企业的决策自主性和运行灵敏性为绿色人才发现自身潜力、成长于实践中提供了可能，促进了人力资源的优化配置，非公有制企业的全球眼光和资源对接为绿色人才交流搭建了宝贵的知识桥梁和进步阶梯。凡此种种，充分表明非公有制企

业在绿色经济中不可或缺的重要性,在未来的发展里,非公有制企业应当继续发挥优势,助推绿色经济发育与前行。

需要指出的是,非公有制企业发展绿色经济市场前景可期,顺势作为需紧扣主业,在节能低碳领域开辟新版图;注重维护生态文明发展全局,增强环保意识并主动积极地承担社会责任。这样,非公有制企业才可以更大程度地发挥出在绿色经济中的潜能,为中国实现绿色转型开发输送一批批生力军。

(三)提升技术创新能力促进环境技术进步

非公有企业在绿色经济战略实施中具有强大的创新动力。通过节约生产成本,非公有企业可以拥有更多的资金投入技术研发,从而推动企业的创新和发展。同时,非公有企业对市场风向、政策变动、消费者需求变动的敏感性使其能够快速响应市场变化,推动企业内各方面的创新。知识耦合和特色技术也是非公有企业创新动力的重要来源,可以帮助企业提升技术和创新能力。最后,非公有企业的灵活性使其能够快速调整战略,开拓绿色战略的方向,从而在竞争中占据优势。因此,非公有企业在绿色经济战略实施中具有强大的创新动力和发展潜力。

(四)吸引投资者对绿色项目进行投资

从文化视角看,非公有制经济发展中有融入当地自然环境和文化的发展传统,传统文化中的崇尚自然、宁静致远等理念,与绿色经济涵养和谐的理念不谋而合,为企业进一步实现绿色转型提供了良好社会环境。企业将绿色战略与本地文化融会贯通,不仅有利于投资者理解企业绿色发展的内在逻辑,也有利于增强投资者对绿色项目投资的决心。绿色战略中的企业文化展示,体现了企业肩负社会责任的形象,向投资者传递出了企业强大的长期增长潜力。这种文化和投资的相互奔赴,营造了良性循环,既增强了企业的吸引力,又助推了绿色投资的持续壮大,为绿色经济赋予了强有力的增长动能。

（五）助力政府的绿色政策制度

地方官员对当地各项发展及绿色经济战略的实施有着重要影响。非公有企业与地方政府的紧密关系使得它们能够在多个方面助力绿色政策的可持续发展。首先，非公有企业对市场动向的敏感性使其能够高效地收集和反馈信息，从而提升政府的信息收集效率。其次，代表性的非公有企业可以作为政府的政策试点，通过政企合作进行有针对性地实践，降低政策创新成本，提高创新成功率。最后，非公有企业与地方政府的沟通交流有助于双方发展目标的一致化，减少误解，从而提高创新政策的实施力与影响力。

五、优化非公有企业，促进绿色经济发展的相关建议

（一）加强区域绿色经济发展协调性

为着力提高区域协调性，应充分发挥各地区地缘优势、比较优势，引导致富多元化龙头企业就近办点布点，提高当地产业完备度丰富度，优化不同区域产业结构。深入推进跨区域政策协同和文化旅游合作，加强绿色产业链条协作，搭建绿色联盟平台，避免无序角逐和资源损耗。进一步密切跨区域合作关系，在毗邻区域合作共建产业园区，推行托管代管一体化品牌，在不临近区域间开展扶贫协作和劳务供需对接，推广扶贫协作示范典型，巩固发展扶贫协作成效。通过多方面的联动发展，区域间协调发展指数有望不断提升。

（二）创新科技人才的管理方式

在非公有企业中，成本控制始终是核心关注点，尤其是在推行绿色人力资源管理时，低成本控制是其成功的基石。然而，传统的成本管理模式难以全面评估绿色 HRM 的独特价值和效益，因此，企业需要根据当前的经济环境和发展趋势，更新其成本评估方式。

对于规模较小的非公有企业来说,挑战更大。这些企业往往依赖传统的管理方法,缺乏针对自身战略的人力资源管理系统。为了适应变化,它们需要探索和引入适合自身的绿色人才管理方式。然而,管理方式的变革是一个复杂的过程,需要时间的积累和对公司各个管理层面的深入渗透,才能真正融入企业文化并发挥效用。

为了有效创新管理方式,企业应采取长期探索的策略,借鉴国内外成功案例,同时在实践中注重反馈和调整,以动态方式不断优化管理策略,寻找最适合自身的"最优解"。

(三)弥补非公有企业监管存在的漏洞

监管在推动绿色经济发展中扮演着至关重要的双重角色:一方面,它通过防范和纠正企业可能采取的不利于绿色经济的行为,确保市场环境的健康;另一方面,它通过引导和激励,促进绿色经济的可持续发展方向。监管的实施既需要外部力量的支持,如市场机制和地方政府的参与,也需要企业内部的自我管理和自律。

建立绿色企业及绿色项目数据库和信息平台是一种有效的监管方法。这种系统可以参考国内外成熟的绿色企业绩效评估和征信准则,结合当地实际情况进行调整,对本地企业进行全面、客观地评估,并及时更新相关信息。这种透明的监管方式不仅有助于投资者识别高质量的绿色项目,也能够促进绿色企业吸引投资、提升知名度,实现优胜劣汰。从长远来看,这种方式有助于提高地方政府的管理效率,推动绿色经济的高质量发展。

此外,监管还需要从企业内部入手。企业内部的各级管理者和员工都应积极参与到公司的绿色发展中来。员工需要加强对绿色经济内涵的学习,掌握相关知识,并将循环经济的理念和模式应用到企业的日常运营和战略规划中。

（四）提升绿色创新质量及创新氛围

知识产权意识的提升促进了非公有企业的创新。创新的质量和氛围是持续创新的关键。科技和创新思维是提升创新质量的基石。非公有企业应利用"一带一路"等平台，引进先进科技，拓展创新思维。企业文化能连接区域文化与绿色思想，推动绿色创新。区域文化习俗对生活和生产有深远影响，结合政府政策可提升绿色创新质量。习近平总书记指出，非公有制经济是中国特色社会主义制度的重要部分，对绿色经济发展至关重要。当前是绿色经济发展的关键期，非公有企业应发挥优势，把握机遇，应对挑战，促进绿色经济的持续发展。未来研究应更具体地分析非公有企业如何促进绿色经济发展战略，以实现更有效的区域发展。

第五章　现代循环经济发展

第一节　循环经济的概念

循环经济作为一种新兴的经济发展模式，其理论和实践尚处于探索阶段。支持者和质疑者之间的争论，有助于更全面地认识循环经济的优势和局限性，推动循环经济理论的完善和实践的改进。未来需要进一步加强循环经济相关的科学研究，探索更有效的政策工具和市场机制，推动循环经济的健康发展，最终实现经济与环境的协调发展。

一、循环经济概念的产生和发展

循环经济作为一种新型经济发展模式，强调在资源有限的环境中实现可持续发展。自20世纪60年代波尔丁引入"宇宙飞船经济"理论以来，循环经济的理念逐步得到了全球的关注与应用。尽管波尔丁是这一思想的开创者，但英国经济学家戴维·皮尔斯则首次提出了"循环经济"这一术语，使其在经济学中得到进一步认可和推广。进入90年代，德国和日本率先在实践中应用循环经济的理念，取得了一定的成效。中国在此背景下，于20世纪90年代末开始借鉴和实施循环经济理论，以推动经济结构的转型和可持续发展。

二、循环经济概念的争论

在当今全球面临诸如资源匮乏、环境污染及生态破坏等严峻挑战的背景下，循环经济作为一个重要的经济理念逐渐受到重视，促使人们以更理性的方式看待自然和经济活动。自20世纪90年代以来，中国开始引入这一概念，但围绕循环经济的理论与实践仍存在较大分歧。支持者强调循环经济的生态价值，认为应当遵循生态学规律，以实现经济与环境的和谐共生；而反对者则指出，从物理学的角度来看，人工干预可能加速资源消耗，导致循环利用的目标难以实现，因此建议建立节约型经济系统以更有效地应对资源和环境问题。此外，部分学者认为，清洁生产法与循环经济法在某些方面可以互相替代，这一观点在立法层面上也引发了讨论。

三、循环经济概念的分析

（一）对于循环经济我们先做语义分解

循环经济的概念在《辞海》中有明确的定义，其核心在于对"经济"和"循环"两个关键术语的理解。在循环经济的框架下，"经济"指代的是人与物之间的各类经济活动，包括产品的生产、分配和消费等。而"循环"则强调了事物的周而复始和持续性，意味着经济活动不是线性的，而是可以在一个环形轨道上不断回流和重生。因此，循环经济的基本定义可以视为一种经济活动模式，其中产品的生产、分配和销售等环节都遵循着循环的原则，实现资源的高效利用和可持续发展。

（二）循环经济的本质特征

循环经济的概念在学术界存在多种解读，反映出不同学者的认知和立场差异。经济发展运行模式论认为，循环经济是对传统线性经济模式的根本性变革，旨在解决工业化进程中产生的环境问题，强调物质的闭环流动，追求生态与经济的协调。经济活动过程论则聚焦于可持续发展，强调通过清洁生产技术合理利用废弃物，以减少环境影响。将垃圾变废为"宝"的观点则从资源管理的角度出发，认为废弃物是未被恰当利用的资源，提倡全流程管理污染，实现经济与环境的双重效益。

循环经济作为一种对传统经济模式的创新与反思，致力于在可持续发展框架下实现人与自然、人与人之间的和谐相处。它不仅符合可持续发展的目标，还通过 3R 原则推动物质的闭环流动，强调资源的高效利用与生态保护。循环经济的本质特征体现在三个方面：首先，它采用新的系统观，强调社会生产、消费和再生产的整体性，促进各环节的协同运作；其次，新的资源观要求在经济发展中充分考虑自然生态系统的承载能力，避免资源的过度开采，关注长远的可持续性；最后，新的效益观则强调经济与环境的双赢，追求在创造经济价值的同时，也为环境保护做出贡献。

通过与传统经济发展的对比，循环经济不仅凸显了其在推动人类发展方面的重大意义，也展现了其在中国的广阔前景和独特生命力。作为一种新兴的发展模式，循环经济的推广与实施将对未来经济形态的转变产生深远影响，推动社会在可持续发展道路上不断前行。

（三）循环经济的基础理论

循环经济理论是一个综合性的理论体系，涵盖了生态经济学、环境资源经济学和可持续发展经济学等多个领域。

生态经济学理论通过全球生物圈的视角，强调经济与生态的相互依赖，认为人类经济活动应遵循生态学规律，以促进生态系统和经济系统的和谐发展。

环境资源经济学理论从环境和资源的双重角度出发，探讨环境变化、环境价值及环境政策的制定，关注代际公平和效率与公平的平衡，强调在资源利用中实现人与自然的和谐共存。

可持续发展经济学理论认为,经济发展的成本分析是实现可持续发展的基础,强调发展过程中的无价性和对未来后果的预见能力,要求在经济决策中考虑长期影响。

循环经济作为一种经济发展模式,正是在环境保护与经济增长矛盾日益凸显的背景下发展起来的。它并不追求物质的完全循环利用,而是更注重其在促进环境保护方面的积极作用。通过合理的资源管理和清洁生产,循环经济能够有效缓解环境压力,实现经济与生态的双赢局面。

第二节 我国循环经济的实践与探索

循环经济代表了一种新兴的经济发展模式,强调在经济、社会、政治、文化和生态五个维度的整合与协调,旨在实现人与自然之间的和谐共生。随着资源短缺和生态失衡成为当今社会面临的重大挑战,发展循环经济已被提上日程。尽管中国在这一领域已经取得了一些进展,实践中仍存在制度不完善和技术短缺等问题。因此,为了推动循环经济的进一步发展,需要在更高的层次上探索其发展路径。具体而言,政府应积极推动"生态转型",促进循环型企业的成长,并树立可持续消费观念。这将有助于实现经济、社会和生态三者之间的效益统一,推动循环经济的全面发展,为未来的可持续发展奠定坚实基础。

一、对循环经济的重新审视

(一)循环经济的社会功能

发展循环经济有助于促进社会公平和增加就业机会。它通过减少资源消耗和提高资源利用效率来解决资源分配的公平问题，包括横向和纵向的公平。同时，循环经济推动产业结构升级和生态效益导向的产业重组，为企业带来新的生态要求，从而激发新型产业和企业的成长，为创业和就业创造更多机会。

（二）循环经济下的政府职能

政府在发展循环经济中的作用至关重要，其主要体现在引导、支持和规范三个方面。政府通过引导社会投资方向、绿色采购行为和宣传推广，引导全社会朝着符合生态规律要求的模式转变。同时，政府提供政策支持和制度支持，鼓励企业实现资源节约和废物循环利用，完善可再生资源和自然资源的价格形成机制。最后，政府通过完善相关法律法规，规范市场行为，确保循环经济的发展有序进行。

在政府的引导下，社会投资方向将逐渐转向循环经济，企业将更加注重资源节约和废物循环利用。政府的支持将使得循环经济的发展更加迅速和高效，而规范作用将确保循环经济的发展不至于出现混乱和无序的情况。

（三）循环经济的运行机理

循环经济是一种新型的经济模式，它在物质循环的表象下进行着价值循环。与传统经济不同，循环经济不仅是追求价值的单一循环，而是以生态规律为基础，旨在实现价值循环和物质循环的统一。循环经济的价值运动过程经历三个阶段：价值投入、价值物化和价值实现。在这个过程中，循环经济实现资源"从摇篮到摇篮"的循环利用，达到资源节约、污染减少、生态保护的目的。

循环经济的核心是实现价值循环和物质循环的统一，这需要在产品开发、设计、生产以及消费等各个环节实现资源的循环利用。通过这种方式，循环经济可以减少对自然资源的消耗，减少污染，保护生态环境。同时，循环经济也可以创造新的经济机会，促进经济的可持续发展。

二、发展循环经济的实践经验

在经济新常态下，企业的发展模式需要进行转型，以实现经济、社会、生态三者效益统一的目标。循环型企业是实现这一目标的重要途径。通过减少资源投入，提高资源能源的利用效率，循环型企业可以降低生产运营成本，提高自身的竞争力。同时，循环型企业必须遵循自然生态规律，其工艺流程要符合生态经济系统的规律，实现"资源—产品—再生资源—绿色产品"的循环。

发展循环型企业需要关联产业进行以实现生态效益为前提的新的排列组合，这要求企业致力于产业结构的优化升级。这种转型不仅有利于企业自身的发展，也有利于整个社会的可持续发展。通过实现经济、社会、生态三者效益统一的目标，循环型企业可以成为经济新常态下的重要推动力。

尽管我国的循环经济实践在近几年已经迈出了坚实的一步，但仍然面临着诸多挑战。当前的问题主要包括对循环经济的认知不足、相关法律法规及运行机制的欠缺，以及缺乏适应我国国情的循环经济技术支持体系。这些问题如同一道道门槛，阻碍着我国循环经济实践的进一步推进。

深究这些问题的根源，可以发现，我们过于狭隘地将循环经济的发展局限于经济领域，而忽视了它与社会、政治、文化、生态等其他领域的紧密联系。实际上，循环经济需要在一个包括经济、社会、政治、文化、生态在内的多维度框架内才能得到全面地发展。

因此，需要从全新的视角来看待循环经济的发展。这不仅仅是一个经济问题，更是一个涉及社会、政治、文化和生态等多方面的综合性问题。需要全社会的共同努力，以经济、社会、政治、文化、生态五维整合的视野，共同探索循环经济的发展路径，从而推动我国的循环经济实践迈向新的高度。

三、我国发展循环经济的现实路径

（一）政府的"生态转型"

政府在循环经济发展中扮演着核心角色，其职能的有效发挥对推动循环经济良性发展至关重要。政府应通过引导经济的正确发展方向，提供循环经济所需的政策和制度支持，以及规范市场各方主体行为，来确保循环经济的顺利推进。为了更有效地发挥这些职能，政府需要实现"生态转型"，即从传统的经济发展模式转向生态友好型的发展模式。

政府生态转型战略是将生态优先原则融入决策和管理全过程，实现经济发展和环境保护的双赢。该战略核心是"绿化"政绩考核体系，在政府行为中加入环境考量，尤其是当经济和生态效益发生矛盾时，优先保护生态环境。通过绿色政府采购、投资和补助循环经济政策制度创新，政府生态转型战略旨在引导社会经济可持续发展。引入绿色 GDP 核算体系、调整政府绩效评价标准、促进资源环境成本内在化，体现了一种全面、长远治理视角。完善法律法规促使市场行为稳定化、生态治理法治化，体现了政府生态转型的战略定力。

（二）发展循环型企业

在全球经济环境中，循环经济的发展成了推动可持续发展的关键途径之一。对于企业而言，这意味着必须从根本上转变其生产和经营策略，采纳循环型的业务模式。这种转变不仅仅是为了应对和满足环境保护的要求，更是企业自我革新、保持竞争力的策略选择。通过重视资源的有效利用和减少环境影响，企业不仅能够减少对自然资源的依赖和环境污染，还能在激烈的市场竞争中占据有利位置，实现长期的经济效益和社会效益。

随着国家对节能减排的重视和资源状况的严峻挑战，控制系统的自动化程度不断提高，其中 DCS 系统成为电气工程领域控制自动化的一个典型例子。

DCS 系统的应用不仅提高了控制效率和精度，还促进了工业生产的智能化和信息化。对于循环型企业而言，响应这一变革意味着必须在产品设计和生产过程中整合节能减排和资源循环利用的理念，如设计易回收利用的产品，采用绿色制造工艺等。更进一步，将环境成本和生态效益融入财务核算，推行绿色定价，不仅能够反映产品的真实环境价值，还能促进企业内部节约资源，提高经济效益与环境效益的双重收益。这种以生态价值为导向的成本管理和产品定价策略，是企业实现可持续发展，同时促进环境保护的有效途径。

（三）转变消费模式和消费观念

循环经济的发展不仅是经济层面的转型，更是消费文化和社会价值观的深刻变革。在这一过程中，摒弃以消费为人生目标的"消费主义"观念，转向可持续的绿色消费模式至关重要。这种转变意味着消费不再是简单的物质追求，而是变成了一种尊重生态、保护环境的行为。通过政府引导、企业创新与消费者行为的共同改变，循环经济能够在全社会范围内得以实施和深化。这不仅有助于减少资源浪费和环境污染，也是实现人与自然和谐相处的根本途径。发展循环经济，需要我们跳出传统经济发展的框架，从综合、整体的视角审视和推进社会各领域的协调发展，最终实现经济、社会和生态的全面可持续发展。

第三节　大力发展循环经济难题与对策

面对我国经济发展中的挑战和环境压力，发展循环经济是必然选择。循环经济模式能够有效地解决资源短缺和环境恶化问题，实现经济与生态的平衡。然而，这一模式在我国尚处于起步阶段，面临着诸多困难和障碍。本节将深入探讨我国循环经济发展所遇到的难题，并提出相应的对策和建议。

一、我国发展循环经济所面临的主要难题

（一）缺乏行之有效的发展循环经济的保护制度和政策

当前，我国循环经济的发展面临的主要瓶颈之一是制度性障碍，我国尚未建立起有效的奖惩体系来激励和约束公众保护资源和环境，多数时候仍依赖道德规范，但其约束力有限，难以充分实现节约资源和保护环境的目标。同时，在市场竞争激烈的环境下，部分企业为追求市场份额和经济利益，存在过度竞争、制假售假、资源浪费等问题，尤其是过度包装现象普遍，违反了国家包装技术标准，导致资源过度消耗。此外，我国税收制度在支持循环经济发展方面也存在不足，特别是在加入世界贸易组织后，随着国际贸易的增加，税收制度未能及时调整以适应经济全球化的需求。

（二）缺乏健全的法律制度和法规

我国目前在促进循环经济发展方面的法律制度还存在诸多不足。第一，相关法律法规不健全，存在较大漏洞，不利于循环经济的发展。第二，现有的法规条例数量有限，内容也存在不清晰和不合理之处。这种概念上的模糊

性导致一些经济落后地区为了促进经济发展,不惜以牺牲环境和浪费资源为代价。第三,各地区政府和执法部门在实际执法过程中也存在疏漏,未能有效推动循环经济的发展。因此,健全完善我国关于循环经济发展的法律法规体系是当务之急。

(三)传统思想观念的影响,对循环经济的认识不足

我国在发展循环经济的过程中,除了面临制度和法律方面的挑战外,还存在着思想观念上的障碍。一方面,部分消费者受"暴发户心理"影响,追求通过购买更多产品来彰显优越感,而忽视了产品的实际效用,导致了浪费。这种错误的消费观念无形中加剧了资源浪费和环境污染,消费者必须意识到自己也应对此负有部分责任。另一方面,受传统经济模式的影响,我国民众对循环经济的认识还不够深入。人们的思想观念尚未发生根本转变,没有充分意识到节约资源、保护环境的重要性,因此也无法在日常行为中自觉约束自己。

二、我国大力发展循环经济的对策

(一)建设行之有效的制度

我国欲推动循环经济,首要任务是构建一套有效的制度体系,围绕循环经济的核心需求,制定促进其发展的具体政策。在此过程中,应将生态环境和资源置于首位,清晰界定三者间的互动关系。随后,依据明确的问题导向,着手构建制度框架。首要举措是建立激励机制,旨在通过政策引导,如提供投资、补助及贷款优惠,激发社会各界对循环经济的参与热情,确保经济增长与环保资源节约并重。接下来,需构建环境保护机制,通过完善宏观管理体系,结合政府与市场力量,实现对资源开发利用的严格监管,同时平衡经济、环境和社会效益,促进三者间的良性循环。最后,还需对税收政策进行

调整，为循环经济型企业提供税收减免与补助，并调整资源税及关税政策，提高污染严重及高能耗产品的出口成本。

（二）构建完整循环经济的法律体系

我国要大力发展循环经济，必须建立健全相应的法律制度，为其提供坚实的法律保障。在完善循环经济法律制度时，既要立足我国国情，又要借鉴西方国家的相关经验。

完善法律体系的关键在于明确循环经济各主体的责任。首先，要明确政府的责任，将生态环境纳入公共管理范畴，制定相应的法律法规。其次，要明确企业的责任，特别是在污染物排放、处理、资源循环利用和环境保护方面，强调企业不可推卸的责任。最后，要明确社会公众的责任，保障公众的知情权和监督权，让公民意识到自身有权了解所处环境状况，并可对排污企业进行举报，维护自身合法权益。

在明确各方责任的基础上，还需从两个方面完善法律体系。一是修订宪法，将循环经济发展和环境保护纳入宪法层面。二是对现有的循环经济相关法律进行系统梳理和修订，制定出一部相对完善的循环经济法律。

（三）创新思想观念，充分认识到循环经济的重要性

我国大力发展循环经济，离不开广大社会公众的积极参与。要改变公众传统的思想观念，引导其积极参与到循环经济实践中，需要从宣传教育和引导绿色消费两个方面入手。

首先，要加强循环经济的宣传教育工作，让公众充分认识到发展循环经济、节约资源、保护环境的益处，将循环经济理念内化于心，外化于行。这可以通过多种渠道实现，例如将循环经济、资源节约、环境保护等内容纳入教材，影响学生群体，进而辐射家庭和社会；利用电视、网络、公益广告等大众传媒，潜移默化地传播循环经济理念，提升公众的环保意识。

其次，要引导公众树立正确的消费观念，倡导绿色消费。鼓励人们购买

耐用产品，减少过度包装产品和一次性用品的使用，养成节约水电、回收利用废旧物品等良好习惯。通过倡导绿色消费，可以有效减少资源浪费和环境污染，促进循环经济发展。

（四）建立与之相匹配的社会发展机制

在我国大力发展循环经济的进程中，现有的社会发展机制可能会对其产生一定影响。为了确保循环经济的顺利发展，必须建立与之相适应的社会发展机制。

首先，中央政府要将循环经济发展政策切实贯彻落实，加大执行力度，要求各地方政府必须积极配合，不得推诿躲避。只有中央和地方政府形成合力，才能为循环经济发展提供有力的政策保障。

其次，地方经济部门和环保部门作为发展循环经济的两个重要部门，必须协调好彼此关系，紧密配合、互相促进。只有两个部门形成合力，才能让循环经济发展工作顺利开展，取得实效。

再次，企业作为循环经济发展的主体，必须提高内在动力，加大技术创新力度。企业要积极采用先进的生产工艺和技术，提高资源利用效率，减少污染物排放，推动循环经济发展。

当前，发展循环经济已成为我国经济社会发展的必然趋势。为了让人们生活在蓝天白云下，提高生活质量，我们必须克服重重阻碍，大力发展循环经济。

第六章　现代经济管理职能

第一节　管理的计划职能

一、计划工作的概述

（一）计划的概念

人们平常所说的计划，主要包括两方面的含义：一个是计划工作，另一个是计划方案。

第一种含义的计划，是指组织的管理者对未来的事项未作出安排之前，对过去和现在的情况进行分析，对下一步可能出现的情况作出估测，以此来制定出一个可能实现组织目标的行动方案的一种活动。

第二种含义的计划，是指组织计划工作的结果。它确定了组织未来将干什么、怎么干和谁来干等问题。

现阶段，各种类型的组织，无论其使命是否具有获利性质，例如经济组织，或者其使命为不以营利为目的的行政、公益、服务组织，都越来越重视计划的作用，认识到计划与组织成效间存在一条直接的关系曲线。当然，影响组织有效性的因素颇多，计划只不过是其中非常重要的因素之一。

（二）计划的重要性

1.使组织能对未来的变化做出积极的反应

未来的不确定性总是存在的，为了让组织能在未来环境变化中主动适应，就有必要对未来的变化进行预判，并基于预判结果，想象并创造各种变化情景及其相应的应对之道。

2.使组织集中全力于目标

通过组织的计划工作，在组织中制定出组织的未来行为纲领，就可以使组织的作业活动都能围绕组织的目标进行。在组织的未来行为纲领中，把组织的总体目标分解为各个部门、各环节的分目标，以便在组织中形成以组织的总体目标为顶峰目标的目标体系；按照各个部门、各环节的目标制定各个部门、各环节相应的计划方案。各个计划方案之间应该是协调一致的，以便能使组织的总目标得以实现。

3.有利于提高组织各项活动的工作效率

组织的计划工作强调平衡与协调，注重优化，能够提升组织各项活动的工作效率。它用共同的目标、明确的努力来替代不协调的、分散的活动，用均匀的工作流程代替不均匀的工作流程，用深思熟虑的决策代替仓促草率的判断。组织如果没有计划工作，就不可能使组织内部的各个部门、各个环节之间取得平衡与协调，不可能为未来的变化设想出最好的行动方案，也不可能为未来的变化进行有意识的准备。所有这些都会导致组织的混乱与浪费，影响组织各项活动的工作效率，影响组织目标的有效实现。

4.有利于对组织各项工作的控制

组织的各项活动都是围绕着计划方案展开的。组织各项活动的结果可能达到了组织预期的目标，也可能与预期目标存在着一定的偏差。这时，组织就需要发挥管理的控制职能来消除这种偏差。要进行控制就要有标准，组织进行控制的标准就是计划工作所确定的计划目标。没有计划目标，就无所谓控制；计划为组织的控制提供了根据。

二、计划工作的原则、方法

（一）计划工作的原则

计划工作原则是编制计划必须遵循的基本原则，遵循有效的计划工作原则，有利于提高计划职能的工作效果和计划工作的可靠性。

1.综合平衡原则

这一原则包含了这样两个方面的内容：其一，谋划工作与组织层次、组织部门的关系。组织的计划工作应有助于组织最高目标的实现，它必须使组织中的各个部门、各项经营活动的目标符合（至少是不得违背）组织整体目标的要求，使得各分计划的实施能有益于组织总体计划的实现。其二，关于短期计划与远期计划的平衡问题。无论是离开远期计划来制定短期计划，还是说短期计划的实行无助于有关远期计划的实现，甚或是短期计划使长期计划变得不合理需要改到现在看来，遵循这一原则都是不恰当、不科学的。

2.承诺原则

承诺原则，亦称作投入原则，主要涉及对计划工作时间限制的规范。该原则用于指导组织在制定计划时，如何确定完成计划所需期限的决策过程，并作为选择恰当计划期限的评判标准。

3.灵活性原则

规划代表承诺，代表约束，决定了组织发展的方向、组织的行为、组织成员的行为等等。因此，一旦计划出台，便意味着组织降低乃至丧失了对外部环境变动调节的适应能力。计划时间越是拉长，不确定性越是增加，即使再准确的预测，也免不了未来的不确定性以及显然的差错。较为理想的计划工作应当是灵活的——面对意外情况能够改变航道而非重新定位。

4.改变航道原则

作为一种客观需要，制定计划时总是尽可能地详尽考虑到所有在未来应得到考虑的相关因素，然而事实上这却成为一个日渐加重的问题：计划制定得越周密，涵盖范围就越广阔，修正计划的动力就越大。当计划的灵活性无法解决计划执行中的难题时，适时选择改变航道是必要的修正。改变航道的原则是在计划工作中对灵活性原则的一种补充。灵活性原则意图在于使计划本身具有适应性，但这种适应性必须付出成本和时间的代价。事实上，无论怎样强调计划本身的灵活性，它总是还无法真正解决计划实施过程中的困难，因此在计划的执行过程中必要地修正计划，亦即赋予计划工作过程以灵活性——改变航道。

5.限定因素原则

限定因素是指妨碍预期目标实现的决定性因素，又称战略因素。限定因素可分为两类：一类是制约因素，另一类是补充因素。管理工作中最重要也是最困难的任务就是尽可能清楚地识别、分析和解决那些对实现预期目标起限定作用的因素。主管人员越能明确地了解、熟知并解决这些限定因素，就越可能作出有利于目标实现的明智抉择。

（二）计划工作的方法

1.滚动计划法

滚动计划法是一种灵活的规划方法，通过"近细远粗"的原则来制订和调整计划，使其既有近期的详细安排，又包含远期的概括规划。在计划的执行过程中，根据实际执行情况和环境变化，对原有计划不断修订和完善，并逐步推进到下一个阶段。这种方法强调计划的动态性和连续性，有助于在复杂多变的环境中保持计划的有效性和前瞻性。

2.目标管理法

目标管理是由彼得·德鲁克在1954年提出的一种管理方法，其核心在于通过建立一套完整的目标体系，将组织的整体目标分解为各个层级和部门的具体、可衡量的子目标。这一过程强调员工与上级的共同参与，不仅用于规划和控制，还作为激励员工的工具。定期的绩效回馈和讨论确保目标的实现和持续改进。

（1）基本思想

目标管理是企业管理的核心驱动力，它通过将企业任务转化为具体目标，层层分解到各级管理人员和员工，形成一个目标导向的管理体系。这种体系不仅有助于员工明确工作方向和责任，还能促进企业内部的协同合作和绩效评估，进而推动企业实现总目标。

（2）目标管理的过程

①确定组织作用；②制定目标；③实施目标；④评价成果；⑤奖惩措施；⑥新的目标，新的目标管理循环。

（3）目标管理的五个要素

①是什么——达成目标的主题、项目名称；②达到什么程度——达成的质量、数量、状态等；③怎样做——达成目标的做法、措施、手段、方法；④何时完成——期限、预定计划表、日程表；⑤是否完成了既定目标——完成成果的评价。

（4）制定目标时应遵循SMART原则

①Specific-目标必须是具体的、明确的，而不是模糊不清的；②Measurable-目标必须是可测量的；③Achievable-目标必须是可实现的；④Relevant-目标与其他目标之间必须有相关性；⑤TimeStamped-目标必须具有明确的期限。

第二节 管理的组织职能

一、组织工作的性质

（一）组织的概念

组织具有双重性质，可以从静态和动态两个角度来理解。从静态角度来看，组织是一个实体，具有固定的结构和框架；从动态角度来看，组织是一个过程，涉及工作、活动和变化。

作为一个实体的组织，是一个由人们有意识创建的职务或职位系统，其目的是通过分工和协作实现共同目标。在这个系统中，每个人担任不同的职务，这些职务相互联系，形成一个有机整体。组织的形成源于人们认识到单独个体无法实现某些目标，因此需要通过集体努力来达成。组织不仅是一个社会系统，更是实现特定目标的手段。

作为一个过程的组织，旨在通过分类和组合各项业务活动，建立科学合理的组织结构来实现既定目标。这一过程需要根据管理宽度原理划分不同的管理层次和部门，并授予各层次和部门相应的职权。组织结构不是静止的，会随着内部和外部环境的变化而调整。此外，主管人员需要重视非正式组织的存在和作用，因为这些基于成员间情感和共同兴趣的自发群体对组织的运行有着重要影响。

（二）组织工作的基本内容

管理人员主要是解决组织设计活动中提出的下列问题：

（1）为了实现组织目标，应当建立哪些岗位？

（2）如何确定管理跨度（一生管几个人）及管理层次？

（3）如何进行部门划分？

（4）组织中直线职权与参谋职权怎样协调？

（5）究竟多少权利应集中于上层，多少权利应下放至中层和基层？

（6）委员会在组织中起什么作用？

（7）如何根据各个组织的具体情况进行组织结构方面的创新？

（8）组织变革与发展工作应如何进行？

（三）组织工作的逻辑过程

各组织在进行组织工作时，其具体流程与步骤各有差异。然而，从逻辑进程的角度审视，组织工作的实施可归纳为若干基本步骤。

1.明确组织工作的目标

组织工作的目标设定是组织实现成功和持续发展的基础。它需要综合考虑组织的核心价值、当前环境、发展潜力、运转过程中的挑战和未来需求，通过此过程确定明确、具体、可衡量和可实现的目标。只有明确的目标，组织才能聚焦资源、优化运作、实现成长和竞争力。

2.确定工作分工

根据组织计划目标和组织工作目标的要求，明确完成组织计划目标所需要的分工，诸如办一所学校要有教师、教辅人员，办一所医院要有医生、护士等，这是根据完成目标的需要而进行的客观分工。

3.确定管理幅度和管理层次

根据组织工作的目标要求，在客观分工的基础上，管理者确定组织中的管理幅度，同时也就确定了组织中的管理层次。这是管理者根据提高管理效率的要求所进行的主观设计。

4.部门划分

管理幅度的有限性使得组织必须根据一定的原则将组织中的人和事划分成若干个可管理的单位或部门，这也是管理者按照组织工作的目标要求所进行的主观设计。

5.确定管理和业务工作的联系

为了实现组织目标，必须研究组织中各级管理机构和作业部门在管理业务工作上的职能职责及相互关系，这是实现组织目标的客观要求。

6.确定上下左右的工作程序

组织内部的协同机制是通过精心设计的职权架构和规章制度，将不同部门及管理层级间的固有联系转化为实际操作流程，以确保所有成员均能围绕共同目标统一行动。这种主观设计不仅强化了组织的整合能力，还促进了资源的有效配置和利用，为实现组织战略目标奠定了坚实的基础。

7.调整

这是组织把控在组织工作中的运用，就是针对组织在运行中出现的问题进行矫正纠偏。实际上，调整就意味着新一轮的组织重构。

（四）权变组织观

在组织管理中，管理者需秉持权变视角，认识到组织结构与管理方式的选择应随情境变化而灵活调整，而非一成不变。这要求管理者首先具备系统思维，将组织视作与外界环境紧密相连的动态系统，其健康运行需兼顾内部协调与外部适应。通过综合考量组织目标、环境影响、人员特质、技术应用及发展规划等多重因素，管理者方能制定出更为贴合实际、有效促进组织发展的策略。

二、管理幅度与管理层次

（一）管理幅度与管理层次的概念

管理幅度是指上级管理者能直接有效管理的下级人员的数量。这里要注意两点：一是在组织所形成的不中断的等级系列中直接上级对直接下级的管辖人数；二是有效管辖的下级人员数。

与管理幅度有关的另一概念是管理层次。管理层次是指在组织中所形成的不中断的等级系列的环节数。在组织规模一定的条件下，管理幅度与管理层次呈反比例的关系。管理幅度越大，则管理层次越少，这种类型的组织结构称为扁平型结构；管理幅度越小，管理层次就越多，这种类型的组织结构称为高长型结构。

（二）管理幅度与管理层次的确定对组织管理效率的影响

组织管理幅度的选择是一个复杂问题，没有一概而论的答案。扁平型结构，以其减少管理层级和扩大管理幅度的特点，通常被认为能加速决策过程，激发员工积极性，但同时可能面临管理控制难度增大的挑战。相比之下，高长型结构通过增加管理层次和缩小管理幅度，有助于精细化管理和上下级间的明确职责划分，然而这可能会导致信息传递效率低下和决策周期延长。因此，组织在设计结构时，应综合考虑自身规模、行业特性、战略目标等因素，寻求最适宜的管理幅度与层次设置，以平衡效率与控制的需求。

1.扁平型组织与管理效率

扁平型组织结构具有两面性。一方面，它可以提高组织整体的效率和反应速度，促进高层管理者对整个组织的控制和信息沟通。另一方面，过宽的管理幅度可能给具体部门的管理者带来挑战，使他们难以有效管理下属，增加工作量，影响管理效率。因此，在设计组织结构时，需要权衡扁平型组织的利弊，找到适合组织特点和需求的平衡点。

2.高长型组织与管理效率

管理幅度小是不是好些？组织的管理幅度较小，组织中形成的管理层次就会较多，就形成高长型组织结构。从每个管理者的角度看，由于管理幅度小，则有利于上下级之间的沟通与协调，这样能提高每个管理者的管理效率。

但是从组织的整体看，由于管理幅度小，形成了较多的管理层次，这就可能产生以下几个问题。

一方面，更多的管理层级意味着更高的管理成本，不仅要承担新增管理人员的薪酬，还需支付辅助人员的开支，无形中增加了组织的财务负担。另一方面，信息在多层传递中面临着"过滤"风险，每一环节都可能因个人解读的不同而改变信息的本质，最终导致高层决策依据的信息失真，影响决策质量。此外，高层管理者对基层的直接影响力随管理层次增加而递减，计划在层层分解中可能失去初衷，降低了组织战略的连贯性和执行力。这些因素共同作用下，管理层次的过度细分不仅未能提升效率，反而可能成为组织发展的绊脚石。

（三）影响管理幅度的因素

实际上，管理幅度并没有一成不变的客观标准，而应与各种因素相关。依照权变理论的观点，管理幅度是受各种影响因素制约的。具体因素主要有：

1.上下级管理者的管理能力

上级管理者的领导力与管理幅度之间存在着密切的联系，优秀的领导者能够驾驭更广泛的团队，展现更强的组织协调能力。同时，下级管理者的专业素质和自我管理能力也是决定管理幅度的关键因素。当下属具备高度的专业技能和自主工作能力时，他们能够独立解决问题，减轻上级的直接管理压力，为上级管理者创造条件，使其能够拓展管理范围，提升整体团队的运作效率。

2.职权的授予

上级管理者对下级人员的授权越明确，下级管理人员在运用职权履行其职责时所以上报请示的工作量就越小，进而，上级管理者也越有可能具有较大的管理幅度当下级管理者进行仅为含蓄的授权时，下级管理者在运用其职权时，可能会由于不十分清楚自己权限的范围而向上级管理者请示和汇报，由此相对增加了上级管理者的工作量，限定了上级管理者的管理幅度。

3.上级管理者必须承担的非管理职责

在工作中，上级经理人还不得不承担许多非管理性的工作，比如接待来访、参加仪式或庆典等，这些活动占用了上级经理人的时间和精力，大大降低了上级经理人的管理幅度。

4.下级管理人员管理活动的相似程度

下级人员的工作或活动内容越相似，上级管理者协调下级人员活动的工作就越可以制度化、标准化和程序化，从而越可以节省上级管理者的时间和精力，增加其管理的幅度。

5.组织中新问题的发生率

当组织处于一个相对稳定的外部环境中，组织成员从事的是技术水平较低的工作，组织的发展变化速度较慢的情况下，上级管理者才可以拥有较大的管理幅度。因为在这样的组织中，新问题的发生率较低，上级管理者可以更多地采用程序化和制度化的管理，来节约时间和精力。

第三节　管理的领导职能

一、领导与管理

在汉语中，"领导"具有两层含义：一是名词意义上的领导者，指从事领导活动的人；二是动词意义上的领导行为和过程。管理学中使用的领导概念主要是后者。关于领导的定义有许多种，它们围绕的核心要素主要有：人（领导者和被领导者）、影响（引导、指导、"三导"引路人等）、目标（实效、利益、产值等）。因此，领导可以从人的行为角度这样界定：领导是在社会组织中引导和影响他人去实现组织目标的过程。领导者是实施这种行为的人。

许多人容易将管理和领导混为一谈，因此，明确区分领导与管理这两个概念至关重要。通常来说，领导与管理之间存在以下差异。

（一）两者的职能范围不同

从管理过程理论来看，领导仅仅是管理的一个职能层面，管理比领导的内涵更为丰富，除领导外，还包括计划、组织、决策与控制。

（二）两者的权力来源不同

管理的权力来源于组织结构，是有合法性和强制性为支柱的；领导的权力可以来自他的职位——组织结构的权力，也可以来自他本人——如专家的威信，个人的魅力等。

（三）两者的直接目的不同

领导为社会组织发展定方向、造势头、破格局，管理为社会组织发展选路径、立规矩、稳运行。

二、领导影响力的来源

领导者影响、引导组织成员实现组织目标的主要前提是领导者具有影响他人的能力，使组织成员愿意追随他一起为实现组织目标而努力。领导影响力的构成主要有：

（一）奖赏权力

奖赏权力是一种通过奖赏来影响他人的权力，奖赏的力度影响着下级认为上级给予奖赏或免于负面影响的可能性。奖赏既可能是物质的（如奖金、晋升），也可能是精神的（如工作环境改变、表彰），还有可能是无形的（如更多的自主决策权限、良好的职业前景）。然而，最重要的是上级给予的奖赏要与下属的需求相匹配。

（二）强制权力

强制权力是一种依赖于惩罚机制的领导手段，领导者通过威胁下属可能面临的负面后果（如扣薪、降职、分派不愉快任务或解雇）来施加控制。尽管这种权力能够促使下属服从，但其负面影响不容忽视，可能导致员工不满和反抗情绪的增加。因此，领导者在使用强制权力时应格外谨慎，避免过度依赖，以免破坏团队和谐与工作积极性。

（三）法定权力

法定权力是一种基于特定职位和角色的正式权力，其存在依赖于下属内化的价值观和社会结构的认可。下属认为领导者拥有合法的影响力，并对此有义务接受。文化价值观、社会结构和合法任命共同构成了法定权力的基础。职位权力涵盖了奖赏、惩罚和指挥下属的权力，这些权力与领导者在组织中的职位紧密相关，因此被统称为职位权力。

（四）参照权力

参照权力是一种基于领导者个人特征的影响力，这些特征包括行为方式、魅力、经历和背景等。下属对这些特征的认同或渴望模仿领导者，促使他们希望与领导者建立并保持密切关系。这种关系增强了领导者的影响力。领导者个人特征的吸引力越大，下属的认同感越高，参照权力也就越强。

（五）专家权力

专家权力是一种基于领导者专业知识和技能的影响力，其强度取决于领导者知识的完备程度或下属对领导者专业知识的认知。下属通过自我知识和绝对标准来评估领导者的专业能力，领导者需运用其专业知识和技能指导下属，从而赢得尊敬和依赖。领导者越具备专业知识和经验，下属对其的信服度越高，专家权力也就越强。

参照权力和专家权力是基于领导者个人魅力和专业知识的影响力，被称为个人权力。下属因对领导者的尊重和认同而自愿服从，产生归属感，并在面对风险和变革时团结一心。有效的领导者不仅需要依靠职位权力，还需具备一定的个人权力，以提高团队的凝聚力和工作效率。

三、领导的三要素

领导行为是一个由领导者、被领导者和情境三个要素构成的复杂过程。根据系统论，组织是一个开放系统，其生产经营活动受到内部和外部环境的影响，领导行为也不例外。因此，可以将领导行为看作是领导者、被领导者和其所处环境相互作用的结果，形成一个复合函数，表达公式如下：

$$领导行为=f（领导者，被领导者，情境）$$

领导行为的有效性由领导者、被领导者和情境三个要素共同决定。领导者作为行为主体，通过其个人特质和行为特征对下属产生影响，以实现组织目标。被领导者虽然是行为客体，但其特征对领导行为的接受程度和有效性有重要影响。此外，领导行为需根据组织内外环境的变化进行调整，包括任务结构、职位权力、工作特征和社会文化等因素。因此，有效的领导行为应综合考虑这三个要素及其相互作用。

第七章 现代经济组织结构

第一节 设计组织结构

一、设计组织结构的含义

（一）组织概述

组织是为了实现特定目标而从事人事活动的一个集团，集团成员按照分工与协作以及设置不同层次的权力和责任制度而构成的一种人的组合体。在实践中，组织因构成方式的不同，分为正式组织和非正式组织。

1.正式组织

正式组织是一种为了有效实现组织目标而设计的结构，明确规定了成员的职责和相互关系，并具有正式的约束力。在正式组织中，成员依据组织规章制度行事，每个成员都有明确的职位与权责，进入或退出组织需遵循特定程序。正式组织的成员之间保持着形式上的协作关系，其行动以完成组织目标为出发点和归宿点。

2.非正式组织

非正式组织是基于成员之间的感情相投、观点一致、爱好兴趣等自发形成的结伙关系。其目的和分工并非经过正式计划，也没有严格的规章制度来保证其实施和存续。非正式组织主要用于满足成员的社会心理需求和建立良好的人际关系。非正式组织具有形式灵活、稳定性弱、覆盖面广的特点,能够渗透到正式组织的不同部门甚至外部。几乎所有正式组织的成员都参与某种类型的非正式组织,这些组织具有特有的凝聚力和影响力,可能对正式组织产生积极或消极作用。

(1)非正式组织的积极作用

非正式组织的消极作用。如果非正式组织的目标与正式组织目标发生冲突,则可能对正式组织的工作产生极为不利的影响。非正式组织要求成员行为一致性的压力,可能会制约成员的个人发展。此外,非正式组织的压力还会影响正式组织的变革进程,造成组织创新的惰性。

(2)非正式组织的消极作用

非正式组织的消极作用主要体现在其目标与正式组织目标冲突时,可能对正式组织的工作产生不利影响。非正式组织要求成员行为一致性的压力,可能制约成员的个人发展。此外,非正式组织的压力还会影响正式组织的变革进程,导致组织创新的惰性,阻碍组织的进步和发展。

由于非正式组织的存在是客观且自然的,且对正式组织具有正负两方面的作用,管理者应正视其存在,并采取妥善管理策略。管理者应最大限度地发挥非正式组织的积极作用,同时克服其消极影响。正式组织应有意识地引导和促进具有积极意义的非正式组织的形成和发展,努力使其成为正式组织的辅助力量。在可能的条件下,将其中一些非正式组织转化为正式组织,纳入组织结构体系,接受正规管理。

(二)设计组织结构的任务

为了确保目标与计划的有效实现,管理者必须设计合理的组织架构,整合不同员工在不同时空的工作,将其转化为对组织的贡献。组织结构是反映人员、职位、任务及其关系的网络,本质上是实现组织战略目标的分工协作体系。随着组织战略的重大调整,组织结构也需相应调整。组织结构对组织功能的行使和领导作用的发挥具有至关重要的意义,类似于人体的骨骼架构,直接影响职责分配和职权职责关系。它是评价组织成员功过、有效开展各项活动的基础。因此，管理者应重视组织结构的设计与优化，以提升组织效能。

为了使组织结构符合科学、高效、经济的运转模式，管理者需在组织结构的设计上下功夫。设计组织结构是根据组织目标及实际工作需要，确定组织层次划分、各部门及其工作人员的职责范围和权限，建立合理组织结构的过程。这一过程有利于资源整合、达成组织目标，促进企业活动中各职能的划分和定位，确保授权的稳定性，并促进组织成员的职业成长。设计组织结构的任务包括设计清晰的组织结构，规划和设计各部门的职能和职权，确定职能职权、参谋职权和直线职权的活动范围，并编制职务说明书，以确保组织的高效运作。

组织结构是组织内部横向各部门和纵向各层次工作群体及其关系的总和，构成了组织的基本框架体系。设计组织结构包括横向设计和纵向设计。横向设计主要解决管理与业务部门的划分问题，反映了组织中的分工合作关系；纵向设计主要解决管理层次的划分问题与职权分配问题，反映了组织中的领导隶属关系。通过合理的横向和纵向设计，组织能够形成清晰的框架体系，确保各部门和层次之间的协调与合作，从而实现组织的高效运作。

二、组织结构设计的原则

组织结构设计的原则是进行组织设计时必须综合考虑的准则，不同的组织由于其成长历史、规模等不同，在进行组织设计时考虑的准则各有侧重点。但就一般意义上来讲，进行组织结构设计主要遵循以下原则。

（一）任务目标原则

组织是实现目标的有机载体，其结构、体系、过程和文化等均围绕目标设计，以达成目标为最终目的。企业经营以营利为目的，因此企业组织的建立与否应以能否完成任务目标为原则，即因事设岗。如果没有任务目标，组织可以不设立；如果设立的组织不能完成任务目标，则可以撤销。每个组织的建立都是为了达到某种目标、完成某种任务。通过完善组织结构，组织中的每个人在实现目标的过程中能够做出更大的贡献，从而提升整体效率和效益。

（二）统一指挥原则

统一指挥原则是最经典且最基本的管理原则，要求组织的各级机构及个人只服从一个直接领导的命令和指挥。这要求上下级之间形成一条清晰的统一指挥链，下属只接受一个上级的指挥，上级不能越级指挥下属，以避免多头领导和多头指挥。如果下属有多个上级，就会出现政出多门、多头领导的局面，使得下属无所适从，导致组织管理混乱。因此，统一指挥原则是确保组织高效运作和避免管理混乱的关键。

在任何情况下，组织结构都不应适应多重领导的安排。为了使组织作为一个整体高效运作，在进行组织结构设计时，必须实施统一指挥原则，确保组织的各项活动有明确的上下级职权、职责及沟通联系的具体方式。随着组织内部专业化分工的细化，协作关系的密切，统一指挥原则对于保证组织围绕其目标高效率地开展工作变得尤为重要。通过统一指挥，可以避免多重领导带来的混乱，确保组织运作的协调性和高效性。

（三）分工协作原则

组织任务的完成离不开内部的专业化分工和协作。在当今各类组织中，工作量大、专业性强，分别设置不同的专业部门有利于提高管理工作的效率。然而，分工越细，专业水平越高，效率越高，但也会导致机构庞大，组织协调难度较大。相反，分工粗略，各部门之间的协调比较容易，但专业化水平降低，效率降低，且分工不明晰会导致相互推诿和扯皮。因此，组织应适当地进行分工合作，建立高效的组织管理。在合理分工的基础上，各专业部门必须加强协作和配合，才能保证各项专业管理工作的顺利开展，以实现组织的整体目标。

(四)责权利相结合原则

责任、权力和利益三者之间是不可分割的,必须协调、平衡和统一。责任是对权力的约束,使权力拥有者在运用权力时必须考虑可能产生的后果,避免滥用权力;权力是责任的基础,只有拥有权力才能承担责任;利益的大小决定了管理者是否愿意承担责任及接受权力的程度。利益大、责任小的事情人们愿意去做,反之则积极性受影响。对额外的责任应给予额外的利益。组织内部任何一个部门都应承担相应的任务目标,拥有一定责任,同时应获得相应权力和利益,实现责权利的结合。权责要对等,有权无责易滥用职权,有责无权则无法调动资源完成责任,缺乏利益会严重打击员工的工作热情,缺乏积极性,导致消极怠工。因此,确立组织时必须考虑责权利的匹配问题,否则组织作用无法发挥,协调困难。

(五)集权与分权相结合的原则

在进行组织设计或调整时,必须权衡集权与分权的必要性,两者不可偏废。集权是大规模生产的客观要求,有利于保证企业的统一领导和指挥,以及人力、物力、财力的合理分配和使用;而分权则是调动下级积极性、主动性的必要组织条件。合理分权有利于基层根据实际情况迅速而准确地做出决策,同时也有利于上层领导摆脱日常事务,集中精力抓重要问题。通过平衡集权与分权,组织能够实现高效运作和灵活应对各种挑战。

三、设计横向组织结构

横向组织结构是指各管理部门的构成,即部门划分,旨在把工作和人员组成若干管理的单元并组建相应的机构或单位。设计横向组织结构主要解决管理与业务部门的划分问题,反映了组织中的分工协作关系。组织按照职能相似性、任务活动相似性或关系紧密性的原则,将专业技能人员分类并集合在各个部门内,配以专职管理人员协调领导,统一指挥。组织可以按职能、产品(劳务)、地域、目标顾客、工作流程、工作时间、工作人数、技术或设备等来划分部门,确保整个管理系统有机运转。以下介绍五种基本的部门划分形式。

(一)职能部门化

职能部门化就是根据"按职能设置部门"的原则,按照生产、财务、营销、人事、研究与发展等基本活动的相近性和技能的同一性,把相关的各项活动尽可能包括在一起,建立各种专门的管理部门,如图7-1所示。

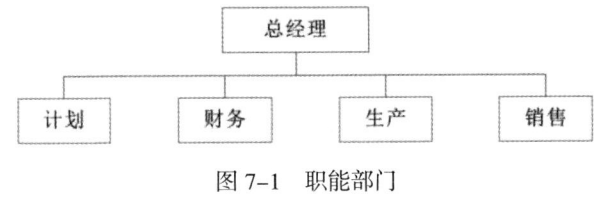

图 7-1 职能部门

按职能进行部门的划分是一种适用于所有组织的广泛应用方法。职能的变化直接反映组织的目标和活动。任何一个企事业组织存在的目的都是为了创造某种为他人所需要的物品或劳务,这些基本职能包括采购、制造、销售等。生产部门主要负责创造或增加物品或劳务的效用;销售部门主要负责寻找愿意按一定价格购买物品或接受服务的顾客;财务部门主要负责资金的筹措、保管和运作。通过按职能划分部门,组织能够明确各部门的职责和任务,确保各项基本职能的有效执行。

依据基本职能,就可以将社会组织分成人手一部戏的生产部门、推销火材的销售部门、六国大封相的财务部门等。当然,由于各类组织的活动领域及其所承担的不同职能在各个组织中的重要程度不同,现实中这些职能部门在不同类型的组织中会有不同的具体名称。

1.职能部门化的优点

(1)能有效地突出业务活动重点,保证组织的基本活动得到优先考虑和其他运作部门的联合。

（2）把专业技术、研究兴趣接近的人员组合在一起，形成规模经济，贯彻了专业化原则，有利于提高工作效率，也减轻了培训工作的负担。

（3）由于最高主管负最终责任，职能部门化加大了控制成分，有助于管理目标的达成。

2.职能部门化的缺点

（1）同类资源过于集中在某一支队伍，不便组织根据市场或顾客的需求等来组织分工。

（2）易于助长人们的职能观念，忽略组织的总体目标，造成部门之间协调困难，甚至部门利益受损。

（3）职权过分集中，有助于专职人员的锤炼，但不易培养综合素质高的管理人才。

（二）产品（服务）部门化

产品（服务）部门化是指根据组织生产的产品或提供的服务类型进行部门划分，适用于开展多元化经营的大企业。随着企业规模的扩大和产品品种的增加，企业管理工作变得越来越复杂，各部门主管者的工作负担也越来越重。由于管理幅度的客观限制，难以通过增加直接下属来解决问题，因此按照产品（服务）来划分部门，重新组织企业活动成为必要。这种部门化方式有助于更好地管理和协调不同产品或服务线的工作，提高管理效率。

1.产品（服务）部门化的优点

（1）有利于专责机构配备专业设备，促成分管部门协调配合，发挥人员的专业技能和特长，也有利于产品和服务的完善。

（2）有利于落实利润责任，帮助上层主管把握各类产品或产品系列对总利润的贡献。

（3）有利于培育和打造独立作战的全能管理者。

2.产品（服务）部门化的缺点
（1）产品部门经理对所辖部门人员的全面管理能力要求较高。
（2）分部大而全，整体观念较弱，分部间联系缺乏。
（3）每个分部内都需要设置相应的职能部门或职能人员，从而导致部门重复设置，管理费用上升。

（三）地域部门化

地域部门化是指按照地域来划分部门。这是一种适合于经营地点分布较广企业的部门划分方法。其具体做法是，将一定区域内的业务活动集中在该地区设立部门，由该地区的管理者监督和指导。例如，在建筑陶瓷企业中，由于产品市场的分散性，绝大部分建筑陶瓷企业的营销工作都是按地域来划分营销市场、分片负责的。实际上，每个地域是指围绕该地区形成的部门。

1.地域部门化的优点
（1）有助于激励地方政府参与决策过程，增进区域活动的协同效应。
（2）有助于管理者更加关注本地市场的特定需求与存在的问题。
（3）本地化生产有助于减少运输成本，缩短货物交付时间。
（4）有利于培育具备全面管理能力的管理者。

2.地域部门化的缺点
（1）机构重复导致成本增加。
（2）总分矛盾导致调控困难。
（3）综合管理要求提升。

（四）流程部门化

职能部门化是指按照工作或业务流程来组织业务活动。例如，一家火力发电厂按照生产流程把自己分成燃煤供应部、锅炉部、汽轮机部、发电机部、送配电部等。

1. 流程部门化的优点

（1）相对于传统企业组织的科层结构来说，容易协调管理，对市场需求的变动也能快速敏捷地作出反应，可以取得"经济优势"。

（2）能充分利用专业化技术和技能。

（3）简化培训，容易形成学习氛围。

2. 流程部门化的缺点

（1）部门之间协调难。

（2）高层以下获利责任重。

（3）权力责任相对集中，难于形成综合管理层。

在实施部门化的过程中，大型组织可能会综合运用多种策略以实现更优的成效。例如，一家规模庞大的电子企业在进行部门划分时，会依据职能类别来设立不同的部门，通过生产流程的细化来专门化产品制造部门，依据地域差异将销售部门进一步划分为地区性的工作单元，并且在每个地区内根据顾客的类型将这些工作单元进一步细分为针对特定顾客群体的小组。

四、设计纵向组织结构

纵向组织结构设计是组织结构规划的关键步骤，涉及确定组织的层级数目、管理幅度和权责关系。通过合理设计纵向组织结构，组织可以实现集权化、提高管理效率、降低决策复杂性和增强对外环境的反应能力。有效的纵向组织结构应根据组织的特点和需求，确立清晰的管理层次、明确的职责和授权范围，促进组织的发展和竞争力。

（一）管理幅度与管理层级

在设计纵向组织结构时，最重要的任务是确定能够实现组织目标的组织层级结构。管理幅度和管理层级之间存在相互制约的关系，而管理幅度在其中起到主导作用。具体来说，管理层级的数量取决于管理幅度的大小，这是因为管理幅度具有有限性。

在组织规模固定的情况下，管理幅度和管理层次呈现反比关系。管理幅度大则管理层次少，管理幅度小则管理层次多。过大的管理幅度会使领导陷入事务性工作，降低效率；过小的管理幅度会导致管理层次过多，影响信息传递和指挥效率。因此，确定管理幅度和管理层次的核心原则是确保组织的快速、高效运转。在设计纵向组织结构时，首先要根据组织的具体情况科学地设计管理幅度，然后在此基础上考虑其他因素，确定管理层次，并进行职权配置，从而建立高效的组织纵向结构。

（二）管理幅度的设计思想

现代组织设计理论是在广泛吸收历史、各学派及多元视角的研究成果基础上，构建了关于管理幅度设计的全面指导原则。具体来说，这些原则涵盖了以下三个核心方面：

（1）管理幅度是受到一定限制的。这意味着，任何管理者在特定情境下能够有效管理的直接下属数量是有限的，超出这个范围可能会导致管理效率的下降。

（2）有效管理幅度并非一成不变，也不存在一种普遍适用的固定数字。其大小取决于多种基本变量或影响因素，如管理者的能力、下属的素质、任务的复杂性、组织的沟通效率等。

（3）组织设计的核心任务，就是深入剖析并识别出这些限制管理幅度的关键因素。然后，根据这些因素的具体影响程度，为特定企业中的不同层级、不同职能的职位和人员，量身定制出合理的管理幅度。

第二节 机械式组织结构和有机式组织结构

机械式组织结构和有机式组织结构分别代表了组织结构的两个极端，它们之间存在着无数的中间过渡状态和多种变异形式。这两种组织结构在特征和适用条件上存在显著差异。

一、机械式组织结构

机械式组织结构，即官僚行政结构，是基于传统组织设计原则形成的，具有高度复杂性、正规化和集权化的特点，显得僵硬和刻板。这种结构形成了一条正式的职权层级链。管理幅度随着组织层次的提高而缩小，导致组织结构高耸且非人格化。随着组织高层与低层距离的扩大，无法通过直接监督控制低层次活动，因此依赖规则条例和标准行为来确保管理效率。

机械式组织结构通过高度的劳动分工和职能分工，选拔符合职务规范的合格人员，并对专业化工作进行集权严密的层次控制。这种结构制定了大量的程序、规则和标准，具有明显的刚性和机械式特征。事业部型企业通过分权使中层管理人员承担部分决策权，主要通过产出计划进行控制，虽然其内部特征没有根本改变，但程序有所减弱。

机械式组织结构适合于大企业，它要求企业环境相对稳定，任务单一而持久，决策可以程序化，技术统一而稳定，运行平稳而有效。

二、有机式组织结构

有机式组织结构，亦称适应型组织结构，具有低复杂性、低正规化和分权化的特征。由于它不依赖标准化的工作过程和规则条例，因此比较显得松弛、灵活和具有高度的适应性，能按需迅速进行调整。有机式组织结构不要求设置永久固定的职位和严格的职能界限，而是允许基层人员根据自己的技能和信息来自主决策。成员之间主要是通过横向和斜向的沟通与协调代替了传统的纵向沟通和层级控制，成为目标实现的主要手段，具有较高的适应性和创新性。

有机式组织结构以劳动分工为基础，但工作未货币化。从业人员通常具有自我管理能力，掌握了较为娴熟的技能，能够应对各种局面，职业行为守则已成为他们的自觉遵循，因而无需多少正式规则和直接监督。例如，计算机工程师能在手册的帮助下寻求解决方案，亦得益于同事的协助。有机式组织结构保持着较低的集中化倾向，给予专业人员以快速响应的机会，高层管理人员未必拥有制定所有必要决策所需的技能。有机式组织结构设计方案包括简单型、矩阵型、网络型、任务小组和委员会结构等。多数组织相对较小，不需要高度精密的正式结构设计。

有机式组织结构的适用条件：企业规模很小；企业环境十分不稳定和不确定，企业必须完全走向开放；任务多样化且不断变化，采用探索式决策过程；技术复杂而且多变；存在着许多非常规活动，需要很强的创造力和革新能力。

三、机械式组织结构和有机式组织结构的选择

对两种组织设计的选择，取决于各种方案适应的条件，如不同的使用时间、方位、组织内部的要求、外部环境等。

（一）小型组织和新建组织

在组织规模小、员工数量少的情况下，工作任务简单，非正式沟通便利有效，规范化并无太大魅力。在组织发展初期或环境简单动态时，简单结构有良好的效果。简单环境便于一人把握并能灵活快速地对不可预测的环境变

化作出反应。

（二）多种产品或多个市场的组织

大型组织通常需要对结果有高度责任感，涉及多个产品或规划，依赖可靠的供应商和海外低廉的劳动力，依靠职能专长的组织。某些重要任务具有特定的期限和工作绩效标准，或是独特的、不常见的任务，需要跨职能界限的专门技能委员会或组织。这些组织的设计包括职能型结构和分部型结构，适用于开展专门化经营的大型组织，本质上都是机械式组织结构。有些组织采用矩阵结构，通过规划或产品经理来指导跨职能的活动，以取得专业化的优势。

（三）网络型组织

网络型组织是伴随着电脑技术革命而产生的一种组织模式，某工业企业就可以通过与别的组织相连接而只费事就能从事制造业活动而不必拥有自己的工厂。对于新建的制造业企业来讲，网络型组织结构是十分有效的，它能以很小的风险和投资就使企业开展制造活动，因为他不需要大量的固定资产，从而对组织财力的要求也降到了最低限度。但是，如果要获得成功，管理人士必须非常熟练地掌握与供应商和需求方之间的关系。在一种网络型组织中，如果其中一家相关的公司未能履行合约，那么整个网络型组织都会面临失败。

（四）任务小组和委员会

任务小组和委员会是有机式组织结构的附加设计手段，用于将跨职能界限的人员集结在一起。任务小组是一种临时性设计，特别适用于完成具有特定期限和工作绩效标准的任务，或独特、不常见的任务。如果任务是常见的且需要经常重复，机械式设计则可以以更标准化、更有效率的方式来处理。

第八章　现代经济行为管理

第一节　组织行为学的定义和目标

一、组织行为学的定义

组织行为学是一门应用行为科学，它综合运用与人的行为相关的知识，研究人在特定组织中的心理和行为规律。组织行为学的研究对象是工作组织中的人的行为，而非一般性的心理行为规律。工作组织包括工商企业、行政部门、学校、医院、部队等。组织行为学主要研究这样一些管理方面的问题：行为管理、差异管理、激励管理、团队管理、权力管理等。

（1）组织行为学是综合运用心理学、社会学、文化人类学、生理学生物学以及经济学、政治学等人流知识和理论，研究一定组织中人的行为规律。

（2）组织行为学主要关注三个关键领域：观察、个体以及群体。通过观察，研究者能够理解他人的行为模式，这包括直接观察行为或借助录像技术辅助分析，进而推断出个体的内在心理状态。个体构成了组织的基础，其行为是组织行为研究的核心。研究旨在探讨个体如何塑造组织，以及组织如何塑造个体的态度、价值观、积极性和满意度。个体差异同样会对行为和工作绩效产生影响。群体作为个体与组织之间的中介层级，是个体直接参与工作的场所，个体对组织和社会的贡献通过群体得以实现。群体的规范、凝聚力以及沟通方式等要素，对个体行为和组织行为产生直接的影响。

（3）研究性学习组织行为学的目的，在于掌握一定组织中人的心理和行为规律的基础上，正确认识人的行为，理解人的行为，预测人的行为，引导人的行为，控制或改变人的行为，以调动人的积极性和创造性，提高组织工作绩效。科学的心理测试，则能做到知人善用，一方面了解自己的长短，完善自己；另一方面了解他人的优势与劣势，取长补短，激励众人亦得以自我激励。

组织行为学主要涉及三个方面：个体行为、个体与组织的关系、组织本身。

二、组织行为学的目标

组织行为是一个非常现实的领域，组织中的行为与我们有着实际的关系。组织行为研究帮助管理者提高组织效率，满足成员需要，理解为什么有的组织能提供满意的产品和服务，而有的不能。这方面的知识使用户成为明智的消费者。组织的行为对组织绩效至关重要，虽然不是所有行为都产生明显后果，但都对组织的良好运作有潜在影响。组织行为学研究组织中人的心理行为规律，并运用这些规律预测、解释、控制和引导组织中的行为。

1.预测

不论组织内还是组织外，预测他人的行为都是我们日常生活的一项基本要求。倘若我们能够预知哪些朋友会大发雷霆，哪些老师会对作业点赞，哪些推销员会透露关于新产品的信息，那么我们的生活将平和而安宁。如果能正确预言哪些条件下人们将会做出正确的决策、将会缺席或将会热爱他们的工作，那么对组织行为的研究便会令人着迷。

组织行为学的规律性使我们能对行为的进一步发展作某些预测。如果我们看到一位友好的主管和满意的学生之间有所联系，那么我们对该主管的其他学生的行为也能作出较为准确的预计。然而，不少因素往往会影响到我们对组织行为预测的准确性。组织行为学的分析者力图通过系统的、科学的研究来提高预测的准确性，减少组织必须不确定性。如果能够预知某些事情确实会发生，我们或许就能去支持或阻止它们。当然，当我们能预测行为时，并不意味着我们能解释行为的原因，也不意味着我们能找到控制行为的有效方法。

2.解释

组织行为学的第二个目的：解释组织中发生的事项。需要强调的是，预测和解释是不同的。在人类步入文明之前的狩猎采集社会里，人们应该能够预测到日落的规律，因为这是再自然不过的现象。然而，他们却不可能解释太阳为何以及如何落下。总体来说，准确预测事件的能力产生于对该事件的解释。因此，正是规律的日落使解释日落的原因成为可能。

在组织行为研究中，理解员工满意度和辞职倾向的差异尤为重要，但这比预测这些行为要复杂得多。员工离职的原因可能多种多样，如工资不满意或不喜欢工作内容，而这些原因会随时间和环境的变化而改变，例如在就业高峰期和失业高峰期。因此，管理者需要识别主要因素并密切关注劳动力市场的动态，以便采取有效措施预防员工离职。

3.控制

组织行为学的第三个目标是控制组织中的行为。过去的研究主要集中在描述和解释组织中的行为，以提升员工和管理者的观察和分析能力。而关于如何控制这些行为的内容，通常包含在一般管理和人事管理等具有规范性的课程中。因此，组织行为学的知识被视为管理工具箱中的一个重要工具。

无论怎样，随着描述的组织行为现象越来越多，预测和解释组织行为的准确性与日俱增，使用特殊的方法来控制组织行为成为可能。于是，组织行为学也就形成了一套技术，它拓展和丰富了过去单纯由传统管理学科所提供的内容。

当然，这种技术为实干家们提供了基础，也最终证明了我们关于组织行为预切和解释的实际价值。

有的学者对运用组织行为学知识控制工作中的人的行为的观点持否定态

度，认为运用这种知识多少有些操纵的意思。然而，从下述几点入手，这种担忧看来是不必要的。其一，"控制"一词仅仅是一种表述感化或影响的管理术语；其二，研究组织管理的每一门学科都涉及行为的控制问题。例如，预算、记账等标准化的会计工作和程序在一定程度上是控制组织成员和单位的经费开支的绩效标准；其三，至关重要的是应当承认所有组织都有某种报酬制度，都有某种监视和个人及组织绩效特色的特殊设计的工作等因素，而且不管是否喜欢，这些因素对组织成员的行为都有潜在的作用。以知识为基础而加强这类因素的设计或许是理性之举，如果说本内容有一种倾向的话，那么它表明将研究组织行为所获得的知识应用于行为控制，将有助于个体目标与组织目标的实现，并显然有益于实施控制的控制者和作为接受者的个体。

如果电视台经理能够预言新闻播音员的离职，并能够说明产生这种行为的原因，他就有希望预防这种情况的发生。在这种情况下，控制意味着电视台经理可以重新安排这名新闻播音员的工作。当然，有效的控制依赖于经理对离职原因的准确解释。

4.引导（分析和行动）

上述分析表明，组织行为领域的研究目标在于对组织中行为的预见、理解和调控，三者之间存在依次递进的关系。为尽可能透彻地解释新闻播报员离职的缘由，电视台台长需要重点关注离职预警信号。为了把控离职行为，电视台必须对其给予合理解说。

清楚地预测、解释和控制行为，对有效地完成两项重要的管理任务——分析和行动至关重要。预测和解释是适切分析组织问题不可或缺的部分。唯有倚赖适切的分析，管理者才能够有效地行动，控制有关行为，处理所发生的问题。通过学习，可以提升分析能力，改善管理者在控制组织行为上所做的工作。

第二节 态度

党的十九大以来，习近平总书记就发扬中华优秀传统文化作出一系列重要论述，强调"创造性转化""创新性发展"的历史责任，指出"文化自信是一个国家、一个民族发展中更基本、更深沉、更持久的力量"，深刻揭示了中华文化的时代价值。中华文化源远流长，积淀着中华民族最深层的精神追求，代表着中华民族独特的精神标识，为中华民族生生不息、发展壮大提供了丰厚滋养。

弘扬和践行社会主义核心价值观，必须从我国优秀的传统文化中汲取丰富的营养。比如，中华文化强调"民惟邦本""天人合一""和而不同"；强调"天行健，君子以自强不息""大道之行也，天下为公"；强调"天下兴亡，匹夫有责"，主张以德治国、以文化人；强调"君子喻于义""君子坦荡荡""君子义以为质"；强调"言必信，行必果""人而无信，不知其可"；强调"德不孤，必有邻""仁者爱人""与人为善""己所不欲，勿施于人""出入相友，守望相助""老吾老以及人之老，幼吾幼以及人之幼""扶贫济困"等。像这样的思想和理念，不论过去还是现在，都有其鲜明的民族特色，都有其永不褪色的时代价值。这些思想和理念，既随着时间推移和时代变迁而不断与时俱进，又有其自身的连续性和稳定性。

组织行为学关于价值观的研究，多侧重于个体层面，强调组织中的个人在工作中所看重或追求的东西。毫无疑问，个人价值观离不开社会大环境，也脱离不了历史和传统。个人价值观往往是社会、历史、文化在个人身上的具体体现。西方学者对态度的研究过多地强调了个人属性，忽视了它的社会属性。对于我国的组织管理来说，坚持马克思主义的价值观，继承和发扬中国优秀传统价值观，提倡和弘扬社会主义核心价值观，是应当遵循的原则。

一、态度的概念

态度是影响个体行为的重要因素,它是通过社会环境的不断影响和个体的历史条件下逐步形成的。态度的形成包括三个主要成分:认知、情感和意图。认知是态度的基础,它涉及个体对某个对象的理解和评价。情感则是态度的情绪基础,它涉及个体对某个对象的喜爱或厌恶等情绪反应。意图则是态度的行为基础,它涉及个体对某个对象的行为倾向。通过了解态度的这些成分,可以更好地理解个体的行为和决策过程,从而更有效地管理和引导个体的行为。

情感是个体内心对外部刺激或内部体验的反应,它表现为对事物的喜欢、厌恶、快乐、悲伤等情绪状态。这种情感是随着认知过程的发展而逐渐形成的,并且一旦形成,就具有一定的稳定性,影响着我们的态度和行为。

意向则是个体对特定对象或情境所持有的行为倾向或准备状态。它代表了我们对某个对象或情境可能采取的行动或反应方式,是内心的一种准备或倾向。意向与情感密切相关,因为我们的意向往往受到情感的影响和驱动。当我们对某个对象或情境产生积极或消极的情感时,我们的意向也会相应地变得积极或消极。

二、态度的形成

态度不是天赋的,而是后天在生活的环境中、在自身的社会化过程中通过学习、模仿、体验而形成的。态度的形成与一个人的社会化过程是一致的。在这一过程中,影响态度形成的因素主要有如下几点。

(一)欲望

实验表明,那些能够成功满足个人内心渴望的物体,以及那些帮助个人达成预定目标的工具或手段,均能够激发人们产生积极的满意情感。相反,任何可能导致个人欲望受挫或阻碍其达成目标的因素，都容易引发人们的反感与厌恶。这一过程，实质上是一个在满意与不满之间不断切换、学习的心理过程。

（二）知识

个体对某一对象的态度形成，会受到其对该对象所掌握知识的影响。显然，接受的外来知识必须经过与既有态度的某种调整，方能发挥其作用。在这一协调过程中，个体要么对原有的认知体系进行改造，要么创造或扭曲新的知识。

（三）群体观念

个体的态度，经常会在不知不觉中受到其所属群体（比如家庭、学校、社会圈子等）的深刻影响。这背后的原因，一方面在于个体对群体的强烈认同感，促使他们采纳并遵循群体的价值观和行为规范；另一方面，个体与群体成员共享相似的信息和学习经历，这进一步塑造了他们的态度；最后，群体内部的压力也是不可忽视的因素，它无形中影响着个体的选择和决策。

（四）个性特征

群体意识会使它的成员具有某些共同的态度，但即使是有着相同群体意识的成员之间，在态度的形成上也还存在着个体差异。

（五）个体经验

事实证明，许多态度是借助于经验的融合和分解来缓慢形成的。同时也存在仅仅经过一次经验的融合就形成某种态度的例外情况。

三、态度改变理论

态度形成后会随外界条件变化而变化,形成新的态度,这称为态度的转变。态度转变受多种因素影响,包括态度本身的特性、个体的个性特征和群体观念。态度转变方式有两种:一致性的转变(改变强度)和不一致性的转变(改变方向)。个体的年幼时态度、习惯性态度、极端态度和与基本价值观密切相关的态度较难改变。个体的判断力、自我意识、自我防卫性和群体认同感也会影响态度转变的难易程度。

(一)凯尔曼的三程序理论

凯尔曼的三程序理论揭示了态度改变的三级转化过程:服从、同化、内化。每个阶段都代表了态度改变的不同程度和稳固性。服从是被动接受外界影响,同化是模仿和逐渐改变,内化是自觉接受和纳入价值观。只有通过三级转化过程,态度才会真正稳固和深入人心。理解这个过程有助于我们设计有效的态度改变策略,促进个体的认知和行为发展。

(二)费斯廷格的认知失调理论

费斯廷格的认知失调理论揭示了人脑中认知元素之间的不协调状态会产生内心不愉快和紧张,驱使个体解除这种状态。这种失调是态度改变的关键动机。通过改变认知元素、增加新元素或强调重要性,个体可以减少和解除失调状态,进而改变自己的态度。认知失调理论提供了一个深入理解人脑认知过程和态度改变机制的框架,有助于我们设计有效的态度改变策略。

(三)勒温的参与改变理论

勒温的群体参与理论揭示了个体态度的改变同群体参与度密切相关。主动参与群体活动的人能够自觉遵守群体的规范,主动参与决策,进而促进态度的转变。相比之下,被动参与群体活动的人则难以改变态度。实验结果表明，主动参与群体活动的人的态度转变速度快，效果显著。因此，群体参与理论强调了个体主动参与群体活动的重要性，认为只有通过主动参与，个体才能真正改变自己的态度。

四、态度的测量及分析

态度是复杂的、多面向的心理现象，测量其需要考虑倾向性、深度和强度、外显性等多个方面。通过找出典型的、相关程度高的行为表现，记录被试者的反应，并给定性资料配以数值，能够进行客观、科学的态度测量。这种方法有助于了解被试者的态度特征，提供数据支持态度改变的策略和效果评估。

测量态度的方法主要分为两大类：量表法和自由反应法。

（一）量表法

量表法是测量态度的一种常用方法，它给被试者一组相关的陈述句或态度有关的主题材料，通过被试者的陈述反应来推测其态度。量表法包括：

1.沙氏通量表

沙氏量表常用来测验价值评判较宽泛的一类大问题，其方法是先征集大量与这些问题有关的肯定或否定的陈述句，然后邀请专家评为可以代表人们关于这类问题的态度的陈述句，最后要求被试者从中选择他们所赞同的陈述，以此来测量被试者在这类问题上的态度。

2.利克特量表

利克特量表要求被试者对一系列陈述做出"很同意""同意""无所谓""不同意""很不同意"之间的选择，以此测量个体的态度倾向和程度。

3.语义差别量表

语义差别量表是由一系列两极形容词及其在两极之间数个量级组成的量表，用来测量被试者对某一给定对象的态度。

（二）自由反应法

自由反应法能够对被试者的态度进行定性测量，具体涵盖以下几种方式。

1.投射法

这一方法应用刺激情境，使被试者有机会陈述他对该情境的情感、念头和观点，借以探究他的内心世界。常用的是罗夏墨迹测验、主题统觉测验、画树测验等。

2.开放式态度测量法

为获取丰富的信息，施测者应采用开放式问题，使被试者能够表达他们的态度。测量结果必须经过分析，形成对决策或管理有现实意义的结论。态度测量结果的统计分析方法包括简单的描述性统计分析及相关分析、判别分析、聚类分析、因子分析等高级统计分析。

第三节　人格

一、人格的定义与特征

（一）人格的定义

人格是个人独特的心理行为模式，源自拉丁文"persona"（舞台上的演员假面具），代表个体的性格和角色特点。它包括表面的行为特点和内在的个体特质。组织行为学中的人格定义强调其与工作相适应的重要性。人格是个体遗传和环境交互作用的结果，具有相对稳定和独特的性质。理解人格有助于组织行为学家设计个性化的管理策略，提高员工的工作效率和满意度。

（二）人格的特征

1.多样性

人格结构组合的多样性是人格的基本特征，每个人的人格都具有自己的独特性。这种多样性使得每个人在心理和行为方面都有不同的表现，包括不同的人格特征，如个性、情绪、价值观等。理解人格多样性有助于我们认识和尊重个体的差异性，设计个性化的管理策略和教育方法，促进个人成长和发展。

2.稳定性

人格的稳定性是其基本特征，表明个体的人格特征在时间上一贯和空间上普遍。这种稳定性不是绝对的，而是相对的，意味着个体的人格特征在不同情况下可能有所变化，但总体上保持一致。理解人格的稳定性和普遍性有助于我们认识个体的内在特征和行为模式，设计个性化的管理策略和教育方法，促进个人成长和发展。

3.统合性

当个体的人格结构在各方面彼此和谐一致时，就会呈现健康的人格特征，如自我意识、自我控制、情绪稳定等。相反，人格结构的不一致性和冲突可能会导致适应困难，甚至导致人格分裂。因此，理解人格的有机结构和健康发展有助于我们设计个性化的管理策略和教育方法，促进个人成长和发展。

4.功能性

人格是决定一个人的生活方式和命运的关键因素。它影响个体的应对方式、决策能力、成长潜力和幸福感。有志者的人格特征，如自信、坚韧和进取心，会帮助他们在面对挫折和失败时保持积极和前进的态度，而怯懦者的人格特征，如害怕失败和缺乏自信心，会使他们在面对挑战时退缩和放弃。因此，理解人格的决定性作用有助于我们认识个体的潜力和成长机会，设计个性化的管理策略和教育方法，促进个人成长和发展。

二、工作场所的人格

（一）卡特尔的人格特质理论

卡特尔认为，特质是构成人格的基本单元，描述个人行为的一些持久而稳定的特点。特质在时间上具有稳定性，在空间上具有一定的普遍性，可以通过对特质的认识和了解预测个体未来的行为。卡特尔通过因素分析提出了16种相互独立的根源特质，这些特质又分为低分者特征和高分者特征两个极端。卡特尔设计出一种自陈式问卷，用于测量这些根源特质，该测验具有较高的信度和效度，在组织管理领域得到广泛的应用。

（二）大五人格模型

近年来，大量的研究显示，"五大"（五种主要的人格维度）是所有其他维度的基础，并囊括了人格特质中最重要的变量，这一理论模型被称为大五人格模型。

1.外倾性

这一维度描述的是个体对人际关系的舒适感程度。在该维度上高分者表现为善于交际、喜欢群居、自我决断；低分者表现为封闭内向、胆小害羞、安静少语。

2.随和性

这一维度描述的是个体服从别人的倾向性。在该维度上高分者表现为友好、热情和信赖他人，并且注重合作而不强调竞争；低分者表现为敌对、冷淡、为人多疑，并且不受欢迎。

3.责任意识

该维度揭示了个人对声望重视的程度。在这个维度上，得分较高者在行为上展现出恪守诚信、谨慎且持之以恒的态度，因此声望显赫；相对地，在这个维度上得分较低者在行为上则显得多变且不稳定，缺乏一贯性。

4.情绪稳定性

这一维度描述的是个体承压能力的高低。在该维度上高分者表现为平和、自信、有安全感；低分者表现为紧张、焦虑、失望且缺乏安全感。

5.经验的开放性

这一维度描述的是个体对新鲜事物的接纳程度。在该维度上得分高的人富有创造力，好奇，具有艺术敏感；得分低的人则通常比较保守，喜欢熟悉的事物。研究表明，责任意识这一维度对所有的作业绩效都有很高的预测效力。这并不难理解，在这一维度上得分高的人做事有计划，有毅力，勤奋，可靠；并且有高责任感的人会在工作中投入更多的时间和精力，所以较容易获得高的工作绩效水平。在大五人格模型中，其他的人格维度与绩效之间的关系还会受到工作类型的影响。外倾性对管理工作与销售工作的绩效拥有预报效力，这是因为这些工作要求具有一定的人际互动技能。开放性在描述培训绩效时呈现效果。情绪稳定性与工作绩效间不存在明显的关系。

有研究者采用自编的青少年社会适应行为量表和大五人格简式量表，探讨青少年社会适应行为与大五人格之间的关系。结果表明，责任意识、外倾性、随和性、经验的开放性与大部分良好社会适应行为存在显著正相关，情绪不稳定性与大部分良好社会适应行为存在显著负相关；外倾性、随和性与不良社会适应行为存在显著负相关，情绪不稳定性与不良社会适应行为存在显著正相关，经验的开放性与不良社会适应行为相关不显著。

第九章 现代经济创新管理

第一节 创新的概念

一、创新的内涵与类型

(一)创新的内涵

创新是一个古老的词,起源于拉丁语的"innovare",意思是更新、制造新事物或者改变。熊彼特的《经济发展理论》(1912)首次系统地阐述了创新概念的内涵,包括创造新产品、采用新生产方法或商业方式、开拓新市场、取得或控制原材料或半成品的新供给来源、实现新产业组织方式或企业重组等。自熊彼特之后,研究者从各种角度对创新问题进行了研究,创新的理论体系也逐渐完善。创新是将远见、知识和冒险精神转化为财富的能力,特别是将科技知识和商业知识有效结合并转化为价值。广义上说,一切创造新的商业价值或社会价值的活动都可以称为创新。

(二)创新的类型

1.产品创新

产品创新是企业在市场竞争中取得优势的关键因素之一。通过不断改进产品的功能、外观、质量和安全等方面,企业可以满足顾客的需求,争取更多的顾客基础，从而获取和保持市场竞争优势。在产品生命周期的初期，企业需要密切关注市场需求，快速响应顾客的需求变化，以确保产品的成功。同时，产品创新也需要企业具有前瞻性和创造性，能够推出真正能够改变顾客生活的新产品。

2.工艺（流程）创新

工艺创新是企业提高生产效率、产品质量和服务水平的重要手段。通过采用新技术、新材料、新方法等，企业可以获得显著的成本、质量和效率优势，从而提高市场竞争力。工艺创新不仅仅是技术上的改进，也需要企业具有创造性和前瞻性，能够识别和满足顾客的需求。无论是制造企业还是服务型企业，工艺创新都是提高核心竞争力的关键因素之一。同时，工艺创新也需要企业具有快速学习和适应能力，以应对不断变化的市场和技术环境。

3.服务创新

服务创新是企业在服务业迅速发展的背景下，为了提高服务质量和创造新的市场价值而进行的有目的、有组织地改变。服务创新不仅仅是提高服务质量，也是创造新的市场价值和竞争优势的重要手段。通过服务创新，企业可以提高服务生产效率、降低成本、提高服务质量，从而提高市场竞争力。同时，服务创新也需要企业具有创造性和前瞻性，能够识别和满足顾客的需求。海底捞的高效个性化服务就是服务创新的典型例子，体现了企业对服务质量和顾客需求的重视。

4.商业模式创新

商业模式创新是企业在不断变化的市场环境中保持竞争优势的关键。通过对传统商业模式的挑战和创新，企业可以为顾客提供新的价值，开拓新的市场，吸引新的顾客群。商业模式创新需要企业具有创造性和前瞻性，能够识别和满足顾客的需求。同时，商业模式创新也需要企业具有快速学习和适应能力，以应对不断变化的市场和技术环境。亚马逊和当当网的成功就是商业模式创新的典型，体现了在线商业模式的优势和潜力。通过商业模式创新，企业可以在激烈的市场竞争中保持领先地位，实现可持续的增长和发展。

(三)创新的层次类型

1.根据创新的连续性划分

(1)连续性创新是一种渐进的创新方式,通过不断改进和升级现有的产品和技术,来满足消费者的需求。这种创新方式适用于消费者需求可以在现有的产业结构范围内得到满足的情况。连续性创新需要企业具有持续改进和创新能力,能够不断推出新产品和新功能。海尔的"小小神童"洗衣机就是连续性创新的典型例子,通过多年的技术升级,产品性能变得更加完善,能够更好地满足消费者的需求。连续性创新可以帮助企业保持市场竞争力,提高产品的市场份额,实现可持续的增长和发展。同时,连续性创新也需要企业具有快速学习和适应能力,以应对不断变化的市场和技术环境。

(2)非连续性创新是一种根本性的创新方式,通过引进和使用新技术、新原理,来提供全新的产品和服务。这种创新方式能够给产品赋予全新的功能,改变市场的格局,不仅影响产品和服务,而且影响基础设施和供应链。非连续性创新需要企业具有前瞻性和创造性,能够识别和抓住新的技术和市场机会。同时,非连续性创新也需要企业具有快速学习和适应能力,以应对不断变化的市场和技术环境。非连续性创新可以帮助企业取得市场领先地位,实现可持续的增长和发展。但是,非连续性创新也存在较高的风险和不确定性,需要企业进行谨慎地评估和规划。

2.根据创新的程度划分

(1)渐进性创新是一种在原有的技术基础上进行的小规模改进和提升。这种创新方式能够充分发挥已有的技术潜能,强化公司现有的优势,并且对公司的技术能力和规模要求较低。渐进性创新能够提高顾客满意度,增加产品或服务的功效,并产生许多正面的影响力。虽然渐进性创新对企业盈利状况的影响相对较小,但是通过长期的积累能够产生巨大的经济效益。渐进性创新是一种稳健的创新方式,能够帮助企业保持市场竞争力,并实现可持续的增长和发展。同时,渐进性创新也需要企业具有持续改进和创新能力,能够不断推出新产品和新功能,以满足顾客不断变化的需求。

(2)突破性创新是一种能够促使产品性能发生巨大跃迁的创新方式。这种创新能够对市场份额、竞争态势、产业版图产生决定性影响,甚至导致行业重新洗牌。突破性创新能够给企业带来丰厚的利润,但是也面临更大的风险与困难。企业需要具有强大的创新能力和风险承担能力,才能成功实现突破性创新。同时,突破性创新也需要企业具有前瞻性和创造性,能够识别和抓住新的技术和市场机会。突破性创新是一种高风险、高回报的创新方式,能够帮助企业取得市场领先地位,实现可持续的增长和发展。但是,企业需要谨慎评估和规划,才能成功实现突破性创新。

二、创新的基本过程与衡量尺度

(一)创新的基本过程

创新是一个复杂的过程,涉及从新思想的产生到商业化的整个过程。企业的创新过程受到多种因素的影响,包括企业规模、技术复杂程度和环境的不确定性。为了实现创新,企业需要合理地构建创新流程和建立有效的行为模式。这需要企业具有强大的创新能力、灵活的组织结构和高效的管理制度。通过建立有效的创新流程和行为模式,企业可以提高创新效率、降低创新风险和提高市场竞争力。最终,企业可以通过创新实现可持续的增长和发展。

依据 Joe Tidd(2002)等提出的创新过程五阶段,即对内部及外部环境进行扫描及搜寻、对信息进行评估并做出战略选择、投入资源对项目进行开发、创新的实施过程及评估与总结,可理出企业创新的基本过程。

1.第一阶段:创新理念酝酿和选择阶段

创新理念是企业创新的源泉,它是企业员工内心深处蕴藏着的一种不断创新的价值观。为顾客创造价值是企业创新的首选理念,它需要企业站在顾客的立场上考虑问题,与顾客进行协作,掌握供给和需求方面的信息。通过这种方式，企业可以真正了解顾客的需求，创造出符合顾客需求的产品和服务，从而实现为顾客创造价值的目标。同时，市场营销和创新是公司的两个基本能力，只有通过市场营销和创新，企业才能产生回报，其他一切都算是成本。因此，企业应该高度重视创新理念的培育和市场营销的重要性，通过创新和市场营销来实现为顾客创造价值的目标。

2.第二阶段：创新定位阶段

创新定位是企业创新成功的关键因素之一。由于资源的限制，企业不可能同时在各个方面实施创新，因此需要进行创新定位，以确定哪些领域需要创新。然而，孤立的创新可能引发更多其他方面的问题，因此创新定位需要考虑到整个系统和流程的影响。企业需要进行全面分析和评估，以确定创新对整个系统的影响，并确保创新能够带来真正的价值。例子中电信公司的做法就是一个典型的例子，虽然他们通过缩减客户账单上的文字信息减少了账单成本，但导致了更多的客户服务成本。因此，企业需要谨慎进行创新定位，以确保创新能够带来真正的价值。

3.第三阶段：创新方案设计阶段

创新方案设计阶段是创新过程中的一个关键阶段，其主要工作是提出解决问题的创新构想与方案，并形成可行性创新方案。在这个过程中，评估是一个重要的环节。评估往往被认为与创新对立，但事实上评估是有意义的。通过评估，可以呈现各种绩效目标，进行战略决策，比较公司与其他公司的绩效，找出应该创新与改进的地方等。埃森哲和格兰菲管理学院经营绩效中心归纳出的评估的七种基本用途，为企业提供了一个参考框架，以确保评估活动的有效性和效率。通过有效地评估，企业可以提高创新成功率，实现预期的目标。

4.第四阶段：实施创新行动阶段

实施创新行动阶段是创新过程中的一个关键阶段，其主要目标是根据已有的创新方案采取相应的创新行动。为了实现这一目标，企业需要在创新目标和创新原则的指导下进行创新行动。协作是实施创新行为的重要前提条件，而分享知识是协作的重要方式。通过协作，企业可以将知识工作者的精力集中于高价值的工作，从而创造更多的价值。同时，企业需要利用技术来做以前没有做过的事情，而不是以不同的方式做同一件事情。通过这种方式，企业可以实现真正的创新和变革。因此，企业需要高度重视协作和知识分享，并利用技术来驱动创新和变革。

5.第五阶段：评估与总结阶段

创新成果的评估与总结是创新过程中的一个重要环节。通过评估与总结，企业可以全面了解创新工作的效果，找出差距和不足，形成新的冲动力，以便进行更深层次的创新。同时，评估与总结也可以帮助企业了解创新工作的经济效益和社会效益，确保创新工作的价值和意义。因此，企业需要高度重视创新成果的评估与总结，并将其作为创新过程中的一个重要组成部分。通过持续地评估与总结，企业可以不断提高创新能力，实现可持续发展和增长

（二）创新的衡量尺度

创新是当今世界的热门话题，它的重要性不言而喻。创新是促进经济发展和社会进步的关键，是解决各种矛盾的有效手段。创新创造的价值不仅包括经济价值，也包括社会价值。因此，创新是衡量一个国家、一个企业、一个人的竞争力和发展潜力的重要指标。然而，创新是一个复杂的概念，有多个角度的衡量尺度。

1.以创新的标准为衡量尺度

（1）新颖性。创新不是模仿、再造，而是革除旧有模式，确立新模式。新颖性是创新的首要标准。新颖性是指前人所未历经的，用新颖性来判断劳动成果是不是创新成果，一般有这样两种情形：一是相对于科技发展中从未有过的新发现、新原理、新技法而言前所未有的原创性成果，属于高水平的创新；二是相对于创新主体来说，能产生出过去没有的新的思维方式、新的理论或新的产品。前者堪称绝对新颖性，后者则是相对新颖性。对个人来说，只要他是独立地提出自己的观点和方案，且具有相对于自己主体来说的新颖

性,就可视作一种创新。个人如果能够发明或创造出不同于他人的新物品,那么就表明他已经完成了某种创造性活动。

(2)价值性。新颖性标准的层次性决定了创新价值性的层次。与新颖性标准的层次相对应,最高层次的新颖性会对社会产生巨大的影响,甚至成为划时代的标志。中间层次的新颖性具有一个行业或区域的社会价值,能够给某一行业或区域带来经济效益和社会划痕。最低层次的新颖性对个体的作用大于对社会的作用。价值是客体满足主体需要的属性。创新的目的性使创新活动必然是承载着价值取向的。创新活动的成果满足主体需要的程度越大,其价值越大。一般地,社会价值越大的创新成果,越有利于社会的进步。相反,没有社会价值的创新,则无益于社会进步,也就没有任何社会意义。

2.以创新的过程为衡量尺度

(1)创造性。创造性是创新区别于其他活动的最明显的也是最关键的特点。也可以说,创新是创造性的思想或发明变成现实的结果。创新的创造性首先表现为新的产品、新工艺的出现,或是产品、工艺呈着明显变化;其次表现在组织结构、制度安排、管理方式等方面。创造性通常意味着要打破传统,做到独辟蹊径,在准确把握规律的同时,牢牢把握时代脉搏。

(2)风险性。因为创新过程包括很多环节和因素,在每一环节和每一因素中都有可能发生故障,以致创新活动可能前功尽弃,从而使创新成果带有一定的不确定性,也就是说创新具有较大的风险性。事实上,在创新成功的地方,背后常常有着数以百计的失败设想。据统计,美国企业产品开发的成功率在20%~30%,如果从设想、决策、开发到商业化销售的全程计算,则成功率更低,一般只是5%左右。创新具有风险性,首先是创新全过程及其每一个环节都需要大量的投入,这种投入能否顺利地实现价值补偿,受技术、市场、制度、社会、政治等不确定因素的影响。其次是竞争过程的信息不对称,竞争者也正在进行着各式各样的创新,他们的内容我们也许并不完全了解,我们的投入也许会落空。最后是创新计划本身作为一项决策,无法预见许许多多未来的环境变化,因此无法避免地带有一定风险性。

（3）高收益性。企业创新的动机源于对企业经济效益和社会效益的增加，创新活动能够推动企业持续、快速、健康地发展。创新的高收益性来源于经济活动中高风险与高收益并存的原理，创新行为同样适用这一规律，尽管创新的成功率相对较低，但成功后的回报也是非常丰厚的。微软公司在成立初期只有唯一的一种产品——为一家名为"盘古"的公司开发文字处理软件，雇用职工只有3人，1986年微型计算机问世后产值迅速增至3700万美元，1992年发展到年收入7.5亿美元，近年来高达百余亿美元，一跃成为左右全球信息产业的超级跨国公司。"天下熙熙，皆为利来；天下攘攘，皆为利往。"正是创新在高风险的前提下有着高收益，各个国家都创立了风险投资公司，支持创新者进行各种创新试验，期待着在少量成功后能够获得高额的收益，得以持续发展。

第二节 创新方法与模式

一、创新方法

（一）强制联想法

强制联想法是一种创造性思维方法，通过强制性连接不同的事物来产生新颖的构想。这种方法可以帮助人们打破常规思维，产生新的想法和解决方案。通过选择焦点事物，罗列无关事物，强行结合和选择最佳方案，人们可以使用强制联想法来解决复杂问题和产生创造性构想。这种方法适用于各个领域，包括设计、艺术、科学和工程等。通过强制联想法，人们可以激发自己的创造性思维，产生新的想法和解决方案。

（二）逆向思维法

逆向思维通过反过来思考问题来产生新思想和解决方案。这种思维方式需要人们敢于挑战传统观点和思维方式，朝相反的方向思考问题。通过逆向思维，人们可以发现新的解决方案和创新机会。逆向思维法的具体步骤提供了一种有系统的方法来进行逆向思维，包括设定问题、列出假设和规则、反转假设和规则、思考解决方法和选定反转规则等。通过逆向思维，人们可以培养自己的创新思维能力，产生新的想法和解决方案。

（三）奔驰法

奔驰法是一种简单易行、通用性强的创造技法，它通过七个切入点（替代、结合、改造、调整、改变用途、去除、反向）来诱发多种创造性设想。这种方法可以帮助人们从不同的角度思考问题，找到新的解决方案和创造发明的设想。奔驰法被广泛应用于产品改进、商业模式创新和服务升级等领域。通过使用奔驰法，人们可以提高自己的创造力，产生新的想法和解决方案。同时，奔驰法也是一种很好的团队合作工具，可以帮助团队成员共同思考问题，找到解决方案。

（四）智力激励法

智力激励法是一种有效的创造性思维方法，它通过集智和激智来激发众人的智慧和潜能。这种方法可以帮助人们从不同的角度思考问题，产生新的想法和解决方案。智力激励法的具体步骤提供了一种有系统的方法来进行创造性思维，包括描述问题、陈述观点、记录观点、核对分类、评论观点和分组等。通过使用智力激励法，人们可以提高自己的创造力，产生新的想法和解决方案。同时，智力激励法也是一种很好的团队合作工具，可以帮助团队成员共同思考问题，找到解决方案。

二、创新模式

(一) 破坏性创新

破坏性创新是指企业基于够用技术（good enough technology）的原则，在新技术或各种技术融合、集成的基础之上，偏离主流市场用户所重视的绩效属性，引入低端用户或新用户看重的绩效属性或属性组合的产品或服务，通过先占领低端市场或新市场，从而拓展现存市场或开拓新的市场，引起部分替代或颠覆现存主流市场的产品或服务的一类不连续技术创新。

破坏性创新的过程是主导企业通过开发或强化辅助属性，不断侵蚀原有主流市场或现有业务的过程。破坏者与在位者力量对比的变化，描绘了破坏性创新的地图。根据双方力量强弱和所处位置的不同，破坏性创新可分为四个阶段。

1.初始破坏阶段

初始破坏阶段是破坏性创新过程中的一个重要阶段。在这一阶段，破坏者通过开发辅助属性，避免与在位者冲突，弱化其产品中与在位者产品核心属性一致的功能属性。破坏者的最初客户是看重辅助属性的群体，或是对现有产品属性不满的消费者。这一部分群体对于在位者而言是无关痛痒的市场份额，因此在位者对破坏者的态度是视若无睹的。然而，破坏者的产业在这一阶段具有增值潜力大、发展空间广、不确定性和产品处于尝试和纠错阶段等特点。通过进行低端破坏或新市场破坏，破坏者可以扩大市场规模，实现创新和增长。

2.快速破坏阶段

快速破坏阶段是破坏性创新过程中的一个重要阶段。在这一阶段，破坏者通过快速升级迭代，不断强化其辅助属性的功能效用，形成适合自己的商业模式、销售模式，以吸引更多的潜在消费者和新消费者。破坏者最初的受用群体是看重现有产品辅助属性的小部分群体，但随着市场的扩大，破坏者会不断强化辅助属性的功能，以吸引更多的消费者。在位者虽然注意到破坏者的存在，但仍会投身于其产品的核心属性开发，并采用主流产品的评价体系来评价破坏者的产品效用。然而，破坏者的产业在这一阶段快速发展，市场扩大，既得利益增加，市场驱动力增强，破坏性技术成为产业的设计核心。

3. 趋同阶段

趋同阶段是破坏性创新过程中的一个重要阶段。在这一阶段，破坏者所代表的创新产业不断发展，市场重新洗牌，破坏者最初的目标客户成为主流群体。破坏者继续进行产品的辅助属性开发，破坏者和最初的目标慢慢接近，对现有市场进行占领。在位者感受到破坏性创新压力，有意识地探索开展破坏性创新的途径，但往往会陷入"创新者窘境"。新兴产业稳定发展，逐步进入成熟期，产业内竞争愈发激烈。破坏者和在位者之间呈现趋同现象，破坏者对原有产业市场进行入侵，发展产品主流属性；在位者改善产品辅助属性。这种趋同现象标志着破坏性创新过程的成熟和稳定。

4. 重塑阶段

重塑阶段是破坏性创新过程中的一个重要阶段。在这一阶段，破坏者经过发展和斗争击败在位者，成为新的市场领导者。但是，破坏者也面临着新破坏者的威胁，因此需要重新审视产品，基于基本假设发现并提出应对新破坏者的方案。原在位者则会因为竞争方式的冲突而不断衰落，甚至退出主流市场。市场进入衰退—更新的迭代阶段，技术和商业模式都面临着随时被再次破坏的威胁。趋于成熟的新兴产业则面临重新洗牌的可能。这意味着破坏性创新是一个不断循环的过程，没有永恒的赢家，只有不断创新和适应才能生存。

（二）开放式创新

开放式创新是一种新型的创新模式，它要求企业打破传统的封闭模式，开放自身非核心技术，与外部企业合作创新。这种模式可以帮助企业充分利用内外部资源，实现商业利润最大化。开放式创新需要企业具有开放的思维，能够将外部的创新资源放在与内部资源同等重要的位置。同时,企业需要建立相应的机制来进行成果推广,分享创造的新价值。通过开放式创新,企业可以实现更快、更好、更廉的创新,提高自己的竞争力和市场份额。因此,开放式创新是企业在当今竞争激烈的市场环境中保持领先地位的重要手段。

(三)自主创新

自主创新是企业发展的关键驱动力,是实现核心竞争力的关键手段。通过自主创新,企业可以获得独有的知识产权,提供新的产品和服务,提高市场竞争力和创新能力。自主创新包括三个关键环节:原始创新、集成创新和创新转化。原始创新是企业获取新知识和技术的基础,集成创新是将原始创新成果与现有技术和资源进行整合,形成具有竞争力的产品和服务。创新转化是将集成创新成果转化为商业价值,实现经济效益。

(四)逆向创新

逆向创新是一种颠覆性的创新思维,通过从头开始创新,企业可以创造出适合发展中国家市场的产品和服务,并将其推广到全球市场。逆向创新需要企业具备以下能力:第一,了解不同市场的差异性;第二,根据用户需求进行产品设计;第三,利用当地优势进行创新;第四,争取社会参与;第五,利用限制条件实现创新突破。通过逆向创新,企业可以打破传统的创新思维模式,创造出新的商业机会,获得全球市场竞争力。

第三节 创新战略

一、创新战略的定义

创新战略,简而言之,即企业在复杂多变的市场环境中,通过主动寻求在经营策略、技术工艺、产品开发、组织架构等多方面的革新,来确保自身在激烈的市场竞争中保持领先地位的战略。战略,本质上是企业自我定位、明确目标及制定实现路径的综合性规划。而创新,正是企业实现战略目标的重要手段,战略创新则是推动创新实践的先决条件和核心动力。

创新战略与企业战略紧密相连,两者之间存在着协同作用和相互影响关系。企业战略提供了创新方向和目标,创新战略则为实现企业战略提供了具体的实施方案和方法。只有将创新战略与企业战略相结合,才能确保创新活动对企业的财务绩效有所贡献,而不是成为资源浪费。企业需要在创新战略中考虑其核心竞争力、资源优势和市场需求,以确保创新活动与企业战略保持一致。

在竞争激烈的市场环境下,企业需要通过创新战略来获取价值。企业需要制定一套符合其长期目标的创新战略,通过创新提高经营业绩和技术含量。同时,企业需要选择与创新战略相匹配的技术战略,确保技术能力和资源在实现企业战略的长期目标中发挥最大效用。通过这种方式,企业可以建立持续的竞争优势,提高财务绩效,并在市场中占据领先地位。

二、创新战略的组合

（一）产品创新与工艺创新的组合

1.A–U 创新过程模型

A–U 创新过程模型是一种基于产品生命周期的创新框架，帮助企业理解产品创新和工艺创新的演化过程。该模型分为三个阶段：不稳定阶段、过渡阶段和稳定阶段，每个阶段都有特定的创新内容和重点。通过了解这些阶段，企业可以制定适当的竞争策略和组织管理方式，有效地推动技术创新，实现业务增长和竞争优势。

2.工艺创新导向的持续创新模式

建立在产品生命周期理论基础上的 A–U 创新过程模型，是在分析产品创新为导向的持续创新过程中提出的，而对钢铁、建材、化工原料等一些重要产业的创新规律而言，由于这些产业的产品生命周期漫长，因此表现出有别于 A–U 创新过程模型的工艺创新为导向的持续创新模式。这里效仿 A–U 创新过程模型，将工艺创新导向的持续创新模式分为三个阶段。

第一，不成熟阶段。工艺创新的初始动因是克服某些重大技术障碍，创新工作的焦点是技术原理的工程实现，试验性工作较多，工艺技术本身处于发展变化之中，工艺主导设计尚未形成，技术的潜在市场并不明朗，但工艺创新使许多产品创新成为可能。

第二，转型阶段。主导工艺设计师产品创新成为主旋律，基于工艺创新的产品创新层出不穷，工艺创新的重心转移到满足产品创新和现实生产需要的材料转型上。这一阶段，产品逐步规格化、标准化，企业专用设备增多，使用专有种材，规范了生产过程的组织领导。

第三，稳定阶段。工艺创新成为产品创新的先导和必要条件，工艺创新导致产品创新。根本性工艺创新引发产品创新，渐进性工艺创新导致产品质量提高和生产成本降低。这种工艺创新导向的持续创新模式在钢铁业中表现得尤为明显,例如贝塞麦转炉炼钢法的出现,极大地降低了炼钢成本和时间,提供了新型廉价工程材料,使许多产品创新成为可能。这种模式表明,工艺创新是推动产品创新和企业发展的重要驱动力。

3.基于创新过程的源头、基础的创新模型

技术创新模式的选择与一个国家的竞争地位和一个企业的竞争实力密切相关。与国外技术差距越大,技术创新模式的自主性越低,工艺创新就越倾向于先导于产品创新。相反,与国外技术差距越小,技术创新模式越接近自主创新模式,创新分布就倾向于产品创新先导于工艺创新。由于技术能力和条件的限制,我国企业大部分采用以技术引进为基础的技术创新模式,但随着技术创新能力的提高,部分企业逐步走上自主技术创新的道路,实现两种创新模式的并用。

4.二次创新动态模型

在基于技术引进的技术创新模式中,研究发现,发展中国家在整个创新过程中,先集中于工艺创新,然后集中于产品创新,这与基于研究与发展的技术创新模式相反。这种特征表明,在技术能力和条件有限的情况下,工艺创新是产品创新之前的必要步骤,通过工艺创新可以提高生产效率和降低成本,提供产品创新所需的基础。

二次创新动态模型、AU 创新过程模型和工艺创新导向的持续创新模式是基于创新过程的源头、基础的创新模型的不同形式。其中,AU 创新过程模型和工艺创新导向的持续创新模式分别代表研究与发展的技术创新模式和技术引进的技术创新模式。这些模式表明企业技术创新模式的选择与企业技术能力之间存在密切关系。企业要实现有效的创新战略组合,必须以企业的技术创新能力为前提。

(二)渐进性创新与根本性创新的组合

SPRU 分类是技术创新研究中的一个重要框架,帮助企业和组织理解技术创新不同类型的特点和特征。根本性创新和渐进性创新是两种不同的创新类型，前者是技术观念上的重大突破，后者是小规模的连续创新。企业和组织需要根据其创新目标和资源选择合适的创新类型，才能实现有效的技术创新和竞争优势。

根本性创新往往会对社会经济活动产生重大影响，这使得过去的技术创新管理文献往往把注意力集中到了根本性创新上，而较少关注到渐进性创新的重要性及其在经济上的积极作用。恩奥尔曾经指出，技术的经济贡献主要是通过节省多种生产要素以及利用现有技术的改进来降低生产成本完成的。在他提出的概念的基础上，尹研究出了现存指数模型来衡量根本性创新与渐进性创新的经济效益。他用这个模型对美国石油精炼工业 1900—1960 年的五个重大工艺创新的经济效益进行了定量研究，结果发现，渐进性创新的经济效益超过了根本性创新。

渐进性产品开发对经济效果的重要性不容忽视，其根源可以追溯至以下几个方面。

1.技术角度

由于新产品的研发建立在已有产品技术基础上，技术成熟度高；同时，由于以前产品开发积累的技术经验、技术知识和技术能力，大大节约了产品技术研发的资源投入。

2.生产制造角度

迭代式的产品开发往往采用相同或相似的生产设备和工艺技术，通常具有较多的通用零部件，对于生产成本的降低也有着一定的积极作用。

3.市场因素

产品间的功能相似度较高，常常存在互相替代的可能性。

上述分析表明，渐进性产品开发在经济效益上具有重要意义。然而，企业在制定产品开发战略时，不能忽视新产品开发对企业发展的替代性，必须对新产品开发有一个完整的认识，达到渐进性创新与根本性创新的有机结合，使得企业新产品开发活动能够有效地促进企业发展战略的实现。

第四节　企业创新路线图

一、企业创新路线图的基本概念

企业创新路线图是企业开展技术创新活动的战略规划与实施方案,既是在综合分析企业创新内部和外部环境的基础上,系统制定企业创新发展的愿景、使命、价值观、目标,以及技术、产品、市场、组织在企业不同发展阶段下的基本任务、主要任务与实施方案。

二、企业创新路线图的制定原则

(一)系统性原则

企业创新不仅仅是一个技术问题,也不是单纯的经济或管理问题,而是一个复杂的系统性过程。创新活动发生在技术、经济和管理活动之间的交互作用之中,影响企业的整体性。因此,企业创新路线图的制定应遵循系统性原则,考虑企业的研发基础、创新目标、产品和技术难题、商业模式和组织设计等要素,并讨论内部要素之间的联系、系统与周边环境的关系以及各要素变化对系统和外部环境的影响。这种系统性的规划过程涉及思想凝练、市场实现、产品演进、技术支撑、组织变革五个层面的互动、筛选、组合和评价。随着时间的推移,企业必须对原创新路线图的信息进行系统更新,甚至重新绘制创新路线图。

(二)建设性原则

企业创新路线图的提法来源于科技实战活动,表明其与科技实践有天然的联系。企业制定创新路线图的最终目的在于服务自身的科技实践活动。创新路线图必须精练总结企业的过去，深刻分析企业所处的现在，前瞻性地预测企业发展的未来。否则，创新路线图可能无效或有效性不足。因此，企业创新路线图的制定必须遵循建设性原则，始终以企业科技实践的具体情况为出发点，以提升企业科技自主创新能力为落脚点。基于企业发展的战略需求，综合运用各种具体的创新方法，凝练企业创新理念，明确企业创新发展目标，并确定企业在技术、产品、市场、组织等方面的战略重点和创新突破口。这种建设性原则强调创新路线图对于企业创新发展的内在价值，帮助企业解决未来发展的创新困境及其破解之道。

（三）操作性原则

为了保证企业创新路线图的建设性和操作性，必须在制定过程中坚持操作性原则。这种原则要求创新路线图的制定者必须充分考虑企业的发展实际、外部环境和路线涉及的技术、产品、市场和组织边界。同时，必须通过扎根企业的方式，深度沟通和访谈与企业全体人员，深入了解和分析企业的各种技术创新活动，综合考虑各方利益相关者的想法和意见。这样可以保证企业创新路线图在具体执行层面的顺利实施。操作性原则强调创新路线图必须是可行的、可执行的，并且能够通过具体措施推进。通过这种原则，企业可以确保创新路线图真正体现其在科技实践活动中的内在价值。

三、企业创新路线图的制定框架

我们依据集成产品开发（IPD）及技术路线图的核心方法论，提出了创新路线图的构建框架。在构建过程中，我们主要遵循思想路线、技术路线、产品路线、市场路线以及组织路线的先后顺序。然而，各路线的设计与开发并非机械式的顺序推进，而是彼此关联、相互支持、异步并行的。

(一)思想路线

思想路线是其他路线制定的前提,提供了整体方向、基本准则与边界条件。思想路线的制定包括问卷调查法、结构性访谈、研讨会以及定量分析等方法。创新理念包括创新愿景、创新使命和创新价值观,通过问卷调查法、有奖征集、结构性访谈、研讨会等方法确定。创新目标包括近期、中期和远期目标,包括创新总体目标以及技术、产品、市场和组织创新目标。创新目标一般通过问卷调查法、研讨会等方法确定。根据创新目标,企业相应制定未来创新发展的主要任务。创新战略需要考虑外部环境和内部环境,一般通过价值链、能力审计、SWOT、研讨会、标杆分析等方法确定。思想路线的绘制包括企业管理中高层、技术总监、技术管理部相关人员、外部行业专家等。通过这种方法,企业可以确保思想路线的准确性和有效性,提供了企业创新路线图的基础。

(二)技术路线

技术路线制定是产品开发过程中的重要环节,它涉及对核心技术、关键技术、一般技术和通用技术的综合考量。制定技术路线需要经过技术预测、识别、筛选和创新方案的关键步骤。在制定过程中,需结合市场分析、竞争信息评估、技术趋势研究和技术差距分析来明确技术需求。技术创新方案涵盖了研发项目的各个方面,而技术路线则是对创新方案的直观呈现。在方法方面,技术路线制定可以使用标杆分析、S形曲线法、德尔菲法、专利地图法、技术生命周期法等多种方法,并通常需要企业中高层管理人员、技术团队、产品和市场部门以及外部专家的共同参与。

(三)产品路线

产品路线的制定是企业产品战略规划的重要组成部分,它涉及产品概念、品种、产品线和平台的整体布局。制定产品路线需要经过产品分类、创意识别、筛选和概念开发的关键步骤，以形成完整的产品创新方案。产品创新方案包括愿景、开发目标、项目计划、产品线策略和产品平台战略等。产品路线则是对创新方案的视觉化呈现，帮助企业清晰地展示产品发展方向。在方法方面，产品路线制定可以采用头脑风暴、领先用户分析、创新模板、专家小组评审、属性列举和标杆分析等多种创新方法。参与产品路线绘制的有企业中高层管理人员、产品总监、产品开发团队、技术和市场部门相关人员，以及外部行业专家，共同协作完成产品战略布局。

（四）市场路线

市场路径规划是企业布局市场的前期筹划，主要包括目标市场的确定、市场潜力的挖掘、市场策略的制定和商业模式的设计。市场路径规划要进行市场理解、市场细分、选择目标市场消费者分析、市场潜力预测等关键环节。市场创新方案包括目标市场定位、市场潜力挖掘、市场推广方案和商业模式创新等关键内容，市场路径就是要把这些创新方案直观地呈现出来。在方法上，市场路径规划可以采用问卷调查、研讨会、头脑风暴法、标杆分析等方式，获取市场信息和洞察。参加市场路径规划的人员主要包括企业中高层经理、市场总监、市场部门负责人、市场分析师、技术和产品部门相关人员，以及外部行业专家，共同完成市场战略布局。

（五）组织路线

组织路线的制定是企业内部创新体系建设的重要环节，它主要关注创新结构、管理制度和创新资源的整体设计和安排。结合思想、技术、产品和市场路线的内容，企业需要审视和调整内部的创新组织、管理制度和资源配置，以支持整体创新路线图的实现。组织路线的制定包括头脑风暴、标杆学习、专家咨询和研讨会等方法，以促进创新思维和管理理念的碰撞。参与组织路线绘制的有企业中高层管理人员、行政总监、财务负责人、技术和产品部门代表、市场部门代表，以及外部行业专家，共同协作优化企业的创新体系。

四、企业创新路线图的制定流程

企业创新路线图的制定是一个循环迭代的过程,由四个关键阶段构成。首先,充分的准备工作为整个过程奠定基础,确保后续环节的顺利进行。其次,讨论绘制阶段是路线图形成的关键,需要集思广益,确保方案的可行性。随后的实施阶段将理论付诸实践,检验路线图的实际效果。最后,基于实施结果的更新阶段使路线图保持活力,适应不断变化的环境。这四个阶段相互依存,形成一个动态优化的创新管理体系,使企业能够持续推进创新,保持竞争优势。企业应该认识到每个阶段的重要性,投入适当资源,并保持灵活性,以确保创新路线图能够有效指导企业的长期发展。

(一)准备工作

准备工作是制定企业创新路线图的基本前提,准备工作主要包括明确需求、组建团队、职能分工和时间安排四个部分。明确需求为制定工作提供了努力的方向,组建分工明确的各类团队为制定工作的有序开展提供了人力和机制支持,制定合理的工作进度为制定工作的高效完成提供了保证。

在制定企业创新路线图之前,必须清楚两种需求:①企业对创新路线图的需求,主要包括企业制定创新路线图的目的是什么,预期其发挥怎样的功能,能给企业带来什么样的好处(作用);②制定创新路线图的资源需求,主要包括人、财、物及知识储备、技术储备等方面。组建团队制定企业创新路线图的工作团队由企业决策层筹备、组建,主要包括领导小组、协调小组、制定小组和支持小组。领导小组主要包括领导班子、专家委员会和技术委员会;协调小组(指导办公室)主要由企业职能部门的中高层管理人员构成;制定小组由多个具体工作组构成,以"多学科、跨部门、重能力"为组建原则,可由经营、战略、技术、产品、销售、市场等不同职能部门的核心成员构成,也可通过"外部聘请专家团队+企业跨部门团队"模式构建;支持小组主要由企业经营、市场、技术、产品等职能部门员工构成。

在领导小组领导下，由企业董事会、经理层组成领导班子，负责确定创新路线图的制定目标、工作组织等；由外聘高校学者、行业协会专家等组成专家委员会，为企业评价创新路线图提供咨询和建议；由企业所在领域相关专家构成技术委员会，在技术产品、市场、组织等方面为企业提供专业意见和解决方案。完成制定工作后，领导小组对创新路线图的相关成果进行最终审核和评价。

企业在制定创新路线图时，各职能部门的积极参与和配合是成功的关键，尤其是当制定小组由外部或临时成员组成时，缺乏配合可能导致工作受阻。协调小组的任务是在不同部门间进行有效协调，确保制定小组能够顺利开展工作，这包括安排会议、邀请专家和处理紧急情况。为了胜任这些职责，协调小组的成员通常在企业中具有较高的权威和影响力。

制定小组在创新路线图的制定过程中承担着关键职责，其工作内容包括全面统筹项目、指导和支持其他部门完成调查和分析任务、设计和执行访谈计划，以及撰写最终的创新路线图报告。由于这些任务复杂且重要，制定小组的成员需要具备较高的专业知识，并在团队组建阶段接受相应培训，以确保其能够高效胜任这些工作。

支持小组主要负责根据制定小组的要求完成各类调查问卷和分析表的设计，并配合制定小组开展会后整理等工作。由于许多调研问卷和分析表的内容只有一线业务部门或企业职能部门最为熟悉，因而企业职能部门的配合对于整个制定工作的顺畅开展非常重要。制定小组对于创新路线图中所有具体要素的了解与认识，很大程度上是通过企业职能部门成员访谈及他们提供的第一手资料来完成的。

（二）讨论绘制

企业创新路线图的制定是一项系统性工程，由制定小组在支持小组的配合下负责整体规划和实施。整个过程围绕创新的五大核心路线展开，即思想、技术、产品、市场和组织路线。这些路线为企业未来的创新方向提供了清晰的指引和框架。在完成对五大路线的深入分析后,制定小组撰写研究报告并绘制创新路线图,全面总结创新路径。随后,企业组织相关人员对路线图和报告进行评审,广泛征求利益相关方的意见,以确保路线图的科学性和可操作性,推动企业创新战略的实施与落地。

(三)路线更新

总体上,企业创新路线图的时间跨度不宜太长,要在企业整个生命周期中完成迭代更新。在其指引下,企业创新会受到内外部环境变化的影响,特别是领军企业或典型案例的带动、行业发展出现新业态新模式、技术市场发生新变化、竞争对手策略调整等,都可能会促进企业创新发生重大转变。因此,企业创新路线图要定期修编,一般在每一轮规划修编时进行重新编制。企业创新路线图修编的主要内容包括更新条件判断、更新要素分析和实施内容更新三个层面。

1.更新条件判断

企业创新路线图的更新是一个动态的调整过程,旨在确保路线图始终与企业实际发展和外部环境变化相适应。当外部环境发生重大变化,如行业技术革新、政策调整等,导致路线图的大部分内容失效时,企业需要重新按照一般流程绘制路线图;而当变化的影响较为局部或轻微时,则只需针对相应部分进行内容更新,无须全面修订。同样,若企业在执行中完成了大部分任务或发现大部分内容难以实施,企业需考虑系统性更新路线图;若只是部分内容提前完成或遇到实施障碍,则可选择部分更新。更新决策的具体条件和临界点,既可以由高层领导依据战略远见自上而下决策,也可以通过专家小组的评估测试自下而上进行判断。

2.更新要素分析

当企业创新路线图需要更新时,制定小组必须深入分析相关内容,通常涉及部分内容的调整。更新的具体内容取决于对创新路线关键要素的分析,例如:新产品未达到市场预期,可能是因细分市场的变化、新产品未满足用户关键需求，或竞争对手提供了更具竞争力的产品。此外，还需探讨这些变化的技术影响因素及企业未能提前察觉的原因。通过这些分析，制定小组将相应调整和修改创新路线图中的思想、技术、产品、市场和组织路线，确保更新后的路线图更符合企业创新实际。

3.实施内容更新

企业创新路线图更新后，研究报告也需进行相应的调整。制定小组根据更新的程度来决定调整的范围：如果更新仅涉及局部内容，则只需对报告的相应部分进行修改；但若技术、产品等多条创新路线发生较大变动，制定小组就需要对研究报告进行重点改写，甚至重新撰写，以确保报告准确反映最新的创新路线和调整内容。

第十章　现代经济财务管理

第一节　筹资管理

一、企业筹资概述

（一）企业筹资的动机

1.扩张性筹资动机

扩张性筹资动机是指企业因扩大生产经营规模或增加对外投资而产生的追加筹资的动机。

2.调整性筹资动机

调整性筹资动机是企业为了优化现有的资本结构而进行的筹资行为。资本结构指企业各种筹资方式的组合及其比例关系，它由企业通过不同的筹资手段来实现。

3.混合性筹资动机

混合性筹资动因为生产经营或对外投资，同时为补充自有资本金不足而举借债务。

（二）企业筹资的基本原则

企业在筹资过程中应遵循四个基本原则，以确保资金的获取和使用符合企业的长期利益。合法性原则要求企业筹资必须符合法律法规，避免违规操作；效益性原则强调筹资必须有助于提升企业的经济效益，确保所筹资金的投入能够带来预期的收益；合理性原则要求资金来源和使用方式合理匹配，以控制筹资风险；及时性原则则要求企业在需要时能够迅速筹措资金，以保障经营活动的正常开展。这些原则的综合运用，有助于企业在不断变化的市场环境中实现稳健发展。

（三）企业筹资的渠道与方式

1.企业筹资渠道

企业筹资渠道多样，代表着企业为满足资金需求而获取资本的不同路径。主要渠道包括政府财政拨款、银行贷款、非银行金融机构的投资、其他法人的资本注入、民间资本投入、企业内部资金再分配，以及境外资本和港澳台资本的引入。多元化的筹资渠道有助于企业在面对不同资金需求时灵活选择合适的来源，优化资本结构，提高资金使用效率，从而支持企业的经营和战略发展。

2.企业筹资方式

（1）权益性筹资是企业获得长期股权资本的重要途径，体现了企业在资本市场中的融资能力与发展潜力。通过权益性筹资，企业能够取得无需固定偿还的资金，提高财务弹性并降低财务风险。主要的权益性筹资方式包括：股东直接注入的投入资本筹资、通过资本市场发行股票获取的资金，以及通过保留企业自身盈利再投资的留存收益筹资。

（2）债务性筹资是企业通过负债获取资金的一种方式，形成企业的债务资本。这种筹资方法需要企业按约定期限偿还本息，具有固定的财务成本。债务性筹资主要包括三种方式：长期借款筹资，企业通过银行或其他金融机构获得长期贷款；发行债券筹资，通过资本市场发行债券吸引投资者资金；融资租赁筹资，企业通过租赁设备或资产来获取所需资金。

（3）混合性筹资是企业融资方式中的一种特殊类型，融合了权益性筹资和债务性筹资的特点,既能提供长期资本,又具有相对灵活的财务安排。主要形式包括:发行优先股筹资,企业可以通过发行享有固定股息但无表决权的优先股来获取资金;发行可转换债券筹资,允许债券持有人在特定条件下将债券转换为公司股票,从而吸引更多投资者;以及认股权证筹资,赋予持有人在未来一定时期内以预定价格购买公司股票的权利。

二、权益资金的筹集与管理

(一)注册资本制度

注册资本构成了企业法人资格存在的物质基础,同时它也是股东承担有限责任的界限,以及股东行使股权的依据和标准。公司的注册资本制度模式主要包括实缴资本制、认缴资本制以及折中资本制三种。

(二)投入资本筹资

投入资本筹资是非股份制企业通过吸收国家、法人、个人投资者的资金,以共同投资、经营、承担风险和分享利润为原则进行的一种筹资方式。它与吸收投资、发行股票和留存收益一起构成企业筹集自有资金的主要途径。

1.投入资本筹资的种类

(1)投入资本筹资根据资金来源的不同,可以细分为四种类型,每种类型代表着特定的资本构成及投资关系。首先,吸收国家直接投资形成的国有资本,是由政府作为投资主体,为企业提供资金支持;其次,吸收其他企业或事业单位等法人的投资,形成法人资本,通过合作共赢实现共同发展;再次,吸收企业内部职工和社会公众的投资形成个人资本,这种方式增强了员工和公众的参与感和归属感;最后,吸收外国投资者以及港澳台投资者的资金形成外商资本,这类资金不仅带来资金支持,还可能带来先进的管理理念和技术,推动企业国际化发展。

（2）根据投资者出资形式的不同，投入资本筹资可以划分为现金投资和非现金投资两种类型。吸收现金投资是企业最直接的筹资方式，通过获取资金来支持企业运营和扩展。而吸收非现金投资则涉及以实物或无形资产作为出资，具体包括两种形式：一是实物资产投资，如材料、燃料、产品、房屋建筑物和机器设备等，这些实物资产可以直接投入企业生产运营；二是无形资产投资，如专利权、非专利技术、商标权和土地使用权等，为企业提供技术、品牌和资源优势。非现金投资不仅丰富了企业的资产类型，还提升了企业的整体竞争力，通过多元化的资本形式为企业的发展注入新的活力。

2.投入资本筹资的程序

①测算投入资本筹措资金需求量；②筛选投资单位，谈判投资总额和出资形式；③签订投资合同；④履行投资合同。

3.投入资本筹资的优点

①筹资过程简便、筹资速度快捷；②有助于提高企业信用；③有利于加快企业在市场经济中形成生产能力；④有助于减轻企业资金负担。

4.投入资本筹资的缺点

①资本成本较高；②容易分散企业控制权。

（三）发行普通股股票筹资

1.普通股股东的权利

普通股股东的权利包括：①普通股股东具有公司的经营管理权；②盈余享有权；③出资转让权；④优先认购权；⑤剩余财产要求权。普通股股东的管理权主要有投票权、查账权。

2.股票的种类

股票种类根据不同分类标准可以分为：①按股东权利分为普通股和优先股；②按有无记名分为记名股票和无记名股票；③按是否标明面额分为有面额股票和无面额股票；按投资主体分为国家股、法人股、个人股和外资股；④按发行时间分为始发股和新股；⑤按发行对象和上市地区分为A股、B股、

H 股、N 股和 S 股。

3.股票发行的条件

为了顺利进行股票发行，公司需满足一系列条件，确保其具备足够的稳定性和盈利能力。首先，公司必须拥有健全的组织机构和良好的运行机制，以保证公司治理结构的有效性和运营效率。其次，公司的盈利能力需要具有可持续性，能够长期稳定地创造利润，这是投资者信心的基础。第三，公司的财务状况应良好，反映出公司的经营健康和财务稳定。最后，公司在募集资金的数额和使用方面需符合相关规定，确保资金募集和使用的合法合规。

4.股票发行方式

股票发行方式是指公司股票的发行程序和途径。一般而言，股票的发行方式可分为两大类：①公开发行；②非公开发行。

5.股票销售方式

股票销售方法，特指股份有限公司在向公众公开发行股票过程中所采用的销售策略，主要分为自行销售与承销两种模式。承销模式进一步细分为包销与代销两种形式。

6.普通股筹资的优点

普通股筹资具有多个优点，使其成为企业融资的一种重要方式。首先，普通股没有固定的财务负担，不需要支付定期的利息或股息，这为公司提供了更大的财务灵活性。其次，普通股资本没有到期日，不需要在未来某个特定时间偿还本金，减轻了企业的偿债压力。第三，普通股筹资的财务风险相对较小，因为股东的回报依赖于公司盈利情况，不会增加企业的财务杠杆。第四，发行普通股有助于提升股份制公司的市场信誉，使其在投资者和合作伙伴中建立更高的信用度。最后，普通股筹资的限制较少，企业可以根据需要灵活调整发行数量和时机，以满足融资需求。

7.普通股筹资的缺点

首先，普通股筹资的资本成本相对较高，因为公司需要通过发行股票来吸引投资者，这通常涉及较高的股息支付和发行费用。其次，普通股的发行容易导致公司控制权的分散，因为新增的股东会增加公司股东总数，从而稀释现有股东的投票权和控制权。这可能影响公司的决策效率和治理结构，特别是对于那些希望保持集中的控制权的企业。

（四）留存收益筹资

留存收益筹资的渠道包括盈余公积和未分配利润。优点有：资本成本低于普通股筹资，保持股东控制权，增强公司信誉。缺点有：筹资数额有限，资金使用受制约。

三、负债资金的筹集与管理

（一）长期借款

长期借款是指企业根据合同从有关银行或非银行金融机构借入的、偿还期在1年以上的各种借款。

1.长期借款的种类

（1）以提供贷款的机构分类，长期借款可分为政策性银行贷款、商业银行贷款和非银行金融机构贷款。

（2）以责任的风险大小分类，长期借款可分为信用贷款、担保贷款，担保贷款又按担保方式分为保证贷款、抵押贷款和质押贷款。

（3）以筹集资金的用途分类，长期借款可分为基本建设贷款、更新改造贷款、科研开发和新产品试制贷款

2.长期借款的信用条件

依据国际习惯，长期借款通常加设一些信用条件，包括授信额度、周转授信协议、补偿性余额。

3.长期借款的程序

①企业提交申请；②银行执行审批程序；③签署借款合同；④企业获得

贷款；⑤企业清偿贷款。

4.长期借款筹资的优点

①筹资速度迅速；②筹资成本相对较低；③借款的灵活性较大；④能够有效发挥财务杠杆的作用。

5.长期借款筹资的缺点

①筹资面临较高的风险；②存在诸多限制条件；③筹资额度受到限制。

（二）发行债券

债券是一种由债务人发行的有价证券，用于筹集资金。通过发行债券，债务人承诺在约定的期限内向债权人支付利息并按时偿还本金。

1.债券的分类

公司债券作为一种融资工具，具有多种分类方式，每种分类反映了其不同的特征和用途。首先，按有无记名分类，公司债券可分为记名债券和无记名债券，记名债券记录持有人信息，而无记名债券则不记载持有人信息。其次，按是否有抵押担保，公司债券分为抵押债券（有实物资产担保）和信用债券（无担保）。利率方面，债券可分为固定利率债券（利率固定不变）和浮动利率债券（利率随市场变化而调整）。

进一步，按是否参与利润分配，债券分为参与债券（能共享公司利润）和非参与债券（无权参与利润分配）。按持有人特定权益，债券包括收益债券（按公司收益支付利息）、可转换债券（可转换为公司股票）和附认股权债券（附带购买公司股票的权利）。最后，债券按是否上市交易分为上市债券（可在公开市场交易）和非上市债券（仅限于私下交易）。

2.发行债券的程序

①通过发行债券的决议或决定；②提交发行债券的申请；③公布债券募集细则；④发行债券，筹集资金，并登记债券存根簿。

3.债券的发行方式和要素

（1）发行方式：公募发行和私募发行两类。

（2）发行要素：①债券额；②票面利率；③市场利率；④债券期限。

4.确定债券发行价格的方法

实践中，公司债券的发行价格主要有三个层次：100元债券面值按照等价发行、溢价发行和折价发行三种方式对应不同的发行价格。债券的发行价格可通过以下公式测算：

$$债券发行价格 = \frac{F}{(1+R_M)^n} + \sum_{t=1}^{n} \frac{I}{(1+R_M)^t}$$

在公式中，F代表债券的面值，即债券到期时需偿还的本金总额；I表示债券的年利息，即债券年利率与面值的乘积；R_M指债券发行时的市场利率；n代表债券的期限；t则表示债券的付息周期数。

5.债券筹资的优点

①资本成本较低，有助于提升企业的财务灵活性；②确保股东对企业的控制权，维护其战略决策的独立性；③有效利用财务杠杆，增强企业的盈利能力。

6.债券筹资的缺点

①筹资面临的风险较高；②存在诸多限制条件；③筹资的金额受到限制。

（三）融资租赁

1.租赁的含义

租赁是指在一定条件下，租赁人将自己拥有的资产（如设备、房产、车辆等）在约定时间内让渡给承租人使用，并收取租金的行为。租赁可以满足承租人对资产的短期或长期使用需求，而不需要购买资产本身。租赁的核心在于资产的使用权，而非所有权的转移。

2.租赁的种类

现代租赁主要分为经营租赁和融资租赁两大类：

（1）经营租赁：也称为操作租赁，是一种短期租赁形式。租赁期相对较短，通常远低于资产的使用寿命。租赁人负责资产的维修、保养和管理，承租人仅支付租金使用资产，租赁期满后资产归还给租赁人。经营租赁通常用于满足承租人的临时需求，不涉及所有权的转移。

（2）融资租赁：也称为资本租赁，是一种长期租赁形式。租赁期较长，通常接近或等于资产的经济使用寿命。融资租赁更像是分期付款购买，承租人在租赁期内承担与资产相关的全部风险和费用，租赁期满后承租人可以选择购买、续租或退还资产。融资租赁的主要目的是为承租人提供融资途径，使其在不具备充足资金的情况下获取资产的使用权。

3.融资租赁的形式

（1）直接租赁：由租赁公司直接购买承租人所需的资产，并租给承租人使用。承租人支付租金并在租期结束后，根据协议决定是否购买、续租或退还设备。

（2）售后回租：承租人将自己拥有的资产出售给租赁公司，再从租赁公司租回使用。这种形式能够帮助企业快速获取现金流，同时继续使用资产。

（3）杠杆租赁：由租赁公司与其他金融机构共同为资产融资，租赁公司投入一部分资金，其余部分由贷款提供。租赁公司负责资产的管理和租赁，金融机构提供资金支持，分担租赁风险。

4.融资租赁的程序

①选择租赁公司；②办理租赁委托；③签订购货协议；④签订租赁合同；⑤办理验货、付款与保险；⑥支付租金；⑦合同期满处理资产。

①项目洽谈与需求分析；②租赁申请与审批；③签订租赁合同；④购买与交付资产；⑤支付租金；⑥租赁期管理与维护；⑦租赁期满处理。

5.融资租赁筹资的优点

①迅速获取所需资产；②融资租赁的限制条件相对较少；③通过融资租赁，企业可以避免设备陈旧过时的风险；④融资租赁的全部租金通常在整个租期内分期支付，有助于降低偿付风险；⑤融资租赁的租金费用可在所得税前扣除，使承租企业能够享受税收优惠。

6.融资租赁筹资的缺点

①融资租赁的筹资成本相对较高；②融资租赁的财务风险也较为显著。

四、混合性资金的筹集与管理

（一）发行优先股

1.优先股的特征

①优先股股东享有固定股利的优先分配权；②在公司清算时，优先股股东有权优先于普通股股东分配剩余财产；③通常情况下，优先股股东不拥有公司表决权；④公司有权根据章程规定赎回优先股。

2.优先股的种类

①累积型优先股与非累积型优先股；②可变换优先股与固定型优先股；③参与分红优先股与非参与分红优先股；④赎回式优先股与永久型优先股。

3.优先股的发行定价

优先股每股票面金额为 100 元。

4.优先股筹资的优点

①无固定到期日，无需偿还本金；②股息支付既稳定，又具备一定的灵活性；③优先股作为公司自有资本的一部分，有助于提升公司信誉及增强其借贷能力；④维持普通股股东对公司的控制权。

5.优先股筹资的缺点

优先股成本低于普通股但高于债券，筹资受限且可能带来财务负担。

（二）发行可转换债券

可转换债券简称可转债，是指由公司发行并规定债券持有人在一定期限里按约定条件 R 将它转换为发行公司普通股的债券。

（三）发行认股权证

股权证是由股份有限公司发行的，用于认购其股票的买入期权。它通常赋予持有者在一定期限内以事先约定的价格购买发行公司一定股份的权利。

五、筹资数量的预测

1.营业收入比例法的原理

营业收入比例法是一种预测各项目资金需求量的方法，它依据营业活动与资产负债表及利润表项目之间的比例关系进行。

2.营业收入比例法的运用

采用营业收入比例法时，通常会参考预计的利润表和预计的资产负债表。此方法通过预计的利润表来估算企业留存收益这一内部资本来源的增长额；同时，通过预计的资产负债表来预测企业总体资金需求量以及外部融资的增长额。利用营业收入比例法来计算追加外部融资额的公式如下所示：

$$\text{需要追加的外部筹资} = \triangle S \sum \frac{RA}{S} - \triangle S \sum \frac{RL}{S} - \triangle RE$$

$$= \triangle S \left(\sum \frac{RA}{S} - \sum \frac{RL}{S} \right) - \triangle RE$$

式中：$\triangle S$ 表示预计年度营业收入增加额；$\sum \frac{RA}{S}$ 表示基年敏感资产总额除以基年营业收入；$\sum \frac{RL}{S}$ 表示基年敏感负债总额除以基年营业收入；$\triangle RE$ 表示预计年度留存收益增加额。

第二节　项目投资管理

一、投资概述

（一）项目投资的概念与类型

1.项目投资的概念

项目投资是指投资者将资金投入特定的实体项目中，目的是通过项目的建设、运营和发展来获取长期收益。

2.项目投资的类型

（1）单纯固定资产投资项目，主要用于取得固定资产。

（2）完整工业投资项目，包含固定资产、流动资金和无形资产投资。

（3）更新改造项目，旨在恢复或改善生产能力。

（二）投资管理的基本原则

投资管理的基本原则包括：①进行市场调查把握投资机会；②建立科学的决策程序并进行可行性分析；③及时筹集资金保证项目资金供应；④分析风险和收益关系，控制投资风险。

（三）项目投资决策的程序

项目投资决策流程涵盖以下几个关键步骤：首先，提出投资项目；其次，对项目进行详尽的评估；接下来，基于评估结果作出决策；之后，执行所选项目；最后，对已执行的项目进行后续评价。

二、项目现金流量

（一）现金流量的概念

现金流量指项目导致的企业现金收支总额，涵盖货币资金及非货币资源的变现价值。

（二）投资现金流量的构成

1.初始现金流量

初始现金流量涵盖投资前费用、设备购置与安装费、建筑工程费、预支资金、固定资产变价后的净收益及不可预见费用。

2.营业现金流量

营业现金流量指的是项目在使用期间，因经营产生的现金流入和流出总额，涵盖年营业净利润与年折旧等。

年营业净现金流量（NCF）可用下列公式计算：

$$年营业净现金流量 = 年营业收入 - 年付现成本 - 所得税$$
$$年营业净现金流量 = 年税后净利 + 折旧及摊销$$

3.终结现金流量

终结现金流量主要包括固定资产残值或变价收入（扣除税费后的净额）、流动资产资金回收以及停止使用资产的变价收入。

三、投资决策指标

投资决策方法分为非贴现和贴现现金流量方法。非贴现方法主要考虑投资回收期和平均报酬率，而贴现方法则侧重于净现值、内部报酬率、获利指数和折现的投资回收期等指标。

（一）非贴现现金流量指标

1.投资回收期

投资回收期是衡量投资成本回收所需时间的指标，通常以年为单位。当每年的净现金流量相同时，可通过下面公式计算得出。

$$投资回收期 = \frac{初始投资额}{年营业净资金流量}$$

若年营业净现金流量不一，计算投资回收期需考虑各年末累计现金流量。

2.平均报酬率

平均报酬率（ARR）是项目整个生命周期内年均投资回报率，也称为平均投资回报率。计算 ARR 有多种方法，最常用的公式为：

$$平均报酬率 = \frac{年平均现金流量}{初始投资额} \times 100\%$$

（二）贴现现金流量指标

1.净现值

净现值（NPV）是指投资项目的净现金流量按资本成本或企业要求的报酬率折现后的值，减去初始投资后的余额。其计算公式为：

$$NPV = \left[\frac{NVF_1}{(1+i)^1} + \frac{NVF_2}{(1+i)^2} + \ldots + \frac{NVF_n}{(1+i)^n} \right] - C = \sum_{t=1}^{n} \frac{NVF_t}{(1+i)^t} - C$$

式中：NPV 为净现值；NCF_t 为第 t 年的净现金流量；i 为贴现率（资本成本或企业要求的报酬率）；n 为项目预计使用年限；C 为初始投资额。

（1）净现值的计算过程

第一步：计算年度营业净现金流。

第二步：计算未来报酬的总现值分为三步：首先，将每年的营业净现金流量折算成现值，若 NCF 相等则用年金法，不等则分别贴现后合计。其次，将终结现金流量折算成现值。最后，得出未来报酬的总现值。

第三步：计算净现值，计算公式如下：

$$净现值 = 未来报酬的总现值 - 初始投资$$

（2）净现值法决策规则：单个方案时，正净现值采纳，负则不采纳；多个互斥方案时，选择净现值最大的正数方案。

2.内部报酬率

内部报酬率（IRR）是使项目净现值为零的贴现率，代表了项目的真实回报。现在越来越多的企业用它来评估投资项目。内部报酬率的计算公式为：

$$\frac{NVF_1}{(1+i)^1} + \frac{NVF_2}{(1+i)^2} + ... + \frac{NVF_n}{(1+i)^n} - C = 0$$

$$\sum_{t=1}^{n} \frac{NVF_t}{(1+i)^t} - C = 0$$

式中：NCF_t 为第 t 年的净现金流量；IRR 为内部报酬率；n 为项目使用年限；C 为初始投资额。

（1）如果每年的 NCF 相等，则按下列步骤计算：

第一步，计算年金现值系数。

$$年金现值系数 = 初始投资额 \div 每年 NCF$$

第二步，查找年金现值系数表，确定与给定年金现值系数相邻的较高和较低贴现率。

第三步，使用插值法，结合两个贴现率和年金现值系数，计算投资方案的内部报酬率。

（2）若每年的 NCF 不同，则按以下步骤进行计算。

第一步，首先设定一个贴现率来计算项目的净现值。若净现值为正，说明贴现率低于项目实际回报率，需提高贴现率后重新计算；若净现值为负，则贴现率高于实际回报率，应降低贴现率后再次测算。通过不断调整贴现率，直至找到使净现值接近零的两个贴现率。

第二步，使用插值法根据两个贴现率计算方案的实际内部报酬率。

（3）内部报酬率法决策规则：单一方案时，若内部报酬率不低于资本成本则采纳；多方案互斥选择时，选内部报酬率最高者。

3.获利指数

获利指数，也称为利润指数（PI），是衡量投资项目未来收益现值与初始投资现值比例的指标。其计算公式为：

$$PI = \left[\frac{NVF_1}{(1+i)^1} + \frac{NVF_2}{(1+i)^2} + \ldots + \frac{NVF_n}{(1+i)^n}\right] \div C$$

PI = 未来现金流量的总现值 ÷ 初始投资额

如果投资为多期完成的，则计算公式为：

PI = 未来现金流量的总现值 ÷ 现金流出量的总现值

（1）获利指数的计算包括两步，首先，确定未来收益的现值，使用与净现值相同的计算方法；其次，通过未来收益现值与初始投资的比率来计算获利指数

（2）获利指数法决策规则：单一方案时，获利指数≥1则采纳，否则拒绝。多方案互斥选择中，选获利指数最高者。

四、项目投资决策

（一）固定资产更新决策

1.新旧设备使用寿命相同的情况

在设备使用年限相同的情况下，可使用差量分析法比较不同方案间的现金流量增减。

2.新旧设备使用寿命不同的情况

不同寿命的项目不能直接比较净现值、内部报酬率和获利指数。要使这些指标可比，需将项目置于相同寿命期内比较，可使用最小公倍寿命法或年均净现值法。

（二）资本限额投资决策

资本限额意味着公司可用于投资的资金有限，不能投资所有可接受的项目，这在许多公司中很常见，特别是在依赖内部筹资或筹资受限的公司。

1.使用获利指数法的步骤

首先，计算各项目的获利指数和初始投资额。接受 PI≥1 的项目。若资本足够，决策结束。若不足，需调整：在资本限额内对项目组合进行尝试，找出加权平均获利指数最高的组合，然后选择该组合。

2.使用净现值法的步骤

首先，计算各项目的净现值，记录初始投资。其次，选择净现金流量非负的项目。若资本限制允许接纳所有这些项目，则完成决策。若不能，则需调整：在资本限制内对项目进行组合，并计算各组合的净现值总和。最后，选择净现值总和最大的投资组合。

（三）投资时机选择决策

投资时机决策帮助决策者选择最佳投资时间，例如确定何时砍伐林木或推出新产品。这种决策带来收益和成本，如市场信息获取、产品价格提升或产品性能改进。然而，等待也可能导致时间价值损失和竞争者先发优势。成本可能随时间增加。若等待的收益大于成本，公司应选择等待策略。

（四）投资期选择决策

投资期是项目从资金投入至生产开始的时间。短投资期初期需大量人力物力，但营业现金流早；长投资期初期投资少，现金流晚，影响项目净现值。公司应运用投资决策分析方法，比较延长或缩短投资的利弊。常用方法是差量分析法，它计算简单，但不显示不同投资期的项目净现值。

第三节　营运资金管理

一、营运资金管理概述

（一）营运资金的概念

营运资金指的是流动资产与流动负债之间的差额。其管理不仅涵盖了流动资产的优化，还包括了流动负债的有效控制。

1.流动资产

流动资产指的是那些能够在一年内或在一个营业周期内（超过一年）被变现或利用的资产。这类资产的特点包括占用时间短、周转速度快以及易于变现。

2.流动负债

流动负债是指企业在一年内或超过一年的一个营业周期内需要清偿的债务。这类债务也被称为短期负债，其显著特点是成本较低且偿还期限短暂。

（二）营运资金的特点

营运资金的特性可以归纳为：一是周转速度快，其周转周期短，能够快速地在企业内部循环；二是流动性强，能够满足企业日常运营中对资金灵活运用的需求；三是资金来源灵活多样，为企业提供了多渠道的融资方式；四是资金数量具有波动性，会随着企业经营活动的变化而有所调整。

（三）营运资金的管理原则

营运资金管理应遵循以下原则：①确保资金需求的合理性；②提升资金运用的效率；③降低资金使用的成本；④维持充分的短期偿债能力。

（四）营运资金策略

企业必须构建一个框架，用以评估营运资金管理过程中风险与收益之间的平衡，涵盖营运资金的投资策略与融资策略。

1.流动资产的投资策略

企业流动资产投资策略主要包含以下三种策略：适中型、激进型和保守型。

（1）适中型投资组合　该策略在确保流动资产满足日常运营需求的基础上，适度保留保险储备量，以应对可能出现的突发情况，实现风险与收益的平衡。

（2）激进型投资组合　此策略下，企业仅维持流动资产的基本需求量，不额外设置保险储备，旨在通过降低流动资产的占用，提升企业资金的使用效率，从而增加投资回报率。

（3）保守型投资组合　与激进型策略截然不同，保守型策略在安排流动资产时，除了满足日常需求和保险储备外，还会额外增设一部分储备量，以确保企业在面对不确定因素时能够保持足够的财务稳定性，最大限度降低经营风险。

2.流动资产的筹资策略

（1）保守型筹资策略　企业将长期负债或权益资本用于筹集永久性流动资产和固定资产，而临时性流动资产则通过短期筹资方式来支持。

（2）激进型筹资策略　企业主要利用长期负债和权益资本为固定资产提供资金，同时仅对部分永久性流动资产采取长期筹资手段。

（3）稳健型筹资策略　企业采用长期筹资方式来支持固定资产、永久性流动资产，以及部分临时性流动资产的资金需求。

二、现金管理

（一）持有现金的动机

持有现金的动机主要有三种：交易动机、预防动机和投机动机。

（二）现金的成本组成

1.现金的机会成本

现金的机会成本指的是企业由于保留一定量的现金余额而错失的再投资收益。

2.现金的管理成本

现金管理成本指的是企业在持有一定量现金时所产生的管理开支，包括但不限于管理人员的薪酬、安全防护措施的费用等。

3.现金的转换成本

现金转换成本是企业在进行现金与有价证券之间相互转换过程中所需支付的费用，如买卖有价证券时的佣金、手续费以及过户费等。

4.现金的短缺成本

现金短缺成本是企业因无法及时补充现金而面临的损失。这种情况可能会导致直接损失，如支付违约金或错失投资机会，以及间接损失，如信用评级下降或业务中断。有效管理现金流对企业而言至关重要，以避免因现金短缺而产生的负面影响。

（三）最佳现金持有量的确定

现金管理的核心在于精确控制现金持有量，即确定最优的现金余额。最优现金余额是指能够使持有现金的总成本降至最低的现金持有量。为了确定这一最佳水平，主要采用的模型包括成本分析模型、存货模型以及随机模型等。

1.成本分析模型

成本分析模型是企业管理现金持有量的重要工具,旨在找到机会成本和短缺成本相平衡的最佳现金持有量。该模型不考虑转换成本,只计算机会成本(随现金持有量增加而上升)和短缺成本(随现金持有量增加而下降)。通过计算各现金持有量下的总成本,企业可以确定总成本最低点所对应的现金持有量,从而找到维持流动性与成本控制的最佳平衡点。

2.存货模型

存货模型,作为一种管理策略,旨在协助企业基于存货经济批量的核心理念,科学合理地确定其最佳的现金持有量。

存货模型假设:TC 表示总成本;b 表示现金与有价证券每次的转换成本;T 表示特定时期内的现金需求总额;N 表示最佳现金持有量;i 表示短期有价证券利率,计算公式如下:

$$现金持有成本 = \frac{N}{2} \times i$$

$$现金转换成本 = \frac{T}{N} \times b$$

$$总成本 TC = \frac{N}{2} \times i + \frac{T}{N} \times b$$

$$最佳现金持有量 N = \sqrt{\frac{2Tb}{i}}$$

3.随机模型(米勒奥尔模型)

随机模型回归线 R 计算公式:

$$R = \left(\frac{3b \times \delta^2}{4i}\right)^{\frac{1}{3}} + L$$

式中:b 为证券转换为现金或现金转换为证券的成本;δ 为公司每日现金流量变动的标准差;i 为以日为基础计算的现金结转成本;L 为最低控制线。

最高控制线 H 的计算公式为：

$$H = 3R - 2L$$

（四）现金的日常控制

1. 现金周转期计算公式

现金周转期 = 存货周转期 + 应收账款周转期 – 应付账款周转期

式中：

存货周转期 = 平均存货 ÷ 每天的销货成本

应收账款周转期 = 平均应收账款 ÷ 每天的销售收入

应付账款周转期 = 平均应付账款 ÷ 每天的购货成本

2. 现金收支管理

有效的现金管理策略包括同步现金流动、精确估算"浮存"以及实施内部牵制机制以确保及时进行现金盘点。

三、应收账款管理

（一）应收账款的概念

应收账款是指企业在销售商品、材料或提供劳务后，因采用赊销方式而应向购买方或接受劳务方收取的款项。管理这些应收账款的核心在于制定并执行一套科学合理的信用政策，同时需要仔细权衡因实施此政策而可能增加的收益与伴随而来的成本，以此来确定一个既合理又可行的应收账款水平。

（二）应收账款的功能

应收账款的功能体现在其在生产经营活动中的关键作用，主要包括两个方面：①促进销售增长；②降低库存水平。

（三）应收账款的成本

应收账款是企业为了提升销售业绩和盈利水平而进行的一项投资，自然会伴随一定的成本。这些成本主要包括机会成本、管理成本以及坏账成本。

1.应收账款的机会成本

应收账款会占用企业一定量的资金。若企业不将这部分资金用于应收账款，而是投放于其他投资，如购买债券以获取利息收入，那么由此放弃的潜在收益，即为应收账款的机会成本。其计算公式为：

应收账款机会成本＝维持赊销业务所需要的资金×资本成本率

维持赊销业务所需要的资金可按下列步骤计算。

（1）计算应收账款周转率

应收账款周转率＝360÷应收账款周转期

（2）计算应收账款平均余额

应收账款平均余额＝赊销收入净额÷应收账款周转率

（3）计算维持赊销业务所需要的资金

维持赊销业务所需的资金＝应收账款平均余额×变动成本率

2.应收账款的管理成本

应收账款管理成本主要指在执行应收账款管理过程中所产生的额外费用。这些费用涵盖了对客户信用状况进行调查的支出、搜集各类信息的成本、账簿记录的费用以及追收欠款的开销等。

3.应收账款的坏账成本

在赊销交易过程中，若债务人因各种原因无法偿还债务，债权人可能会面临无法收回应收账款的风险，从而产生所谓的坏账成本。

（四）信用政策

为了确保企业能够一致地运用信用并保证公平性，企业必须制定恰当的信用政策，明确地规定信用标准、信用条件以及收账政策这三个关键部分。

1.信用标准

信用标准是指企业所能承受的最大付款风险限额。"5C"信用评估模型全面考量了五个核心要素：品质（character）、能力（capacity）、资本（capital）、抵押（collateral）以及环境（condition），以确保对信用风险的全面评估。

2.信用条件

信用标准是企业用来评估客户等级并据此决定是否授予信用的准则。当企业决定向客户提供信用优惠时，必须考虑详尽的信用条件。信用条件涉及企业在接受客户信用订单时所设定的付款要求，通常包括信用期限、折扣期限以及现金折扣等要素。信用条件的典型表示方式为"2/10，n/45"，意味着客户若能在发票开具后的 10 天内完成付款，将获得 2% 的现金折扣；若客户选择不享受折扣，则需在 45 天内全额付清款项。在这一条款中，45 天代表信用期限，10 天为折扣期限，而 2% 则指现金折扣率。

3.收账政策

收账政策是企业管理应收账款的重要策略，既要确保资金及时回收，又要维持与客户的良好关系。制定收账政策时，需避免过于严苛，以免影响长期合作和订单；同时，也要防止过于宽松，避免恶意拖欠和信用成本上升。合理的收账政策应在催收力度与客户关系之间找到平衡，既保障应收账款的安全回收，又不损害企业的销售和利润水平。

四、存货管理

（一）存货的概念与存货管理的目标

存货是指企业在其生产运营过程中，为销售或耗用所储备的各类物质资源，包括但不限于材料、燃料、低值易耗品、正在加工中的产品、半成品、已完成的成品及待售商品等。

存货管理的核心目标在于寻求各种存货成本与效益之间的平衡点。通过最大化存货的功能，同时致力于减少存货成本，以期达到成本与效益的最优组合。

（二）存货的持有成本

1.采购成本

采购成本，即企业为获取所需存货而付出的总成本，主要由商品的购买价格、运输费用，以及其他相关杂费所组成。这一成本水平，在大多数情况下，会随着采购数量的增加而相应提高，呈现出一种正相关的变化趋势。

2.订货成本

订货成本指的是在采购材料或商品过程中所产生的费用。这类成本通常与订购的数量无关，而是与订购的频次紧密相关。

3.储存成本

储存成本涵盖了在物资储存过程中产生的各项费用，包括仓储费、搬运费、保险费以及因占用资金而支付的利息费等。

4.缺货成本

缺货成本涉及因库存不足导致企业遭受的经济损失，包括但不限于因原材料供应不足引发的生产停滞损失、商品库存短缺导致的销售中断损失，以及成品供应中断所引起的发货延误信誉损失和错失销售机会的损失等。

（三）最佳经济订货批量的确定

1.经济订货批量模型

经济订货批量，亦称作经济订货量，指的是在特定时期内，使得储存成本与订货成本之和达到最小化的采购数量。在存货成本中，储存成本与订货成本与订货量之间呈现出一种反比关系。令 A 表示存货全年需求量、Q 表示每批订货量、F 表示每批订货成本、C 表示每件存货的年储存成本，则有：

$$总成本 TC = \frac{Q}{2} \times C + \frac{A}{Q} \times F$$

对上式中 Q 求一阶导数，并令其为零，即得：

$$经济订货批量 Q^* = \sqrt{\frac{2AF}{C}}$$

$$年最佳订货量 = \frac{A}{Q}$$

2.实行数量折扣的经济订货批量模型

在经济订货批量基本模型其他各种假设条件均具备的前提下，存在商业折扣时的存货相关总成本可按下式计算：

$$存货相关总成本 = 采购成本 + 订货成本 + 储存成本$$

确定实行商业折扣的经济订货批量的具体步骤如下：

第一步，依据基本的经济订货批量模型，先确定在无商业折扣情况下的经济订货批量。

第二步，接着计算在无商业折扣条件下，按照经济订货批量进行进货时的总存货成本。

第三步，然后计算在给予商业折扣的情况下，按照不同订货批量进货时的总存货成本。

3.再订货点

为防止存货中断，再订货点应等于交货期内的预计需求与保险储备之和，即

$$再订货点 = 预计交货期内的需求量 + 保险储备$$

保险储备又称安全储备，是指为防止存货需求量突然增加或交货期延误等不确定情况所持有的存货储备，用 S 来表示。

$$S = \frac{1}{2}(mr - nt)$$

$$R = nt + S = \frac{1}{2}(mr + nt)$$

式中：S 表示存货的保险储备；R 表示再订货点；n 表示货物平均每天的正常耗用量；t 表示从发出订单到货物验收完毕正常所用的时间；m 表示预计

货物的最大日耗用量；r 表示从发出订单到货物验收完毕预计最长的收货时间。

（四）存货的控制系统

1.ABC 控制系统

ABC 控制系统旨在对企业内繁杂的存货进行分类管理，依据存货的重要性、价值或资金占用等标准，将其划分为三个等级：A 级代表高价值库存，虽然其品种数量仅占全部库存的 10%～15%，但其价值却占据了全部库存的 50%～70%；B 级为中等价值库存，品种数量占全部库存的 20%～25%，价值占比为 15%～20%；C 级则为低价值库存，尽管品种数量庞大，占全部库存的 60%～70%，但其价值仅占全部库存的 10%～35%。对于 A 级库存，应实施重点监控和严格管理；而 B 级和 C 级库存的关注度则可相应降低，采取常规管理措施。

2.适时制库存控制系统

适时制库存控制系统是一种通过精确协调供应商和客户需求来实现零库存的管理方式。制造企业仅在生产过程中需要时才从供应商处获取原料或零件，减少无效库存积压，生产完成的产品也即时由客户取走。该系统通过降低库存持有成本，提升了企业的运营效率，同时减少了库存管理的复杂性和成本，实现了生产与需求的无缝对接。

五、短期负债管理

（一）短期借款

1.短期借款的概念

短期借款指的是企业从银行及其他非银行金融机构获得的，偿还期限不超过一年的贷款。

2.短期借款的信用条件

遵循国际惯例，银行在提供短期贷款时通常会附加若干信用条件，具体如下：

（1）信贷限额　这是银行对借款人设定的无担保贷款最高额度。

（2）周转信贷协议　银行在法律上承诺，将提供不超过特定最高限额的贷款。

（3）补偿性余额　银行要求借款企业在其账户中保持相当于贷款限额或实际借款额一定比例（通常为 10%~20%）的最低存款余额。

（4）借款抵押　对于财务风险较高或信誉不完全确定的企业，银行在发放贷款时可能要求提供抵押品，以降低潜在损失的风险。

（5）偿还条款　贷款偿还方式分为到期一次性偿还和贷款期限内定期等额偿还两种。

（6）额外承诺　银行有时还要求企业为获得贷款而做出额外承诺，例如定期提供财务报表和维持适当的财务状况（如特定的流动比率）。

3.短期借款利息的支付方法

（1）收款法　指在贷款到期时向银行支付利息的计息方式。通常，银行向工商企业提供的贷款多采用此方法收取利息。

（2）贴现法　银行在向企业发放贷款时，会预先从本金中扣除相应的利息部分，因此到期时企业需偿还的金额为扣除利息后的剩余本金。

（3）加息法　银行在发放分期等额偿还的贷款时，所采用的一种利息计算方式。

4.企业对银行的选择

随着金融信贷行业的蓬勃发展，越来越多的银行和非银行金融机构开始向企业提供贷款服务，这为企业提供了更广阔的选择空间，以便在众多贷款机构中挑选出最符合自身利益的选项。关键在于获取最合适的借款类型、借款成本以及借款条件。同时，企业还应当考虑以下因素：①银行对贷款风险的管理策略；②银行对企业的整体态度；③贷款服务的专业化水平；④银行贷款政策的持续稳定性。

（二）商业信用

1.商业信用的概念和种类

商业信用条款指的是销售方对支付时间和现金折扣所设定的具体条件，通常包括预付货款、延期支付（不包括现金折扣）以及延期支付，但若提前支付则可获得现金折扣。

2.现金折扣成本的计算

在采用商业信用方式销售产品时，为了激励购买方尽快支付款项，销售方通常会设定一系列信用条款，这些条款主要包括现金折扣和付款期限两个方面。若销售方提供现金折扣，购买方应尽可能地争取享受到这项优惠，因为错失现金折扣的机会成本相当高昂。放弃现金折扣的成本可以通过以下公式计算：

$$放弃现金折扣的成本 = \frac{折扣百分比}{1-折扣百分比} \times \frac{360}{信用期-折扣期}$$

商业信用筹资的应用便捷，筹资成本相对低廉，且限制条件较少。然而，其期限通常较短。

第四节　财务分析

一、财务分析的概念与内容

（一）财务报表及其作用

财务报表是企业展示其财务健康状况和经营成果的关键文件，构成了财务会计报告的重要组成部分。它是企业与外部利益相关者沟通财务信息的主要手段，主要包括资产负债表、利润表、现金流量表、所有者权益变动表等内容，以及附注的详细说明。这些报表共同帮助外界了解企业的财务状况、盈利能力和资金运作情况，为决策提供重要支持。

（二）财务分析的意义与作用

财务分析的重要性与功能体现在以下几个方面：①准确评估企业过往的经营绩效；②剖析企业目前的财务状况及经营成效，揭示财务活动中的潜在问题；③预测企业未来的发展趋势。

（三）财务分析的内容与一般步骤

财务分析涵盖企业偿债能力、营运能力、盈利能力和发展能力四个关键领域，帮助全面评估企业的财务状况和经营效率。

分析过程遵循以下步骤：首先要明确分析的目的，接着收集相关的财务数据，然后将整体财务信息按需求分解为若干部分，最后通过计算和分析，深入研究各个部分的特性及其相互间的关系。

（四）财务分析的方法

财务分析的方法主要包括比率分析法和比较分析法。

二、财务指标分析

（一）偿债能力分析

1.短期偿债能力分析

（1）流动比率：企业流动资产与流动负债的比率。其计算公式为：

$$流动比率 = \frac{流动资产}{流动负债} \times 100\%$$

（2）速动比率：企业速动资产与流动负债的比率。其计算公式为：

$$速动比率 = \frac{速动资产}{流动负债} \times 100\%$$

（3）现金比率：企业现金资产与流动负债的比率，它表明每1元流动负债由多少现金资产作为偿还保障。其计算公式为：

$$现金比率 = \frac{货币资金 + 交易性金融资产}{流动负债} \times 100\%$$

2.长期偿债能力分析

（1）资产负债率：企业负债总额与资产总额的比率。其计算公式为：

$$资产负债率 = \frac{负债总额}{资产总额} \times 100\%$$

（2）股东权益比率：股东权益总额与资产总额的比率，该比率反映企业资产中有多少是所有者投入的。其计算公式为：

$$股东权益比率 = \frac{股东权益总额}{资产总额} \times 100\%$$

（3）权益乘数：股东权益比率的倒数，即资产总额是股东权益的多少倍。其计算公式为：

$$权益乘数 = \frac{资产总额}{股东权益总额}$$

（4）产权比率：又称资本负债率，是负债总额与所有者权益总额的比率。其计算公式为：

$$产权比率 = \frac{负债总额}{所有者权益总额} \times 100\%$$

（5）利息保障倍数：企业息税前利润与利息费用之比。其计算公式为：

$$利息保障倍数 = \frac{息税前利润}{利息费用}$$

（二）营运能力分析

1.流动资产周转情况分析

（1）应收账款周转率（次数）：一定时期内应收账款平均收回的次数。其计算公式为：

$$应收账款周转率 = \frac{营业收入}{平均应收账款余额} \times 100\%$$

（2）存货周转率（次数）：一定时期内企业销售成本与存货平均资金占用额的比率。其计算公式为：

$$存货周转率 = \frac{营业成本}{平均存货余额} \times 100\%$$

（3）流动资产周转率：反映企业流动资产周转速度的指标。其计算公式为：

$$流动资产周转率 = \frac{营业收入}{平均流动资产} \times 100\%$$

2.固定资产周转率

固定资产周转率是指企业年销售收入净额与固定资产平均净额的比率。其计算公式为：

$$固定资产周转率 = \frac{营业收入}{平均固定资产净额} \times 100\%$$

3.总资产周转率

总资产周转率是企业销售收入净额与企业资产平均总额的比率。其计算公式为：

$$总资产周转率 = \frac{营业收入}{平均资产总额} \times 100\%$$

（三）盈利能力分析

1.营业利润率

营业利润率是企业一定时期营业利润与营业收入的比率。其计算公式为：

$$营业利润率 = \frac{营业利润}{营业收入} \times 100\%$$

营业利润率越高，表明企业的市场竞争力越强，发展潜力越大，从而获利能力越强。

2.成本费用利润率

成本费用利润率是指企业一定时期利润总额与成本费用总额的比率，反映了企业所得与所耗的关系。其计算公式为：

$$成本费用利润率 = \frac{利润总额}{成本费用总额} \times 100\%$$

3.总资产报酬率

总资产报酬率是企业息税前利润与企业资产平均总额的比率。其计算公式为：

$$总资产报酬率 = \frac{息税前利润}{资产平均总额} \times 100\%$$

4.股东权益报酬率

股东权益报酬率，亦称作净资产收益率，衡量了在特定时期内企业净利润与平均股东权益总额之间的比率。该比率揭示了投入资本的盈利效率，是评估企业盈利能力的关键指标。其计算公式为：

$$股东权益报酬率 = \frac{净利润}{平均股东权益总额} \times 100\%$$

5.每股收益

每股收益也称每股利润或每股盈余，是公司普通股每股所获得的净利润。其计算公式为：

$$每股受益 = \frac{归属于普通股东的当期净利润}{发行在外的普通股加权平均数}$$

6. 每股股利

每股股利是上市公司本年发放的普通股股利总额与年末普通股股份总数的比值。其计算公式为：

$$每股股利 = \frac{普通股股利总额}{年末普通股股份}$$

7. 每股净资产

每股净资产，又称每股账面价值，是指企业净资产与发行在外的普通股股数之间的比率。其计算公式为：

$$每股净资产 = \frac{股东权益总额}{发行在外的普通股股数}$$

8. 市盈率

市盈率是股票每股市价与每股收益的比率。其计算公式为：

$$市盈率 = \frac{每股市价}{每股收益} \times 100\%$$

9. 市净率

市净率是每股市价与每股净资产的比率，是投资者用以衡量、分析个股是否具有投资价值的工具之一。其计算公式为：

$$市净率 = \frac{每股市价}{每股净资产} \times 100\%$$

（四）发展能力分析

1. 营业增长率

营业增长率衡量了企业本年度营业收入的增长额与上一年度营业收入总额之间的比率。该指标揭示了企业营业收入的变动趋势，是评估企业成长状况和发展潜力的关键指标。其计算公式为：

$$营业增长率 = \frac{本年营业增长率}{上年营业收入总额} \times 100\%$$

2.利润增长率

利润增长率衡量的是企业当前年度利润总额相较于上一年度的增长比例，这一指标揭示了企业利润的增势。其计算公式为：

$$利润增长率 = \frac{本年营业增长率}{上年营业利润总额} \times 100\%$$

3.总资产增长率

总资产增长率衡量的是企业当年总资产的增长额与年初资产总额之间的比率，这一指标揭示了企业在报告期内资产规模的扩张情况。其计算公式为：

$$总资产增长率 = \frac{本年营业增长额}{年初资产总额} \times 100\%$$

4.资本积累率

资本积累率是指企业本年度所有者权益的增长量与年初时所有者权益的比值，是衡量企业资本增长情况的一个重要指标。其计算公式为：

$$资本积累率 = \frac{本年所有者权益增长额}{年初所有者权益} \times 100\%$$

上述四项财务比率各自从不同视角揭示了企业的成长能力。

三、财务综合分析

（一）杜邦分析法

1.杜邦分析法的概念和特点

杜邦分析法，作为一种深度剖析企业财务状况与经济绩效的方法，其核心在于运用各项主要财务比率间的内在联系。此方法以净资产收益率为核心指标，围绕总资产报酬率和权益乘数进行详尽分析，从而清晰展现企业的盈利实力及其背后的成因与效应。

2.杜邦分析法原理

杜邦分析法各主要指标之间的关系如下：

$$股东权益报酬率 = \frac{净利润}{股东权益} = 销售净利率 \times 总资产周转率 \times 权益乘数$$

（二）沃尔评分法

1.沃尔评分法的概念

沃尔评分法是一种财务分析方法，旨在通过比较公司的财务指标与行业或标准参考值，评估公司在各项财务指标中的表现。每个财务指标的实际值与标准值的比重被用于计算公司在该指标下的得分，最终结合所有指标的得分，形成对公司财务健康状况的综合评估。

2.沃尔评分法应用的程序

沃尔评分法的执行步骤概述如下：①仔细选择评价指标体系中的财务比率，这些比率涉及偿债能力、营运效率及盈利能力三个方面；②针对各财务比率的重要性程度，设定其对应的标准评分值，确保所有财务比率的评分值总和恰好为100分；③为各财务比率在评价指标体系中设定评分的最大值与最小值；④明确各财务比率的具体标准数值；⑤收集并计算企业各项财务比率的实际数值；⑥通过将实际数值与标准数值进行比较，得出各项财务比率的相对比率；⑦最后，根据相对比率的结果，计算出各财务比率的实际得分。

如果企业的综合评分趋近于满分100分，那么这标志着其财务状况非常健康，不仅符合更可能超越了行业的普遍水准；若综合评分远低于100分，则表明企业财务状况面临挑战，财务实力有待加强；而若综合评分大幅超出100分，这无疑是企业财务状况极为优异，表现卓越的明确信号。

第十一章 现代经济营销管理

第一节 市场与市场营销

一、市场及其相关概念

市场营销通常被理解为涉及市场的一系列人类活动。因此,首要任务是掌握市场及其相关概念。

(一)从多角度理解市场

在日常生活中,人们通常将市场视为交易的场所,例如集市、商场、纺织品批发市场等,这是一种基于时间和空间的市场概念。

经济学家从商品经济的角度定义了市场,认为它是商品供求与交换关系的综合体现。市场不仅反映了商品之间的内在矛盾,还揭示了通过交换所表现的人际关系。只要存在社会分工和商品生产,市场就会随之而生,成为商品形态转化和所有者间交换的总体表现。这一解释属于抽象的市场概念。

管理学家从实际操作的角度理解市场,认为它是供需双方在共同认可条件下展开的具体交换活动。美国学者奥德森和科克斯进一步提出了广义市场的概念,将任何促成生产者与消费者之间商品和劳务潜在交换的活动都视为市场的一部分。

菲利普·科特勒认为,市场由那些有特定需求并愿意通过交换来满足这些需求的潜在顾客构成。市场规模取决于愿意以资源交换所需产品的顾客人数。对于企业来说,市场是外部环境,虽然无法完全控制,但可以通过一定手段加以影响。市场不仅是交换商品的场所,也是企业与顾客之间发展增值关系的关键平台。

综上所述,市场的形成与社会分工和商品生产密切相关,要求存在消费者需求和相应的交换资源,同时还需要产品或服务供应以及合适的交易条件。市场的本质是由消费者需求驱动、生产者推动的动态发展过程。在营销的视角下,买方即市场,卖方则被视为行业,两者共同作用下促成市场的运行和发展。它们之间的关系如图 11-1 所示。

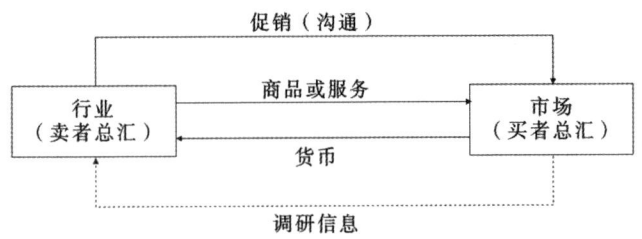

图 11-1　简单的市场营销系统

在图 11-1 中,买卖双方通过四种流动相互连接:卖方将商品(或服务)带入市场并与之进行沟通;买方则将资金和信息带入行业。图示中,内环代表货币与商品的交换,而外环则代表信息的交流。

(二)市场营销的构成要素

市场的构成依赖于三大关键因素:拥有需求的人群、具备购买力的资源,以及满足需求的购买欲望。这三者共同决定市场的存在和规模,缺一不可。市场的规模和容量取决于这些要素的相互作用,只有当需求、购买力和欲望结合在一起时,才能形成一个完整的市场。

二、市场营销的含义

（一）市场营销的概念

菲利普·科特勒将市场营销定义为通过创造并交换产品与价值以满足需求和欲望的社会和管理过程。根据这一定义，市场营销的核心在于交换，营销者通过积极寻找机会来满足双方的需求和欲望。市场营销能否成功，取决于产品和价值是否能有效满足顾客需求，以及交换过程的管理水平。

（二）市场营销与销售或推销、促销的关系

市场营销的范围远超销售或推销、促销，后者只是市场营销中的一个环节。现代企业的市场营销活动涵盖了市场研究、需求预测、新产品开发、定价、分销、物流、广告和售后服务等多个方面。销售和促销虽然是其中的重要组成部分，但在整个营销战略中并不占据核心地位。营销的重点在于通过全方位的策略来满足市场需求，提升企业竞争力。

（三）市场营销的相关概念

1.需要、欲望和需求

市场营销活动的起点是需求和欲望。需要是人类的基本生存需求，无法被营销者创造，但可通过多种方式加以满足。欲望则是受文化和社会环境影响的具体追求，营销者可以通过引导和刺激欲望来推广特定产品或服务。需求则是在购买力和购买欲望的双重条件下形成的市场需求，营销者常借助各种手段影响需求，并根据需求预测来决定是否进入某一市场。

2.产品

产品是能够满足人的需要和欲望的任何东西。产品的价值不在于拥有它，而在于它给我们带来的欲望上的满足。产品实际上只是获得服务的载体。这种载体可以是物，也可以是服务，如人员、地点、活动、组织和观念。

3.效用

效用指顾客对产品满足其需求能力的综合评价，决定了产品对顾客的吸引力。顾客在购买时，会权衡产品的效用与所需支付的费用，进而决定是否购买。这种主观的价值评估直接影响顾客的购买行为。

4.交换、交易关系

交换是通过提供某种回报从他人处获得所需之物的过程，是市场营销的核心。有效的交换需要满足五个条件，包括有交换双方、双方有互需的有价值物品、沟通和运输能力、自由选择权以及对交易的认同。交易则是交换的基本单位，可以通过货币或非货币形式（如物物交换）进行。每项交易涉及有价值的物品、商定的交易条件、时间、地点以及法律保障。

交易营销关注于单次交易的利润，而关系营销则强调通过建立和维护长期的合作关系来实现互利。这种营销方式涉及与顾客、分销商和供应商等各方的长期承诺，注重提供优质产品、良好服务和公平价格，并通过加强经济、技术和社会联系来实现。关系营销的目标是最大化各方的整体利益，而不是仅仅追求单次交易的最大利润，这种方式有助于节约交易时间和成本。

5.市场营销者

在交换过程中，市场营销者是主动寻求交换的一方，他们希望从他人那里获得资源，并愿意以某种有价值的东西进行回报。市场营销者可以是卖方，也可以是买方。当买卖双方都积极寻求交换时，双方均被称为市场营销者，这种情况被称为相互市场营销。

三、市场营销与企业职能

市场营销在企业中的应用至关重要，因为企业的价值在于其是否能够有效地满足顾客需求。管理学大师彼得·德鲁克强调，企业的核心职能包括市场营销和创新。市场营销的核心作用在于顾客的需求决定了企业的存在和成功，顾客的购买意愿使企业资源转化为财富。市场营销不仅帮助企业创建市场,还促进了市场营销理念在企业各部门的广泛应用,成为企业核心职能的核心。

第二节 市场营销管理哲学

现代市场营销学侧重于从管理决策角度分析市场营销问题,强调"管理导向"。企业的市场营销活动需依托于特定的市场营销哲学,这一指导思想对企业的经营成败至关重要。通过深入了解市场营销管理的实质、任务及其哲学的演变,可以形成正确的市场营销观念,并在实际营销活动中应用这些理念,以实现顾客满意。

一、市场营销管理

(一)市场营销管理的含义

市场营销管理,指的是为了达到企业的既定目标,而展开的一系列活动,包括创造、构建及维系与目标市场之间的利益关系。这些活动涉及对设计方案的详尽分析、周密的计划制定、精准地执行实施以及严格的监控控制。

(二)市场营销管理的任务

1.市场营销管理的基本任务

市场营销管理的基本使命在于实现企业既定目标,通过精心策划的营销调研、计划制定、执行落实以及监控调整等流程,来精准调控目标市场的需求层次、时间窗口及构成比例。其核心精髓,便是需求的有效管理。

2.市场营销管理的具体任务

市场营销管理的具体职责因目标市场的独特需求而异。营销人员必须具备应对多样化需求的能力,并相应地调整营销管理策略。八种典型的不同需求状况下的市场营销管理任务具体如下。

(1)负需求。负需求指的是消费者对某个产品的强烈厌恶,甚至愿意支付费用来避免使用该产品。在这种情况下,市场营销的任务是通过改变消费者对产品的认知或态度,来扭转这种负面需求。

(2)无需求。无需求是指目标市场对某种产品缺乏兴趣或漠不关心。面对这种情况,营销管理的任务是通过创造吸引力和增加产品的可见度来刺激市场需求。

(3)潜伏需求。潜伏需求指顾客对某产品或服务有需求,但可能由于缺乏购买力或暂时不急于购买而未显现。在这种情况下,营销管理需要开发和实施市场营销策略,以唤起和满足这些潜在需求。

(4)下降市场需求。下降市场需求是指市场对某些产品的需求呈现下滑趋势。在这种情况下,营销管理需要采取措施来重振市场营销,刺激需求的恢复。

(5)不规则需求。不规则需求是指市场对某些产品或服务的需求在不同时间段内表现出显著波动。营销管理的任务是通过协调市场营销策略来应对这种需求波动,确保资源得到有效配置。例如,公园在平时与假日期间的访客数量差异,或者交通在低峰和高峰期的需求变化,都需要通过优化营销活动和资源管理来平衡和满足这些不规律的需求。

(6)充分需求。充分需求表示某种产品或服务的实际需求正好满足预期的需求水平。在这种情况下,营销管理的主要任务是维持现有的市场营销策略,以确保需求的稳定性。目标是保持市场的平衡,避免出现需求过高或不足的情况,从而保证企业的持续运营和市场份额的稳定。

(7)过量需求。过量需求指市场对某些产品或服务的需求超出了企业的供给能力或意愿。在这种情况下,营销管理的任务是调整市场营销策略,以减缓需求增长，避免供需失衡。例如，旅游景点在高峰期面临游客过多的情况，或大桥在超出安全载量的情况下运行，都需要通过减少市场营销活动来控制需求，以确保资源和服务的有效管理。

（8）有害需求。有害需求是指市场上对某些对社会或个人有害的产品或服务的需求，例如烟草、酒精、毒品和暴力电影。在这种情况下，营销管理的任务是进行反市场营销，即采取行动减少或消除这种有害需求。通过教育、法规限制、公众宣传和其他干预措施，目标是降低这些有害产品的市场需求，从而保护消费者和社会整体的健康和安全。

二、市场营销管理哲学概述

（一）市场营销管理哲学的含义

市场营销管理哲学是企业在营销活动和管理中采用的基本指导思想，它涉及企业的观念、态度和思维方式。其核心在于平衡企业、顾客和社会之间的利益关系。随着生产和交换的发展、社会经济环境的变化以及企业经验的积累，市场营销管理观念经历了由以企业利益为中心的导向，转变为以顾客利益为中心，再到更全面地以社会利益为中心的发展轨迹。

（二）市场营销管理哲学的演进

1.以企业为中心的观念

以企业为核心的市场营销观念，是围绕企业利益作为根本出发点和最终目标来应对营销挑战的观念，具体涵盖以下内容。

（1）生产观念。生产观念是一种最早的营销管理观念，其核心在于提高生产效率和扩大销售覆盖面，重点放在降低成本和增加产量上。这种观念通常适用于物资短缺或产品供不应求的市场环境，企业在这些条件下通过增加生产来满足市场需求。然而，随着市场的发展和生产能力的提升，这种观念的局限性逐渐显现，它往往忽视市场需求的差异，可能导致企业在市场竞争中处于困境。

（2）产品观念。产品观念是营销管理中的一种理念，其核心在于生产高质量、多功能且具有特色的产品，并不断改进以满足顾客期望。这种观念在市场上产品供不应求的背景下形成，代表了一种比生产观念更具竞争性的方法。持有产品观念的企业相信顾客能够识别并欣赏优质产品，愿意为此支付更高的价格。企业通过强调产品的质量和功能，期望顾客因产品的优越性而主动购买。然而，这种观念假设只要生产出优质产品，顾客自然会到来，可能忽视了市场需求的变化和竞争的复杂性。

产品观念虽然在生产观念盛行的背景下产生，强调生产优质和特色产品，但它也存在明显的缺陷。这种观念可能导致"营销近视症"，即企业过于专注于产品本身，而忽略了市场需求和消费者偏好的变化。企业可能因为对产品的过度自信，而未能及时调整策略以应对市场的动态变化或竞争的挑战。这种态度可能使企业陷入困境，因为即使产品质量再好，也无法保证在不断变化的市场环境中始终保持畅销。成功的市场营销不仅需要关注产品，还必须灵活应对市场需求的变化。

（3）推销观念。推销观念在市场从卖方市场向买方市场转变的背景下兴起，其核心在于通过积极的推销和促销手段来提升产品销量。尽管这种观念能有效地增加短期销售，尤其是在产品供过于求的市场环境中，但它也存在显著的缺陷。推销观念可能导致企业忽视顾客的长期满意度和需求，专注于短期的市场占有率和销售额。成功的市场营销不仅需要强有力的推销策略，还应关注顾客的需求变化和长期关系维护。

推销观念在特定情况下（如非渴求商品、非营利领域、产品过剩等）可以有效促进销售，通过强有力的推销和广告来引起顾客的兴趣和购买欲。然而，当市场需求饱和或产品不适销对路时，推销观念的效用会大大降低，企业需要转变经营观念，考虑其他营销策略，如顾客导向的市场营销，以更好地适应市场需求和提高销售效果。

2.以顾客为中心的观念

以顾客为中心的市场营销观念认为,实现组织目标的关键在于准确识别并满足目标市场的需求和欲望。企业需要比竞争对手更有效地满足这些需求,以获得竞争优势和市场成功。

在市场营销观念指导下,企业应从市场上的消费需求出发,组织生产和销售,以满足目标顾客的具体需求。企业的目标不仅仅是追求短期的销售量增长,而是着眼于长期的市场占领。企业通过持续的市场调研,发现并满足尚未被满足的需求,将资源集中于这些需求上,从而实现顾客满意并获取持续的丰厚利润。

在第二次世界大战后,特别是 20 世纪 50 年代以来,西方企业经历了一次重要的思想转变,即从推销观念转向市场营销观念。这一变化主要受到两个因素的驱动:一是买方市场的形成,导致产品供过于求、需求波动加快和市场竞争加剧;二是企业在资本主义经营管理中的实践经验不断积累,促使企业认识到市场营销观念的必要性。这种革命性的演变帮助企业更好地应对市场挑战和满足顾客需求。

市场营销观念的核心包括四个主要支柱:目标市场、顾客需求、协调营销和营利性。这种观念本质上是一种以顾客需要和欲望为中心的哲学,体现了消费者主权论在企业市场营销管理中的核心地位。

3.以社会长远利益为中心的观念——社会营销观念

社会营销观念强调组织的任务不仅是满足目标市场的需求、欲望和兴趣,还要以保护或提升顾客和社会福利的方式进行。这种观念关注长远的社会利益,要求企业在满足市场需求的同时,也要比竞争者更有效、更有力地提供满足,从而实现社会和顾客的双重福利。

社会营销观念是在 20 世纪 70 年代应对社会问题的背景下发展起来的,它修正了传统市场营销观念,以便在制定营销政策时能够同时考虑企业利益、顾客需求以及公共利益。杰拉尔德·蔡尔曼和菲利普·科特勒首次提出了这一概念,旨在将市场营销原理应用于社会目标,如环境保护和公共健康,以平衡市场营销的各方利益。

（三）市场营销管理新旧哲学的比较与分析

市场营销管理哲学（观念）亦可概括为传统与现代两种观念。生产观念、产品观念、推销（销售）观念通常被视为传统观念，它们以企业为核心；而市场营销观念和社会营销观念则属于现代观念，它们聚焦于市场需求。西奥多·莱维特（TheodoreLevitt）曾以推销观念与市场营销观念为代表，比较了新旧观念的区别（表11-1）。

表 11-1 市场营销管理新旧观念的比较

类型	出发点	中心	方法	目标
推销观念	厂商	产品	推销和促销	以扩大消费需求获取利润
市场营销观念	目标市场	顾客满意	整体营销	以满足消费需求创造利润

各种市场营销观念的产生和存在都有其合理性，依据的是生产力水平、商品供求情况及企业规模等因素。尽管这些观念在历史上有先后出现的顺序，但并不是彼此取代的关系。不同企业在相同时间内可能采用不同的经营观念。现代企业应积极倡导现代的市场营销观念和社会营销观念，同时不应忽视科技进步和生产管理。尽管传统的生产、产品和推销观念在一些尚未完全成熟的市场中仍然存在，但企业应根据生产力的发展和市场需求的变化，及时调整和优化其经营观念，避免固守过时的传统观念。

总之，市场营销观念必须全面关注买者、卖者和公众三方面的需求与要求。企业在营销过程中不仅要满足顾客的需求和欲望，还需关注自身的销售和利润目标。同时，企业应确保其产品的安全性和可靠性，保持合理的价格，并且促销活动要诚实守信，不滥用资源或造成环境污染。只有通过这种综合而高水平的市场营销，才能保障企业的长远利益，实现生产目标，创造良好的社会环境，并提升现代文明水平。

三、顾客满意概述

（一）顾客满意的含义

顾客满意（CS）是指顾客对产品的实际表现与其期望进行比较后的感受状态。该概念自20世纪80年代在美国兴起，90年代成为市场主流，核心思想是从顾客的立场出发，优先满足顾客的需求和期望。研究表明，顾客满意度不仅影响顾客的再购买决策，还会影响其他潜在顾客的购买行为。在激烈的市场竞争中，高度的顾客满意度能够增强品牌的情感吸引力，从而对市场产生积极影响。

（二）实施顾客满意战略的途径

1. 开发顾客满意的产品

实施顾客满意战略要求企业将满足顾客需求作为所有经营活动的出发点。企业必须深入了解顾客，包括他们的现实和潜在需求、购买动机、行为、能力、消费习惯、兴趣和爱好。这样，企业才能科学地确定产品开发方向、生产数量以及服务内容，确保真正满足顾客的期望。以夏普电器公司为例，该公司通过调查发现老年顾客对微波炉操作复杂的问题，并据此改进产品设计，增加了易于操作的控制面板，从而有效提升了老年顾客的购买率。

为了吸引年轻消费者，企业需要注重产品和服务的教育性和娱乐性，同时确保其产品具有环保特性。随着地球生态平衡的破坏和环境问题的加剧，消费者对环境保护的意识日益增强。年轻消费者更倾向于选择对环境无害且对自身健康有利的绿色产品，甚至愿意为此支付额外的费用。例如，40%的欧洲消费者更偏好环保产品。为适应这一趋势，企业应调整传统营销策略，融入环保因素，从生产技术、材料选择、产品设计到包装和废弃物处理的各个环节，都应考虑对环境的影响。设计和生产可回收、易分解、可翻新及循环利用的产品，将帮助企业满足现代消费者的需求并提升市场竞争力。

2.提供顾客满意的服务

为了提供顾客满意的服务，企业需要全面优化服务系统，确保顾客在购买和使用过程中的安心和便利。首先，企业在价格设定上应保持公平、透明，并根据质量提供合理定价，同时价格应保持稳定。其次，包装应以安全和便利为核心设计，避免给顾客带来不便。企业还需在经营过程中保证足斤足尺，诚实守信。此外，完善的售后服务也是关键，包括主动询问顾客需求、提供安装帮助、传授使用技术，并确保提供必要的零配件和维修服务。这些措施有助于提高顾客满意度，建立良好的企业信誉。

3.进行顾客满意观念教育

实施顾客满意观念教育对于企业的长期成功至关重要。企业需要对全体员工进行系统的培训，使他们深入理解"顾客第一"的重要性，并认识到顾客满意行动的实际意义。通过这种教育，企业能够在员工中树立顾客优先的理念，确保全体员工在日常工作中自觉践行这一观念。同时，企业还应致力于建设一种以顾客为核心的企业文化，培养一种对顾客充满爱心的价值观和行为模式。这种文化将有助于提升员工的服务意识和顾客的整体满意度。

4.建立顾客满意分析方法体系

在服务至上的时代，企业必须建立科学的顾客满意分析方法体系，以准确测量顾客对产品和服务的满意度，并及时将反馈信息传达给企业管理层。通过这一体系，企业可以不断改进其产品和服务，以真正满足顾客的需求。在当今信息社会，企业要维持技术优势和生产力的领先变得越来越困难，因此，企业应将工作重心转向顾客，确保通过卓越的服务赢得顾客的满意和忠诚。可以说，顾客满意度高的企业才能在竞争激烈的市场中脱颖而出，持续获得成功。

四、顾客让渡价值

（一）顾客让渡价值的含义

顾客让渡价值是衡量顾客在购买过程中获得的价值与付出的成本之间的差异。顾客购买的总价值涵盖了产品本身的价值、相关服务的价值、人员提供的价值以及品牌形象的价值。与此同时，顾客的总成本包括了货币支出、时间投入、精神和体力的消耗等。

顾客在购买决策过程中，主要关注将成本降至最低，同时最大化所获得的实际利益。为了达到这一目标，顾客会对比不同产品的价值与成本，最终选择让渡价值最高的产品。这种选择过程反映了顾客对成本效益的敏感性，以及他们在满足需求时追求最佳性价比的倾向。

为了在竞争中脱颖而出并吸引更多顾客，企业必须提供比竞争对手更高的顾客让渡价值。这可以通过两个主要策略实现：一方面，企业应改进产品、服务、人员和企业形象，以增加产品的总价值；另一方面，通过优化服务和促销网络，降低顾客在购买过程中的时间、精神和体力成本，从而降低顾客的总成本。这些措施将有助于提升顾客满意度，促进产品的销售。

（二）顾客购买的总价值

顾客获得更多顾客让渡价值的有效方式之一，在于提升顾客总价值。顾客总价值包含产品价值、服务价值、人员价值和形象价值四个部分，每一部分的价值变化都会直接影响总体价值的增减。

1.产品价值

产品价值是由功能、特性、品质、品种和样式等因素构成的，是顾客购买产品时的首要考虑因素。经济发展时期的变化会影响顾客对产品价值的要求，产品的要素及其重要性也会随之变化。此外，同一经济阶段内，不同类型的顾客对产品的需求和价值观也会有所不同。企业应根据这些变化，深入分析顾客需求的共同特点和个性化特征，以此指导产品的开发和设计，从而提升产品的适应性，并为顾客创造更大的价值。

2.服务价值

服务价值是指企业在销售产品时提供的各种附加服务，如送货、安装、调试、维修和技术培训等，这些服务极大增强了产品的总价值。随着顾客收入水平的提高和消费观念的变化，顾客在选购产品时不仅关注产品本身的价值，还越来越重视附加服务的质量。在同类产品质量相似的情况下，企业提供的附加服务越全面，顾客获得的实际利益就越大。因此，提供完善的服务已成为现代企业在市场竞争中的重要战略焦点。

3.人员价值

人员价值是指企业员工的综合素质和能力所带来的价值，包括经营思想、知识水平、业务能力、工作效益和应变能力等。这种价值直接影响到企业提供产品和服务的质量，从而决定顾客的总价值和满意度。高素质、顾客导向的员工能够创造更多的顾客满意度，并推动企业在市场上的成功。因此，企业必须重视员工的综合素质培养，并通过有效的激励、监督和管理来保持高质量的工作水平。这种重视和管理虽难以量化，但其对企业的长远发展和市场表现具有重要影响。

4.形象价值

形象价值是企业及其产品在公众中形成的总体形象所带来的价值。它包括有形的产品、技术、质量和包装，行为上的职业道德和服务态度，以及企业的价值观念和管理哲学等。形象价值与产品价值、服务价值和人员价值紧密相关，是这三者综合作用的反映。一个良好的企业形象能够显著提升产品的价值，为顾客带来更高的精神和心理满足感。因此，企业需要高度重视自身形象的塑造和维护，以增强顾客的购买价值，并推动企业的长远发展。

（三）顾客购买的总成本

为了增加顾客的让渡价值，企业不仅需提升产品的整体价值，还应致力于降低顾客的总成本。顾客的总成本包括货币成本和非货币成本（如时间、精神和体力成本）。其中，货币成本是顾客购买产品时最主要的考虑因素。但在货币成本相同的情况下，顾客的时间、精神和体力成本也会对购买决策产生重要影响。因此，企业需要在降低货币成本的同时，也应优化购买流程，以减少顾客在时间、精神和体力上的投入，从而提升顾客的整体购买价值。这里我们主要考察后面几种成本。

1. 时间成本

在服务行业中，时间成本对顾客的总成本有显著影响。顾客在等待服务时所花费的时间会增加他们的总成本，从而降低顾客的让渡价值。为了提高顾客的满意度和增强市场竞争力，企业应在保障服务质量的前提下，尽可能减少顾客的时间支出。优化服务流程、增加服务能力以及利用先进技术来提高工作效率，都是有效降低时间成本、提升顾客让渡价值的重要措施。

2. 精力成本

顾客购买产品时，其在整个购买过程中付出的精神和体力会影响他们的整体满意度和购买决策。为了提高顾客的让渡价值，企业应采取措施减少顾客的精力成本，包括提供全面的信息、简化购买流程、提供辅助工具和优质客户服务。通过这些措施，企业不仅能提高顾客的实际利益，还能增强市场竞争力，获得更大的顾客让渡价值。

（四）顾客让渡价值的意义

企业树立顾客让渡价值的观念，对于加强市场营销管理，提高企业经济效益具有十分重要的意义。

第一，顾客让渡价值取决于顾客总价值与顾客总成本的差额。顾客总价值包括产品价值、服务价值、人员价值和形象价值，而顾客总成本包括货币成本、时间成本和精力成本。这些因素相互作用，影响顾客的总体价值感知和成本支出。因此，企业在制定市场营销决策时需要考虑这些因素的综合影响，以通过降低生产和营销成本来最大化顾客让渡价值，从而提升市场竞争力。

第二，企业在面对不同顾客群时，需了解每个群体对产品价值和成本的重视程度差异。对于重视时间成本的顾客，如工作繁忙者，企业应缩短购买和使用过程中的时间，以满足其求速需求。总之，企业需要根据不同细分市场的需求，设计出高实用价值的产品，减少顾客的总成本，进而提升顾客的实际利益和购买满足感。

第三，企业在争取顾客和提升市场占有率时，通常会采用顾客让渡价值最大化策略。然而，这种策略可能导致成本增加和利润减少。在市场营销实践中，企业需平衡顾客让渡价值与成本的关系，避免盲目追求最大化。最终，应以实现企业经营目标为原则，确保顾客让渡价值所带来的利益能够超过增加的成本费用。

五、价值链

（一）企业价值链

1.企业价值链的含义

迈克尔·波特提出，价值链是企业评估和提升顾客价值的一种方法。企业通过设计、生产、销售、配送及相关辅助活动来创造价值。这些活动虽然各自不同，但相互关联，共同构成企业的价值链，每个环节都在企业的整体价值创造中发挥作用。

2.企业价值链的内容

新价值链模型将企业活动分为两大部分：基本增值活动和辅助增值活动。基本增值活动包括从材料供应到售后服务的全过程。辅助增值活动则涵盖设施建设、人事管理、技术开发和采购管理，这些活动在基本增值活动的全过程中发挥作用。技术管理涉及生产及非生产性技术，采购管理不仅包括原材料，还包括其他资源的管理，人力资源管理和企业基础结构同样贯穿于各部门和活动。

在价值链中,各环节之间是相互关联的,一个环节的经营管理质量会影响到其他环节的成本和效益。然而,不同环节对其他环节的影响程度有所不同。通常,上游环节专注于产品价值的创造,与产品的技术特性紧密相关;而下游环节则专注于顾客价值的创造,成败主要取决于顾客服务的质量。

企业在提升顾客价值和满足竞争要求时,必须审视每项价值创造活动的成本和经营状况,并寻求改进措施。同时,各部门之间的协调也至关重要。然而,部门间往往存在利益最大化的倾向,这可能导致部门间壁垒,影响整体效益。例如,财务部门为防范坏账可能设立复杂程序,导致顾客等待,从而影响销售部门的绩效。部门之间的隔阂往往是影响顾客服务质量和顾客满意度的主要障碍。

(二)供销价值链

供销价值链是企业价值链向外延伸,涵盖供应商、分销商和最终顾客。为了提高顾客满意度,供销价值链的各成员需要共同合作。企业应与供销链上的其他成员密切配合,以提升整个系统的表现和竞争力。随着竞争的加剧和经验的积累,企业越来越注重与供应商和经销商的合作,制定互利战略。这样的合作可以增强团队竞争力,并帮助企业获取更大的市场份额和利润。

(三)价值链的战略环节

在企业的价值链中,并不是所有环节都能创造价值。实际的价值通常集中在某些关键的活动上,这些活动被称为企业价值链的战略环节,是企业核心的价值创造部分。

在充分竞争的市场环境中,企业通常只能获得平均利润。如果企业能够长期获得超额利润,这通常是因为存在某种"进入壁垒"阻止了其他竞争者。根据价值链理论,这些垄断优势源于某些行业中特定环节的控制,即战略环节。抓住这些关键环节,可以掌控整个价值链。战略环节的具体内容因行业而异，例如，高档时装行业的核心在于设计能力，而餐饮业则以地点选择为战略环节。

要保持企业的垄断优势，重点应放在控制价值链上的战略环节的垄断，而不必将这种优势扩展到所有价值活动。战略环节应保持在企业内部，而其他非战略性活动可以通过合同外包给市场，以降低成本。这样，企业可以将有限的资源集中于战略环节，从而增强垄断优势并提升顾客满意度。

战略环节的垄断可以表现为多种形式，例如垄断关键原材料、关键人才、关键销售渠道或市场。在依赖特殊技能的行业（如广告、表演、体育），垄断优势通常来源于掌握关键人才；在依赖产品特色的行业，垄断优势则来自关键技术或原料配方；而在高科技行业，垄断优势一般来自对关键生产技术的控制。

第三节　战略规划与市场营销管理过程

在现代市场经济下，企业需要灵活应对市场变化，制定战略规划并开展市场营销管理。战略规划为市场营销管理提供了框架，而市场营销管理则支持和落实战略规划，从而推动其有效实施。要在竞争激烈的市场中保持优势，企业必须重视这两个方面，将其作为成功的基础。

一、企业战略的概念与特征

（一）企业战略的概念

在企业战略的定义中，广义战略包括企业的目的和目标，定义了企业的决策模式和方向，涉及实现目的的重大方针、计划，以及企业对员工、顾客和社会的贡献。狭义战略则不包括目的和目标，主要关注企业选择和进入的经营业务类型（总体战略）以及如何在该领域进行竞争（经营战略）。

（二）企业战略的特征

企业战略具备以下特点：首先，它具有全局性，关注企业的整体发展并制约所有具体活动；其次，它具有长远性，考虑企业的长期发展问题；同时，它具有抗争性，旨在赢得市场竞争；此外，企业战略具有指导性，为全体员工提供目标和行动指南；战略的现实性体现在制定时需进行内外部环境分析；因为未来的不确定性，战略规划还伴随风险；企业战略还需具有创新性，以适应环境变化；最后，一旦制定，企业战略需保持稳定，以确保有效执行。

二、企业战略的层次结构

企业战略可以分为三种主要类型：总体战略即公司战略，用于选择竞争业务领域并协调资源，确保各业务相互支持；经营战略，即经营单位战略，是在总体战略指导下，针对特定经营单位制定的战略，是公司战略的细化；职能战略则是在特定职能领域内制定，旨在实施公司经营战略，重点提高资源利用效率。

三、企业战略规划

企业战略规划是企业依据外部市场环境和内部资源状况，制定的涵盖企业管理各个层面（例如生产、财务、营销等）的全局性重大规划。

（一）企业总体战略的规划

1.认识和界定企业使命

企业使命是企业存在的核心原因和目的，决定其与其他组织的差异。界定企业使命时，需参考历史、文化、管理者意图、市场变化、资源和核心能力等因素。企业使命说明书应包括活动领域、主要政策和远景发展方向。以美国石油公司为例，其企业使命明确涵盖全球炼油与化工业务、优质服务、财务收益、股东回报以及社会和环境责任等方面。

2.区分战略经营单位

战略经营单位是企业内部需制定独立经营战略的最小单位，具备独立业务、一定的资源和竞争对手等特征，通常由独立管理团队负责管理。划定战略经营单位时，应注重市场导向，确保其划分实际可行而不包罗过广。根据阿贝尔的观点，业务可从顾客群、顾客需求和技术这三个方面进行界定。例如，一家专门为电视制片厂提供白炽灯照明系统的公司，其业务范围就是服务电视制片厂、满足照明需求并采用白炽灯技术。

3.规划投资组合

确定公司战略业务单位的目的是为各单位设定战略目标并分配资金，最终通过总公司审核。总公司会分析各业务单位的规划，决定哪些业务应被建立、保留、收缩或放弃。投资组合评估模式有两种主要类型："收获"战略侧重于获取短期效益，忽视长期发展；而"放弃"战略则旨在清理低效业务，将资源集中于更高效的领域。

4.规划成长战略

投资组合战略不仅决定了哪些现有业务应扩大或放弃，还促使企业不断寻找新的业务以确保利润增长。企业需要在现有业务中寻找进一步发展的机会，分析与现有业务相关的新业务可能性，最后考虑进入无关但有吸引力的业务领域。通过这一过程，企业逐步形成三种成长战略，确保在不同领域中获得持续的发展与利润。

（1）密集式成长战略。密集式成长战略旨在通过扩大市场份额、开发新市场或推出新产品来推动业务增长。此种战略主要包括以下类型：市场渗透战略通过增加现有顾客的购买量或吸引竞争对手的顾客，提升市场占有率；市场开发战略则探索现有产品的潜在市场，可能通过新的分销渠道或拓展至新的地区来实现；产品开发战略通过改进现有产品或推出新产品以满足不同市场需求。通过这三种战略，企业可在现有业务范围内实现持续增长。

（2）一体化成长战略。一体化成长战略通过整合供应链上下游及同行业资源来扩展业务。后向一体化侧重于收购或控制原材料供应商，确保供应链的稳定；前向一体化通过掌握销售渠道或进入用户领域来增强市场控制力；而水平一体化则通过收购或联合同行业企业，实现市场份额的扩大或增强竞争力。这些策略帮助企业在行业内实现更高效的资源整合和更广泛的业务覆盖。

（3）多角化成长战略。多角化成长战略适用于企业在原有市场无法继续发展或外部存在更好机会时。它分为三类：同心多角化依赖现有技术和经验扩展到相关的新市场；水平多角化利用不同技术在现有市场上增加业务，而这些技术与现有业务关联较少；综合多角化则通过完全不相关的新业务进入新市场，虽然潜在收益大，但伴随的风险也较高。这些策略为企业在多元化的市场环境中寻求新的增长点提供了路径。

（二）企业经营战略的规划

经营战略是战略经营单位基于总体战略框架，规划业务方向、参与市场竞争并构建竞争优势的基本策略。其核心在于精准的战略分析与明智的战略选择。

1.经营任务分析

经营战略的规划从明确经营任务开始，经营任务决定了战略经营单位的业务方向和发展路径。在制定经营任务时，需结合总体战略的要求，并明确业务活动的具体范围。业务范围的界定应从需求、顾客和技术三方面入手，确保战略经营单位的目标与市场需求和技术条件相符，从而推动企业的长远发展。

2.战略环境分析

（1）战略环境的构成　战略环境由主体环境、一般环境和地域环境构成。主体环境涉及与企业直接利益相关的个人和团体，如股东、顾客、金融机构等。一般环境包括社会经济、政治法律、文化和科技等广泛因素，影响企业的长期发展。地域环境则从地理范围的角度，区分为国内和国际因素，反映不同区域对企业战略的影响。这三类环境因素共同决定了企业战略规划的外部条件。

（2）战略环境的分析结果——找出机会和威胁　战略环境分析的结果主要是识别市场中的机会和威胁。机会是指那些具有需求并能够为公司带来利润的市场领域，通常根据其吸引力和成功概率来分类。威胁则是可能对公司销售或利润产生负面影响的趋势，依据其严重性和发生概率分类。通过分类分析，企业可以将业务划分为理想业务（机会多，威胁少）、风险业务（机会和威胁都高）、成熟业务（机会和威胁都少）、困难业务（机会少，威胁多）四类，从而制定相应的战略应对。

3.战略条件分析

分析外部环境的目的是识别市场中的吸引力机会，但要有效利用这些机会，企业还需要具备相应的内部条件。因此，除了外部环境分析，还需进行内部优势与弱点的评估。能力分析的核心在于将企业现有的能力与利用机会所需的能力进行对比，识别出差距并制定提升策略。具体步骤包括明确所需能力结构、分析现有能力状态，并根据评价结果制定相应的改进措施。

4.战略目标选择

制定经营战略计划时，战略环境和条件分析的结果需要转化为具体的目标。一个有效的战略目标应具备明确性，以确保清晰的方向；具备可衡量性，以便追踪进展和成果；设有实现的明确期限，以维持时间上的紧迫感；同时应具备挑战性但又要现实可操作，避免过于理想化；最后，目标应注重结果，确保最终达成预期效果。

5.战略思想选择

目标指引着发展的方向,而战略思想则阐述了实现这些目标的基本策略。据美国学者的观点,一般性竞争战略主要分为以下三种类型。

(1)成本领先战略。成本领先战略的核心在于通过有效降低生产和分销费用,使企业能够以更低的价格进入市场,从而获得更大的市场份额。这种战略要求企业在工艺、采购、制造和物流等方面具备明显的成本优势。然而,这种战略也面临一定的风险,例如其他企业可能通过进一步降低成本来竞争,从而削弱成本领先企业的市场地位。同时,未来的低成本竞争者也可能会受到影响,损害整个行业的利润率。

(2)差异化战略。差异化战略旨在通过对市场的深入评估,识别并专注于特定的顾客利益区域,从而在这些领域内提供卓越的产品和服务。这种战略关注于在服务质量、产品创新、款式和技术等方面表现突出,虽然可能无法在所有方面全面领先。企业应集中资源发展那些能够在特定效益范围内创造独特竞争优势的能力。通过这种差异化,企业能够在激烈的市场竞争中脱颖而出。

(3)重点集中战略。重点集中战略涉及企业将精力集中在一个或几个狭窄的细分市场上。这种战略要求企业深入了解这些细分市场的具体需求,并在这些市场中实施成本领先或差异化策略。通过集中资源和专业知识,企业能够更有效地满足目标顾客的独特需求,从而在特定领域获得竞争优势。

6.形成经营战略计划

规划经营战略的最后一步是制定具体的执行计划,这些计划应根据战略思想制定,旨在确保战略的有效实施。例如,若企业的目标是技术上的领先优势,它需通过计划来增强研究与开发部门的能力、收集技术信息,以及开发前沿技术产品等措施。通过这些详细的计划,企业能够将战略思想转化为实际操作,确保战略目标的实现。

第四节 市场营销管理与市场营销组合

战略规划过程明确了企业重点发展的业务领域,而市场营销管理过程则采用系统化方法来识别市场机遇,并将这些机遇转化为盈利的企业机会。具体而言,市场营销管理过程涵盖了以下步骤:市场机遇分析、目标市场选择、市场进入策略决策、市场营销战略的制定以及市场营销活动的执行。

一、市场营销管理过程

(一)市场机遇分析

市场机遇分析涉及对潜在市场机会的全面审视,识别有利条件和可能的威胁。市场营销管理人员可以通过多种方法寻找和发现市场机会,从而制定有效的市场营销策略。

1.收集市场信息

市场营销人员可以通过阅读报纸、参与展销、研究竞品、调查消费者需求和网络搜索来发现市场需求和新机会。例如,曹杨新村居民通过报纸了解到外国学生对中国家庭文化感兴趣,同时注意到下岗职工的再就业需求,因此推出了"家庭旅游"服务,取得了成功。

2.分析产品/市场矩阵

市场营销的管理团队可以运用产品/市场矩阵的策略,来探寻和挖掘增长机遇。例如,一家化妆品企业或许可以策划多种行动方案,在既有的市场中拓宽洗发水的市场份额,也可以向当前的客户群体推出发胶产品,甚至优化洗发水的包装及配方,以贴合市场需求,从而实现销售的稳步增长。

（二）目标市场选择

在分析市场机会的基础上进行以下工作。

1.市场细分

市场细分是将市场按照顾客需求的不同特性划分为多个部分的过程，例如女性内衣市场可以分为休闲、运动、职业特殊需求和哺乳等细分市场。对这些细分市场进行评价时，需要考虑这些市场机会是否与企业的任务、目标和资源条件相匹配。同时，选择那些能够在竞争中获得显著差异利益的市场机会，以实现企业的战略目标和优势。

市场选择是基于市场细分的结果，确定企业要进入的具体目标市场。而市场定位则是在选定的目标市场中，为企业、产品或品牌树立鲜明的特色，以便在竞争中脱颖而出。市场定位通过强调独特的卖点和差异化优势，帮助企业在目标市场中占据有利位置。

（三）市场进入策略决策

市场进入决策涉及选择进入和占领目标市场的策略，主要有三种方式：内部发展、联合经营和企业并购。内部发展依赖企业自身的资源和能力；联合经营通过合作与其他企业一起进入市场；而企业并购则通过收购或合并现有企业实现市场进入。

（四）市场营销战略的制定

市场营销战略是企业在目标市场上实现目标的总体原则，主要包括两方面决策：市场营销组合和市场营销预算。市场营销组合涉及产品、价格、促销和分销等要素的合理配置，而市场营销预算则决定了在市场营销活动中投入的财务资源。这两者共同支持企业在市场中的战略实施。

（五）市场营销活动的执行

尽管制订市场营销计划是重要的起点，但真正的工作在于将计划落实到实际行动中。彼得·杜拉克的观点强调了计划转化为实际工作的必要性，因此企业必须在计划制定后，投入大量资源来确保市场营销活动的有效执行和控制。

二、发展市场营销组合

（一）市场营销组合的内涵

市场营销组合是指企业为了成功进入和占领目标市场，同时满足顾客的具体需求，所精心整合并协调利用的一系列可控要素。

2.市场营销组合的构成

市场营销组合由四个核心要素构成：产品、价格、地点和促销。产品涵盖企业提供的货物和服务，其特点包括效用、质量、品牌等；价格涉及产品的定价策略，包括价格、折扣和支付方式；地点涉及分销渠道的组织与管理，包括销售途径和仓储；促销包括所有与目标市场沟通的活动，如广告和人员推销。有效的市场营销组合能够综合运用这些要素来满足市场需求和提升企业竞争力。

（二）市场营销组合的特点

1.可控性

企业能够根据目标市场的具体需求，自主决定产品结构、设定产品价格、挑选分销渠道以及选择促销策略等市场营销组合。在运用和搭配这些策略时，企业享有完全的自主权。

2.动态性

市场营销组合并非一成不变的静态组合，而是一个充满变化的动态组合。

构成特定市场营销组合的策略和要素，会受到内部条件和外部环境变化的影响，必须灵活地做出相应的调整。

3.复合性

市场营销组合由四个核心要素构成：产品、价格、渠道和促销。每个要素内部又细分为多个子因素，构成了各个要素的亚组合。因此，整个市场营销组合实际上是一个包含至少两个层次的复合结构。

4.整体性

市场营销组合的各种策略和构成要素，并非仅仅是简单相加或拼凑而成的集合，而应当构成一个有机的整体。在统一目标的指导下，它们能够实现超越局部功能总和的整体效应。

第十二章　数字金融业态变革

第一节　金融业务线上化

一、金融业务线上化的背景与历史

中国的金融业务线上化正在加速,从最初的在线基础服务逐步演变到移动支付和沉浸式金融体验,标志着行业的深刻转型。这一趋势不仅改变了金融服务的传统模式,还重塑了消费者的金融行为,推动了行业向智能化和高效化发展。虽然线上化带来了巨大的机遇,但同时也为金融机构提出了新的挑战,如何顺应并主导这一变革将决定其未来的竞争力。

金融业务的线上化极大地提升了用户体验,通过打破时间与空间的限制,用户能够在任何地点、任何时间轻松办理各类金融业务而无需亲临网点。与此同时,线上化不仅为金融机构降低了运营成本,还提高了其服务效率,让金融服务更加普及,惠及更多人群,推动了金融资源的公平分配与广泛覆盖。

中国金融行业的线上化进程从 20 世纪末互联网时代开始,早期仅提供查询账户、转账等基础服务。随着网上银行的兴起,用户逐渐能够在线处理各类银行业务。近年来,智能手机的普及加速了这一进程,尤其是移动支付的崛起使支付宝、微信支付等成为日常支付的主流方式,极大地推动了中国金融业务的线上化发展。

二、银行业务线上化的转型与升级

无接触式服务的兴起加速了中国中小银行的数字化转型进程,推动了整个银行业商业模式的变革。银行业逐渐意识到数字化转型的重要性和紧迫性,这不仅改变了传统的战略布局和运营模式,还推动了新的业务模式和管控方式的形成,促使银行探索更多的数字化创新路径,以应对市场变化。

银行业从过去重视线下网点布局,转向现在聚焦于线下业务的线上化。借助金融科技,银行加快了云化转型的步伐,实现了线上与线下运营的融合,并全面进行了流程再造。银行业正致力于建立一个"数字化、全流程、标准化"的运营模式,以提升服务效率和客户体验。

新一代的信息技术已成为银行数字化转型不可或缺的力量。它们深度优化了数据的收集、传输、存储及分析路径,打破了传统层级间的数据孤岛,有效提升了企业的生产效能、工作效率和运营流畅度。这一转型不仅革新了企业的战略视野,为银行的商业模式注入了新的活力,还极大地增强了企业的核心竞争力,引领了全球经济形势的深刻变革,促进了经济与社会的和谐共进。

尽管数字化转型带来了显著的成效,但银行网点面临着关停的挑战。根据数据,近年来银行网点的关停数量显著增加,这主要受到银行业竞争加剧和数字化变革的影响。随着人们生活习惯的变化,银行减少了对实体网点的依赖,加速了线上业务的转型,并深入推进实体网点的数字化改革。通过优化网点资源配置策略,银行旨在实现线上线下的融合,提升价值创造能力。中国工商银行和中国建设银行等大型银行在这方面表现突出,通过不断的科技和模式创新,正在为整个行业的数字化转型设立新的标杆。

三、VR 与 AR 技术在金融业的应用

随着中国金融行业的快速发展,线上业务逐渐成为主流。VR 和 AR 技术

的引入为金融业务线上化提供了创新的方式。VR技术可以创建全景虚拟营业厅，使用户能够通过VR设备全面了解金融产品和服务；而AR技术则提升了远程服务的效率，包括远程咨询和业务办理。通过将VR和AR技术结合，金融机构能够提供更为沉浸式的用户体验，例如，通过模拟未来收益场景，让用户更直观地理解理财产品的优势。

传统金融服务模式主要依赖线下营业厅，但VR和AR技术的引入正在革新这一模式。通过这两种技术，金融机构可以提供更加便捷和高效的线上服务，并为用户带来更丰富和生动的体验，从而提高用户黏性和满意度。此外，VR和AR技术的发展为金融机构与电商、旅游等行业的跨界合作开辟了新的机会，这将进一步丰富消费场景，推动金融服务的多样化和创新。

随着5G技术的迅猛发展，VR在中国金融领域的应用得到了显著提升。5G的高带宽和低延时特性为VR技术提供了强有力的支持，使得金融领域的VR应用更加丰富和流畅。目前，VR在金融领域的应用主要包括虚拟营业厅，让用户体验银行环境；沉浸式金融培训，提升从业人员培训效果；投资者教育，通过直观模拟增强投资决策能力；以及远程金融服务，提升服务效率。

中国金融行业的业务线上化正在经历深刻变革，VR和AR技术作为新兴技术手段，正在为金融领域提供前所未有的服务体验。未来，这些技术有望进一步提升金融服务的便捷性、高效性和沉浸感。目前，金融业务的线上化已从新兴趋势变为行业标准。金融行业的线上化历程不仅见证了技术的不断进步，还反映了市场和消费者需求的变化，从早期的互联网应用到移动支付的普及，再到当前基于VR和AR的沉浸式体验。

中国金融行业的业务线上化将持续发展，这是因为互联网、大数据、云计算等技术的不断发展为金融机构提供了强大的数据处理和分析能力，使线上服务更加精准和高效。同时，金融业务的线上化也带来了运营效率的提升和成本的降低，优化了资源配置，对整个金融行业的运行效率产生了积极影响。这不仅促进了金融机构自身的成长，还对中国经济的持续发展发挥了重要作用。

第二节　金融机构平台化

一、金融机构平台的背景与历史

金融领域的平台化是通过构建开放型服务平台来整合多种金融资源，提供高效的综合性服务。这一趋势依赖于互联网、大数据和人工智能技术的支持，以实现更加智能和个性化的用户体验。随着数字化进程的不断推进，金融机构面临平台化转型的迫切需求，这不仅是技术上的革新，更是应对新时代挑战的生存之道。转型从局部的数字化尝试开始，逐步过渡到内部平台化，再到与科技公司及其他金融机构合作，共同打造跨界的数字化平台，实现资源共享与业务互补。

二、金融机构内部平台化

银行内部平台化的过程以全面整合现有的业务资源和金融科技能力为基础，逐步构建数字化平台。这个过程包括对客户数据、交易记录以及业务经验的系统盘点，同时依托金融科技发展的技术储备，为平台化提供支撑。银行通过这一平台，提升了其服务的系统性和生态性，推动了金融服务的创新与优化。

银行在平台化过程中，不仅实现了内部资源的共享和复用，还构建了外部生态圈，向企业输出系统化的金融服务。通过统一的业务、数据和技术中台，银行提升了运营效率，打破了内部壁垒。同时，利用 API 和 SDK，银行将金融服务嵌入多种应用场景，提供一站式解决方案。这种生态圈不仅整合了技术，更革新了业务模式。例如，工商银行的"融 e 购"和建设银行的"善融商务"通过自建交易平台，集成了多项金融服务，满足了用户的多元需求。

三、金融机构之间的平台化

在金融机构的平台化进程中，除了内部的平台化，还有两类重要的过程，分别是金融机构之间的合作平台和跨界生态圈的建设。

（一）银行之间的合作平台

银行的外部平台化通过开放银行模式实现，打破了传统金融服务的物理限制。通过 API 接口，金融机构将服务融入各种数字化场景，实现全天候服务，不再依赖线下网点和客户经理。越来越多的银行，尤其是大中型银行和互联网银行，开始布局这一模式，使得金融服务的覆盖范围和效率显著提高，推动了银行业务的数字化转型和创新。

开放银行业务通过整合金融服务与产业场景，为小微企业带来了更便捷的服务，同时促进了产业资源的循环与发展。然而，开放银行在服务实体经济时仍面临诸多挑战，诸如产业间的互联互通不充分、技术架构和能力不足，以及缺乏有效的生态管理和运营机制。根本问题在于尚未形成完善的开放式生态系统，这限制了开放银行的全面潜力和发展。

（二）跨界生态圈

跨界生态圈是商业银行平台化的重要表现形式，主要通过消费互联网和产业互联网两种方式来连接个人消费者和中小企业。在消费互联网领域，平台化已经相对成熟，但在风险识别和智能信贷技术上仍需进一步改进。消费金融平台逐步实现了资产端与资金端的贯通，例如南京银行的"鑫云+"平台，通过连接多个互联网平台和区域性中小银行，提供广泛的金融服务覆盖，同时有效地管理风险。

总的来看，无论是银行之间的合作平台还是跨界生态圈的建设，都要求金融机构采取开放和共享的思维方式。通过整合内部和外部资源、提升技术能力和创新业务模式，金融机构能够实现平台化。这一过程虽然复杂，但对于在激烈市场竞争中保持领先地位至关重要。金融机构只有积极拥抱这些变革，才能在未来的竞争中取得成功。

经过内部平台化、跨界平台化与全面平台化，金融机构通常会具备以下特征：一是开放化金融机构不再是封闭的系统，而是通过 API 和 SDK 等技术与第三方进行无缝对接，形成开放的生态。二是数智化，金融机构不仅实现了业务的数字化处理，还利用大数据和人工智能等技术挖掘数据价值，实现数智化决策和服务。三是跨界化，金融机构与科技公司及其他金融机构共同合作，共建数字化平台，实现资源的最大化利用。

在数字金融技术的支持下，小型金融平台如众筹平台得到了蓬勃发展。众筹平台通过产品众筹、股权众筹和捐赠众筹等方式，实现了金融资本与社会需求的直接对接。这些平台提供了一种平台化的直接融资方式，利用互联网和社交网络让筹资人在平台上发布融资项目，并向公众募集资金或寻求物质支持。众筹平台作为中介机构，其核心功能在于通过强大的信息管理系统有效降低出资人与项目发起人之间的信息不对称，从而提高透明度和效率。与传统的线下融资业务相比，众筹平台在开放性和参与性方面表现更为突出。

在中国，尽管区块链技术驱动的众筹平台还处于初级阶段，但随着数字人民币试点和推广的推进，区块链技术在众筹领域将发挥更大的作用。智能合约的引入将增强区块链技术的应用，帮助解决中小企业融资难的问题，并推动众筹行业的健康发展。这标志着区块链技术在金融领域的潜力正在逐步被释放，为众筹行业带来新的机遇。

第三节 金融行业数智化

一、金融行业数智化的背景与历史

中国金融行业的数智化代表了金融机构在数字化转型中的全面升级。这一进程不仅涉及技术更新,还包括在业务流程、数据存储和信息管理等方面的深度数字化。金融机构通过整合来自不同领域的数据,并利用先进的人工智能技术提炼出有价值的信息,提升了决策的精准性和有效性。

数智化转型标志着金融行业在数字化转型中的一个新阶段,它不仅强调数字化技术与金融业务的深度融合,还注重数据驱动决策的核心价值。数字化转型已经为金融机构积累了大量的数据资源,为数智化的发展奠定了基础。随着人工智能技术的不断进步,这一领域将获得更强大的推动力,使金融行业迈入一个更加智能和高效的新时代。

金融行业经历了从数字化到智能化的转型过程。在数字化阶段,行业通过大数据和云计算技术实现了数据的集中管理,并推出了移动支付和线上贷款等多样化服务。进入智能化阶段后,金融机构利用人工智能和机器学习技术优化了风险管理、客户画像和精准营销,推动了业务决策的智能化。这一进程标志着金融服务从基础数字化到高级智能化的显著提升。

在数智化转型过程中,金融行业表现出三个显著特性。首先,广泛应用的大数据、云计算、人工智能和区块链等技术为金融机构提供了强大支持。其次,金融科技的进步催生了大量业务创新,包括数字货币、智能投顾和供应链金融等。最后,数智化技术使金融服务更加便捷和高效,推动了金融服务的普惠化,使更多人能够享受到金融服务的好处。

二、金融行业数智化的业务应用

在中国金融行业的数智化过程中，业务应用主要可以分为两大类：一类是前台服务，如智能客服、智能投顾和智能营销，这些服务主要依赖大语言模型；另一类是智能风控与智能信贷，这些业务则依赖于机器学习与深度学习技术。值得注意的是，前台服务中的智能客服也需要中后台深度学习算法的支持，两者之间存在技术互补的关系。

（一）基于大语言模型的智能客服、智能投顾和智能营销

以大语言模型为例。自2022年ChatGPT3.5发布以来，金融行业积极探索大语言模型在金融创新中的应用。金融壹账通利用平安集团积累的金融业务经验和数据，推出了"加马智慧语音解决方案"。该方案包括了大量的语音机器人流程、文本FAQ库、质检模型和智能辅助模板，覆盖智能风控、智能营销和智能客服等多个业务场景。通过该解决方案，金融机构不仅能够构建高效的AI场景，还能提升AI运营团队的建设和效果，推动了金融行业的智能化发展。

截至2022年底，加马智慧语音已成功服务近百家客户，展现了显著的效果。在智能客服方面，通过AI+导航和AI+文本机器人，成功分流了超过60%的人工服务，提高了人工座席的生产力。在智能催收方面，信用卡催收的作业时效提高了80%，客诉率降低了90%，质检准确率和座席助手的意图准确率分别高于85%和90%。在智能营销方面，AI触达率达到了100%，理财破冰额超过10亿元，APP端AI销售额突破百亿元，AI销售占比高达62%。

中信银行结合数字化与智能化发展趋势，推出了智能投顾服务，以满足不同客户的投资需求。通过与金融科技公司合作，引入机器学习、深度学习等先进技术，中信银行利用客户的投资历史、风险承受能力及投资期限等数据，建立了详尽的投资画像。在这些数据支持下，银行能够提供个性化的投资建议和资产配置方案，确保每位客户的投资服务符合其自身需求。智能投

顾服务推出后取得了显著成果，展示了技术与大数据在投资顾问领域的强大潜力。

（二）基于机器学习与深度学习的智能风控和智能信贷

智能风控技术在金融后台领域的崭露头角，是大数据与人工智能技术快速发展的成果。该技术通过深度分析和挖掘大量用户行为数据，融合了先进的大数据和人工智能理念，提供了有效的风险监控和精准预测能力。这种技术能够及时识别和预防潜在的风险行为，为金融机构提供了一种创新而高效的风险控制手段。

智能风控技术在中国金融领域的应用始于2015年，随着大数据和人工智能技术的不断进步，该技术迅速成为金融行业的重要支柱。智能风控技术现已广泛应用于银行、保险和证券等金融领域。在银行业，它主要用于信贷风险管理、反欺诈和反洗钱；在保险业，它应用于风险评估、核保和理赔；在证券业，它则用于交易风险控制和异常交易监控。

智能风控技术相比传统风控方法具有显著优势。它利用强大的大数据分析能力，对海量数据进行深入挖掘，揭示用户行为和市场趋势，帮助提前发现和预防潜在风险。此外，智能风控通过实时监控和预测用户行为，显著提升了风险控制的效率和准确性。借助自动化和智能化手段，智能风控能够更高效地监控和预测用户行为，进一步优化风险控制效果。这些优势使智能风控技术在金融行业中越来越受到重视。

第十三章　数字金融赋能金融机构

第一节　数字金融提升金融机构服务质量

　　数字金融凭借其高效、便捷和创新的特性，引发了金融领域的变革浪潮。它的迅速发展推动了金融服务的全面数字化，显著提升了用户体验。当前，众多金融机构已经积极采用各种金融科技，实现了在产品开发、服务模式和风险管理等多个层面的深刻转型。这一变革不仅提升了服务质量，也改变了金融业务的运作方式。

　　在支付领域，数字金融的影响极为深远。移动支付和电子支付的普及使得消费者可以仅凭手机完成在线支付和转账，不仅提升了便捷性，也增强了安全性。金融科技还推动了金融机构的业务创新，催生了P2P借贷、众筹平台和数字货币交易所等新兴业务模式。这些平台通过整合资源和运用智能算法，为小微企业和个人开辟了更多融资渠道，推动了金融的包容性并促进了经济的持续发展。

　　人工智能、大数据和区块链等先进技术正在广泛应用于金融机构中，极大地增强了其后台分析能力。人工智能技术使金融机构能够优化数据管理和分析，实现智能化应用和多场景拓展；大数据分析助力风险识别和精准营销；区块链技术则革新了交易和结算方式，提高了交易效率和可信性。这些技术进步不仅提升了金融服务的效率和用户体验，也促使金融机构加速转型升级，以应对未来金融科技发展的挑战。这一转型对传统银行业及非银行类金融机构均提出了新的要求，并引发了学术界对这一主题的深入研究。

为了深入探究这一议题，研究者们特别构建了一套科学且全面的指标体系。该体系的建立旨在对我国商业银行数字化转型的实际进展进行定量评估。这无疑是一个至关重要的研究领域。尽管众多银行宣称已在数字化转型方面进行了投资，但其实际成效以及是否实现了既定目标，这些问题迫切需要通过实证研究来解答。因此，研究者们精心构建了一套指标体系，用以评估商业银行的数字化转型进程。该体系深入地从战略定位、业务布局和管理优化三个维度，对中国商业银行的数字化转型进行了全面而多角度的分析，旨在对中国商业银行的数字化水平进行详尽的量化描述。通过分析221家中国商业银行近十年的翔实面板数据，研究者们不仅揭示了这些银行在数字化转型过程中的主要趋势和特征，还进一步通过实证研究检验了数字化转型对银行经营绩效和整体竞争力的影响。

实证研究表明，银行的数字化转型战略显著提升了其经营绩效，增强了抵御新兴业态冲击的能力，并推动了线下分支机构的变革。数字化转型根本性地改变了传统的生产方式和商业模式，降低了各类成本，提高了企业的运营效率和市场竞争力。这种转型通过减少中介环节和信息不对称，实现了市场资源的优化配置，从而提升了交易速度和顾客满意度。此外，数字化转型使银行更具灵活性，能够更好地适应市场变化和客户需求，增强了创新能力，并拓展了新的业务领域和客户群体，从而提升了整体绩效和市场竞争力。

数字金融以其独特力量为金融机构注入了新活力，推动服务质量实现质的飞跃。金融机构在数字金融的推动下，经历了从产品开发到服务模式再到风险管理的全方位转型。这一变革不仅为消费者带来了更便捷、安全的支付体验，如移动支付的普及让手机成为"电子钱包"，还促进了金融机构的业务创新。新兴业务模式如P2P借贷、众筹和数字货币交易突破了传统金融的局限，为小微企业和个人开辟了更多融资渠道，进一步提升了金融的普惠性。

第二节　数字普惠金融降低银行经营绩效

互联网金融的迅猛发展使得非银行金融机构在金融领域的作用越来越突出。为了有效衡量这些机构的发展水平，数字普惠金融指数的构建应运而生，它不仅反映了金融科技在提升金融服务可及性和普惠性方面的积极作用，还结合了大数据和人工智能等技术对金融机构的全面评估。蚂蚁金服作为领先的金融科技公司，其丰富的数据分析有助于深入了解非银行金融机构在数字金融领域的表现。该指数不仅涵盖了传统的服务范围和客户数量，还综合评估了风险管理能力和服务效率，提供了对金融机构全面的数字化水平评价。

在金融体系中，商业银行与非银行金融机构之间存在着竞争，尤其在数字金融领域表现得尤为明显。随着非银行金融机构的快速发展和数字普惠金融指数的提升，商业银行的市场份额受到一定程度的挤压。研究数据显示，数字普惠金融指数与商业银行的经营指标之间存在负相关性，这表明非银行金融机构的增长可能对商业银行的经营绩效产生负面影响。

数字普惠金融的崛起对商业银行的信贷风险产生了显著的负面影响。基于蚂蚁金服的大数据构建的区域数字普惠金融指数显示，非银行金融机构与商业银行之间的竞争加剧。这种竞争不仅加速了利率市场化的进程，还促使银行更倾向于依赖同业拆借等批发性资金，并增加了对高风险资产的偏好，从而加剧了银行的信贷风险。

数字金融的兴起加剧了银行业的竞争态势，迫使银行在资金筹集方面更加依赖于同业拆借，并在资产配置上承担了更高的风险水平。为了深入探究这一现象的影响，研究人员采用了将金融科技发展指数细分为十个等级的分析方法。他们观察到，随着金融科技的不断进步，银行的负债结构和资产组合均出现了相应的调整。

银行倾向于依赖批发性融资如同业负债，并选择高风险资产以获取更高收益。尽管金融科技的快速发展未导致借贷利率下降，反而使净息差下降，表明金融科技加剧了存款市场的竞争。这种结构调整显示，银行在数字金融环境下为了应对激烈的市场竞争，更加依赖同业拆借等批发性资金，并加大了对高风险资产的偏好，显著影响了商业银行的信贷风险。

数字金融的迅猛发展显著限制了我国股份制商业银行和城市商业银行在基层实体网点的扩张，这主要是由于地域性数字金融与当地商业银行之间的竞争态势。同时，数字金融推动了农村合作金融机构加速转型，部分机构甚至放弃了原有的网点布局。尽管数字金融对传统金融机构带来了冲击，但国有银行中的"六大行"依然维持了稳定的实体网点规模，这表明这些银行在金融市场中拥有强大的抗冲击能力。

为了应对这些挑战，股份制商业银行和城市商业银行应采取策略来适应不断变化的环境。首先，它们应加强金融科技的应用，提高数字化水平，从而优化线上金融服务，以满足客户需求并提升自身竞争力。其次，银行应与互联网金融机构加强合作，扩展业务渠道和服务范围，以扩大市场覆盖面。此外，为了支持农村经济的发展，银行还应加大对农村地区的投资，提供更多元化的金融服务。

随着金融科技的不断发展，商业银行面临的外部竞争效应逐渐增强，而技术溢出效应则相对较弱。具体而言，金融科技对银行的负面影响主要体现在资产端流动性创造和表外流动性创造方面，而对负债端流动性创造的影响不显著。随着金融科技覆盖范围和应用深度的增加，银行的流动性创造受到抑制。然而，数字化程度的提升也成为促进银行流动性创造的因素之一。总体而言，金融科技的发展通过提高银行的经营效率和降低风险，间接影响了银行的流动性创造，同时也降低了银行的成本和利润效率。

数字普惠金融的发展对银行的盈利水平和成长性带来了负面冲击，这种影响因地区和银行产权特征的不同而有所差异。虽然金融科技能够降低销售费用，但同时也会导致营业成本和管理费用的增加，最终使银行整体业绩下滑和成长停滞。为了应对这些挑战,银行采取了开源节流和降本增效等措施来优化经营状况。

金融科技对传统银行业务的影响是双重的。一方面,它引入了诸如移动支付、P2P、众筹、网络银行和小微信贷等新的业务模式和收入来源,这些不仅帮助银行拓展市场、提高盈利能力,还提升了服务效率并降低了成本。另一方面,金融科技也带来了挑战,如互联网金融产品的兴起导致商业银行负债端脱媒,大量存款从传统银行转移,进而对银行经营业绩产生了负面影响。

为了应对金融科技所带来的挑战与风险,传统银行必须采取一系列策略。首先,它们应积极采纳金融科技,加大对新技术和创新业务模式的研究与投资,以开发出满足市场需求的金融产品。其次,银行需加强与互联网企业的合作,借助其技术与数据优势,从而提升服务效率和风险管理能力。此外,银行应致力于提升客户服务质量,以增强客户的满意度和忠诚度。最终,银行还应强化内部管理与风险控制,以增强自身的抗风险能力和市场竞争力。

第三节 银行数字化转型改善银行经营绩效

非银行金融机构与传统银行主要存在竞争关系,而研究表明数字普惠金融的发展对商业银行经营产生负面影响。然而,如果数字金融指数基于银行自身的金融科技发展水平构建,它将能够体现银行在数字技术和管理方式上的进展。因此,从理论角度来看,基于银行数字化转型程度构建的数字金融发展指标与银行经营相关指标之间应存在正向关联。

一、数字化转型有效降低信贷风险

商业银行应用金融科技可以有效降低信贷风险并提升经营绩效,这一观点已通过实证研究得到验证。研究者使用 GMM 模型分析了 323 家商业银行与科技企业的战略合作数据，发现银行通过大数据、云计算等技术，将线上和线下数据整合，建立了全面的风险控制体系。

银行通过建立智能化风险决策引擎、强化动态风险管理和贷后预警机制，实现了对交易风险的实时监控，有效降低了信贷风险。研究显示，金融科技布局不仅能降低信贷风险，还能提供普惠金融服务、提升运营管理能力并拓展中间业务，从而提升经营绩效。具体来说，金融科技有助于全国性银行降低信贷风险，也能显著降低资本充足率较低的银行的风险。而对于信用贷款比重较高的银行，金融科技在降低信贷风险和提升经营绩效方面的效果尤为显著。

数字金融指数反映了商业银行在金融科技领域的进展，并与银行的经营绩效和风险控制能力密切相关。金融科技的应用不仅增强了银行的风险控制体系，提高了服务的精准性，降低了信贷风险，还推动了银行在运营管理和中间业务方面的创新与发展。因此，银行应积极在金融科技领域布局，充分利用数字技术的优势，以提升竞争力和可持续发展能力。

二、数字化转型提升银行营利性

商业银行金融科技的发展不仅增强了金融服务的包容性，还显著提升了银行的营利性。研究者通过从渠道覆盖度、产品使用度和业务支持度三个维度构建了一个包含 11 个指标的金融科技指数，用以衡量商业银行的金融科技发展水平，并且系统地检验了这一指数对银行经营绩效的提升作用。

研究结果表明，随着时间的推移，银行金融科技的发展对净利润和经济增加值的影响逐年增强。特别是在两年后，金融科技的应用开始显著影响银行的总成本、风险成本和财务成本，回归系数由正变负。这表明，金融科技不仅帮助降低了银行的成本负担，还提升了其经济效益。

研究还发现，金融科技对成本收入比的压降作用在两年后显著增强，这与边际成本递减的经济规律相符,表明金融科技在优化成本结构和提升运营效率方面发挥了重要作用。同时,金融科技指数与个人存款、农户存款、信用卡业务、个人贷款、个人住房贷款和农户小额贷款等指标均呈显著正向关系,说明金融科技的发展不仅扩大了存贷款的整体规模,还拓展了银行的业务增长空间,带来了新的发展机遇。这进一步印证了金融科技对提升银行经营绩效和增强竞争力的重要作用。

三、数字化转型推动银行人力资本的升级

商业银行的数字化转型促使银行减少了总体劳动力雇佣,但对硕士及以上学历员工的需求则有所增加。研究表明,数字化转型对劳动力需求有显著的创造与破坏效应。总体来看,数字化转型使银行的劳动力需求呈减少趋势。具体而言,当数字化转型指数上升一个单位标准差时,劳动力雇佣量减少0.792%。这一现象可能与银行在转型过程中进行的业务模式革新、流程优化以及新型金融科技的引入有关。

从劳动力结构的角度来看,银行的数字化转型对员工需求结构产生了显著影响。研究发现,数字化转型导致银行对持有本科及以下学历员工的需求减少,而对硕士及以上学历员工的需求则有所增加。这表明数字化转型正在推动银行人力资本的升级,促使银行更依赖高学历和高技能的员工,以适应和应对数字化带来的各种挑战。

研究发现,银行在数字化转型过程中对业务人员的需求下降,而对技术人员的需求上升,表明技术人员在数字化转型中变得更加重要。同时,机制检验表明,银行通过缩减物理网点和分支机构来减少劳动力需求,显示出传统网点的重要性在逐渐减弱。数字化服务和线上业务的需求不断增加,银行需要优化网点布局,减少对传统网点的依赖,以更好地适应数字化转型带来的变化。

第十四章 数字金融促进企业发展

第一节 数字金融缓解企业融资约束

金融科技和数字金融的快速发展在缓解企业融资难题方面发挥了关键作用。数字金融通过减少信息不对称、优化审批流程、降低融资成本以及扩大金融服务覆盖，显著改善了企业融资环境。然而，这种影响在不同类型企业之间表现出明显的差异。为了全面提升企业融资环境，研究者们深入且综合地分析了数字金融与企业融资之间的关系。

一、数字金融对企业融资的作用

（一）减少信息不对称

数字金融通过降低信息不对称，有效提升了银行与企业之间的信贷审批效率。金融科技公司如蚂蚁金服，不仅依赖传统财务信息，还引入了非财务数据，显著提高了金融服务的精准性。同时，数字金融加快了信贷审批，减轻了融资负担并降低了成本。美国住房信贷市场的研究表明，金融科技使贷款审批效率提高了20%，并未增加违约风险，进一步展示了数字金融在优化企业融资过程中的重要作用。

（二）优化审批流程

中小企业一直面临融资难、融资贵的困境，主要源于传统信贷模式对财务数据和抵押资产的高要求。大科技信贷作为新型信贷模式，为解决这一问题提供了新思路。研究表明，尤其在中国，大科技信贷技术有效缓解了中小企业的融资难题。在中小企业贷款领域，大科技信贷的信用风险管理框架展现出明显优势，研究者还进一步分析了其作用机制，并提出了相关政策建议，以促进这一模式的推广与优化。具体如下。

一是大科技信贷依托大数据和人工智能技术，通过分析企业的交易数据、信用记录等非财务信息，实现对中小企业融资需求的精准评估，减少了对传统审批材料的依赖，提高了贷款审批效率。该模式使中小企业能够获得及时且充足的融资支持。其信用风险管理框架展现了四大优势：广泛的数据来源、多维度风险评估、动态信用评级，以及优化的贷款定价机制，这些特性有效降低了中小企业的融资成本，提升了整体金融服务效率。

二是大科技信贷通过拓展融资渠道、降低融资成本和提高贷款可及性，为中小企业提供了有效的融资支持。这种新型信贷模式不仅增加了中小企业获得贷款的机会，减轻了其财务负担，还能够满足多样化的融资需求。作为解决中小企业融资难题的重要工具，大科技信贷展现出了显著的优势和广阔的应用前景。通过充分发挥其作用机制，将有助于进一步优化中小企业的融资环境，推动实体经济的持续发展。

尽管数字金融在降低信息不对称性方面展现了明显优势，但其对不同类型企业的融资影响存在差异性。要最大限度发挥数字金融的潜力，研究者需要综合考虑多种因素，如企业规模、行业特点、融资需求和风险水平等。同时，政策制定者也需密切关注数字金融的发展动态，及时调整相关政策，以确保其健康、可持续地推动企业融资环境的整体改善。

（三）缓解企业短债长用问题

银行的数字金融发展不仅促进了技术创新，还有效缓解了企业面临的短债长用问题。基于中国商业银行2010年至2020年的金融科技专利数据，研究发现，随着银行金融科技水平的提升，企业的短期债务长期使用问题得到了显著改善。具体而言，每当银行的金融科技水平提高一个标准差，企业的短债长用水平就会降低2.68%。这一结果证明了数字金融在优化企业融资结构和提升财务管理效率方面的重要作用。

二、数字金融对企业信贷配置的影响

（一）影响机制

研究进一步揭示了银行金融科技发展对企业信贷配置的影响机制。随着金融科技水平的提升，银行在信息甄别能力上的增强改变了信贷供给和需求行为。在信贷供给方面，金融科技帮助银行更准确地识别具有增长潜力的企业，降低了不良贷款风险，使长期贷款变得更加安全和有利。在信贷需求方面，金融科技扩大了企业的信贷规模，减少了融资限制，同时降低了长期贷款的期限溢价和监督成本，从而使企业的信贷期限结构更加合理。这些改进有助于优化企业的融资环境，提高信贷配置的效率和合理性。

银行数字金融的发展促使企业逐渐从依赖抵押贷款转向信用贷款，这不仅缓解了传统金融对民营企业的偏见，还更好地满足了成长型企业对长期融资的需求。通过这种方式，银行为企业提供了更多的融资选择，同时优化了信贷配置，推动了经济的稳定和持久发展。

此外，商业银行的数字化转型同样对小微企业信贷产生了显著的积极影响。利用数据分析和模型预测等技术手段，银行能够更准确地评估小微企业的信用状况和还款能力，从而为这些企业提供了更多的信贷支持。

研究表明，认知转型和组织转型对小微企业信贷的影响非常显著。拥有高认知转型的银行能够更好地适应数字化带来的变化，利用数字技术提升信贷审批效率和风险管理水平。而在组织转型方面，领先的银行在协调部门沟通和协作方面表现更佳，确保小微企业信贷业务的顺畅进行。此外，数字化转型显著提高了银行的成本效率，通过优化业务流程、降低运营成本、提高工作效率，银行能提供更优惠的贷款利率和更快速的服务响应。同时，数字化转型还充分利用了数字金融基础设施的红利，为小微企业提供了更便捷、高效的金融服务。

（二）对不同类型企业融资的影响具有差异性

虽然数字金融在整体上有助于缓解企业融资约束，但其在不同类型企业的融资影响却存在明显差异。在互联网融资平台上，数字金融的发展对国有企业的融资支持更为显著，这可能与国有企业的信誉和背景有关，使其更容易获得金融机构的青睐。这种差异不仅体现在融资机会，还影响到融资成本和融资结构。因此，在推动数字金融发展时，需关注这种异质性，以制定更为精准和公平的融资政策，促进不同类型企业的均衡发展。

研究表明，尽管增加的基金理财产品交易对我国上市公司整体贷款有减少的影响，这种影响主要体现在非国有企业。这可能是因为数字金融平台的崛起对传统银行贷款渠道造成了一定冲击，特别是对于非国有企业而言。虽然支付宝财富平台上的金融产品交易为国有企业提供了更多的商业信用机会，但这些机会未能有效填补非国有企业因互联网金融超市冲击而产生的融资缺口。这揭示了数字金融在改善融资环境时的局限性，需要进一步探讨如何更好地支持所有类型企业的融资需求。

总体而言，数字金融通过一系列措施如降低信息不对称、优化审批流程、减少融资成本及扩大金融服务范围，显著改善了企业的融资环境，并对传统金融业态产生了深刻的变革。然而，这种变革并未均衡地影响所有企业。特别是，不同类型企业在融资方面受到的影响存在显著差异。这表明，尽管数字金融带来了许多机遇，但仍需关注和解决其对各类企业融资需求的差异性，以推动更加公平和全面的金融发展。

数字金融在企业融资领域中展现出非凡的潜力。随着技术的飞速发展和应用领域的日益扩大，数字金融不仅能够提供更为智能和个性化的服务，还促使金融行业的监管和风险管理体系面临新的挑战。为了充分挖掘数字金融的潜力并改善企业融资环境，研究者需全面考量企业规模、行业特性、具体融资需求及风险状况等关键要素。同时，政策制定者需紧密跟踪数字金融的最新动态，并灵活调整政策导向，以推动其稳健且可持续地发展。金融机构则应积极探索与科技的深度融合之路，不断提升自身的数字化能力和服务水平，以精准对接企业的多元化融资需求。此外，还应重视数字金融对不同类型企业可能产生的差异化影响，以确保其服务的广泛性和公正性。

第二节　数字金融促进企业创新

数字金融的发展不仅有效缓解了企业在融资上的难题，还通过改善传统金融中的资源配置，显著推动了企业的技术创新和专利研发。此外，数字金融的进步对创业活动也产生了积极的推动作用，使得创业数量增加、增速加快。总体来看，数字金融在推动创新、支持创业方面展现了其巨大潜力，助力了经济的持续发展与转型。

一、数字金融促进企业创新的途径

数字金融通过精准的信用评估和高效的信贷支持，不仅帮助企业克服融资难题，还为其技术创新提供了资金保障。与此同时，数字金融促使金融市场变得更加活跃，金融产品和融资渠道不断创新与多元化，进一步降低了企业的融资成本，增强了企业的盈利能力和市场竞争力。这种创新金融模式为企业的可持续发展提供了坚实的基础。

数字金融凭借大数据和云计算等技术，促进了信息共享和知识交流，使企业能够快速获取市场机遇及行业动态。这不仅帮助企业优化决策，还推动了技术创新和产品升级。在数字化时代，信息作为一种重要的生产要素，数字金融发挥着独特的优势，为企业的创新发展提供了有力支持。

研究表明，数字金融在推动沪深两市上市企业技术创新方面具有显著的正向影响。其快速发展不仅在较长时间内表现出持续稳定的驱动效应，还有效解决了传统金融中的各种错配问题，如属性、领域和阶段错配。由此，数字金融为企业创造了更加有利的创新环境，支持其技术研发和创新能力的提升。而在金融发展较为滞后的地区，数字金融对企业技术创新的促进作用尤为突出，彰显了其普惠性优势。数字金融通过有效解决企业融资难题和降低融资成本，帮助企业改善负债和财务状况，进而为技术创新提供稳固的支持。

需要指出的是，在数字金融推动企业创新的过程中，金融监管的有效性是不可忽视的关键因素。只有在完善的监管框架下，数字金融才能更好地支持微观主体的创新实践。因此，为了充分释放数字金融对企业创新的潜力，建立健全的金融监管体系显得尤为重要，既能确保数字金融的稳健发展，又能为企业创新活动提供持续的支持。

二、金融科技促进企业创新的作用机制

研究表明，金融科技通过降低融资成本和缓解融资约束，为企业创新提供了强有力的资金支持。同时，金融科技发展还提升了税收返还的创新效应，进一步激励企业进行创新。此外，金融科技为企业提供了更便捷和多元化的融资渠道，促进了信息透明度和高效传递，增加了企业获取资金的机会。这些机制共同作用，推动了企业的创新能力和发展潜力。

三、数字金融的发展对企业创新的影响效果

综合上述研究，我们不难看出，数字金融的崛起正逐渐引起人们对企业创新影响的广泛关注。这些研究一致揭示，数字金融的进步显著推动了企业创新，并在多个维度上展现了正面效应。

首先，数字金融借助先进的数据分析技术，提供了更加精准和高效的金融服务，显著缓解了传统金融中的资源错配问题。这一发展不仅降低了企业的融资成本，还为企业的技术创新提供了必要的资金支持。与此同时，数字金融的进步丰富了金融市场的产品种类和服务模式，为企业提供了更多元化的融资渠道和投资选择，从而进一步推动了企业的创新活动。

其次，数字金融通过其信息共享和知识交流的优势，使企业能够迅速获取市场信息和行业动态，这为技术创新和产品升级提供了强有力的支持。这种信息流通的便利化不仅促进了企业内部的创新，还加强了企业之间的合作与协同创新。研究表明，数字金融的发展与企业的专利申请数量和创业活跃度之间存在显著的正相关关系，表明其在推动企业技术创新和创业活动方面发挥了重要作用。尤其在金融发展相对滞后的地区，数字金融对企业创新的促进作用更为显著，突显了其普惠性特征。

再次，数字金融在推动企业创新方面仍有广阔的发展前景。随着技术的不断进步和应用场景的扩展，数字金融将能够提供更加智能化和个性化的金融服务。这将进一步降低企业的融资成本，提高融资效率，为企业创新提供更有力的支持，从而加快技术创新和产品升级的速度与质量。

最后，数字金融的发展不仅带来了创新机会，还对金融监管和政策制定提出了新的挑战。为了最大限度地发挥数字金融对企业创新的促进作用，需要建立和完善金融监管体系，以确保其健康有序发展。同时，政策制定者应关注数字金融在不同行业和地区的差异性影响，制定相应的政策措施，以更有效地支持企业创新和发展。

第三节　数字金融助力企业高质量发展

尽管研究表明数字金融在缓解企业融资约束、解决资源错配和推动企业创新方面发挥了重要作用，但一个关键问题仍然待解：数字金融的发展是否真正有效地提升了企业的生产效率？这个问题值得进一步探讨，以评估数字金融对企业整体运营效益的影响。

一、数字金融有助于防止上市企业过度金融化

研究表明，数字金融的发展能够有效防止企业陷入过度金融化的陷阱，这一现象在许多国家普遍存在。过度金融化通常导致企业忽视主营业务，过度投资于金融市场，增加了经营风险，并可能引发金融市场泡沫。通过合理引导企业资源配置，数字金融帮助企业避免了这种风险，确保了资源的更合理运用和企业的长期稳定发展。

基于银行金融科技指标和上市公司贷款数据的研究表明，银行金融科技在减轻企业融资约束和提高贷款可得性方面发挥了积极作用。金融科技通过优化银行的信贷配置效率，降低了银行与企业之间的信息不对称，使银行能够更准确地评估企业的信用状况和真实交易情况。这种准确的信用评价不仅帮助银行识别优质企业，还扩大了对这些企业的信贷规模，有效缓解了企业的信贷约束。此外，金融科技还削弱了企业的风险规避和投资逐利动机，进一步促进了信贷的合理配置。

金融科技的引入在多个方面优化了银行贷款业务，提高了企业贷款的可得性。首先，金融科技降低了银行对企业的资产抵押要求，增加了信用贷款的比例，使企业能够更容易获得贷款。这种变化得益于金融科技在评估企业

信用状况和还款能力方面的提升，使银行能够更加自信地提供信用贷款，从而解决了企业因无法提供抵押物而无法获得贷款的问题。此外，金融科技还通过精准的监控和管理手段，限制了企业通过影子银行业务获得超额利润的动机，确保借款资金用于生产经营活动而非高风险投资。这种监控不仅减少了企业的投资风险和经营风险，还有效地降低了通过影子银行获得不正当收益的可能性。

二、数字金融有效提升小微企业出口能力

基于中国数字普惠金融指数与中国小微企业调查数据显示，数字普惠金融显著推动了中国小微企业的出口，主要通过降低出口门槛和提升销售能力来实现。然而，这种积极效果受到企业组织者金融素养的限制。尽管数字普惠金融的引入为小微企业提供了更多的机会，但金融业务的复杂性和专业性仍然存在，对技术产品的受众，尤其是长尾客户的金融素养提出了更高的要求。这表明，在充分发挥数字普惠金融优势的同时，提高金融素养仍然是关键。

此外，数字普惠金融的发展不仅推动了普惠金融体系的构建和完善，还显著拓宽了金融服务的覆盖面并提升了服务质量。依托大数据、云计算、区块链和人工智能等关键技术，数字普惠金融降低了获客和风控成本，提高了服务效率。这些技术的运用增加了小微企业的信息透明度和信用评级，使得它们更容易获得金融服务，从而进一步推动了金融服务的普惠性。

为了增强数字普惠金融对小微企业出口的推动作用，政策制定者应采取多项措施。首先，需要加强对小微企业组织者的金融素养培训，以提升他们对金融产品的理解和使用能力，从而支持出口业务。其次，政策制定者应完善数字普惠金融的政策支持体系，强化监管和风险控制，确保其可持续发展。这些措施将有助于数字普惠金融的健康稳定运行，更好地支持小微企业的出口业务。

三、数字金融可以提高企业的全要素生产率

数字金融的发展不仅在助力企业出口方面展现出积极作用,还显著提升了企业的全要素生产率。全要素生产率作为衡量企业总体效率的重要指标,涵盖技术进步、管理水平和劳动者素质等多个方面。数字金融通过提供便捷的金融服务,降低了企业获取资金的成本和难度,从而帮助企业更有效地配置资源,提高生产效率。以中国上市公司为样本,通过地级市金融科技公司数量衡量数字金融发展水平,发现每提高一个单位的金融科技水平,企业全要素生产率将提高4.6%。这一结论经工具变量与双重差分模型回归检验,结果仍然成立,进一步验证了数字金融对全要素生产率的正面影响。

地区金融科技的发展能有效缓解金融机构与企业之间的信息不对称,从而推动企业全要素生产率的提升。金融科技通过减少融资约束,使更多企业能够获得必要的资金支持,并优化信贷资源配置,将资金流向具有创新潜力和发展前景的企业。这种资源优化不仅提高了资金的使用效率,也促进了企业的生产和经营效能,进而提升了企业的全要素生产率和市场竞争力。

在小型民营企业、竞争不足的行业以及市场化进程缓慢的地区,金融科技的发展对提升企业的全要素生产率具有更为显著的作用。这是因为传统金融体系在这些地区可能存在更多的限制和不足,而金融科技能够有效填补这些空白,为企业提供更多的融资机会和支持,促进创新和发展。因此,金融科技在推动这些地区的经济发展和转型升级方面发挥了关键作用。

第十五章　数字金融改善居民生活

第一节　数字金融改善居民金融服务

一、数字金融影响居民的借贷和投资需求

数字金融的兴起极大地影响了居民的借贷和投资需求。它提供了更加便捷和迅速的借贷渠道，使居民更容易获得个人贷款，并且新型融资渠道如P2P网络借贷平台，为短期融资需求提供了灵活的解决方案。同时，数字金融推动了银行等金融机构的线上化进程，居民可以通过移动终端便捷地进行投资操作，如股票和基金的买卖。这一变化不仅提升了投资便利性，还促进了个人理财意识和金融素养的提高。

数字金融的进步促成了许多专注于投资建议和金融产品的线上平台的出现。这些平台借助大数据分析和机器学习技术，为居民提供个性化的投资建议，帮助他们更有效地规划和管理财务。通过分析用户的消费和投资行为，这些平台能够提供定制化的资产配置方案，支持居民实现财务增长和资产保值增值。这种个性化的服务不仅提升了财务管理的效率，也增强了用户的投资信心和决策能力。

数字金融的进步极大地拓展了居民的投资选择，打破了以往传统投资领域的限制，引入了如股权众筹和数字货币等创新投资工具。这些新型工具不

仅扩展了投资市场,也显著增强了投资的多样性和灵活性。此外,数字金融还改变了居民的理财观念和习惯,使其能够更加方便地通过在线平台和移动应用来管理财务状况,从而提升了财务管理的效率和便利性。

二、数字金融影响民间借贷

结合大规模问卷调查数据,学者们的实证研究表明,数字金融显著改变了传统的家庭借贷模式。从供给和需求两个方面来看,数字金融为借贷市场提供了更多灵活的选择,并且改变了居民借贷的需求和行为。

(一)供给层面

数字金融的发展在供给层面显著改变了家庭借贷的模式。新兴的网络借贷平台通过利用先进的技术,如大数据和云计算,不仅提供了更加多样化和高效的金融资源,还降低了贷款的成本,使得贷款利率变得更加合理和透明。这一趋势使得传统私人借贷的市场份额逐渐减少,表明数字金融正逐步取代传统借贷方式,成为家庭获取金融资源的重要渠道。

通过对中国家庭金融调查数据的深入分析,使用 Probit 和 Tobit 回归模型,研究发现数字金融的兴起显著减少了家庭依赖私人借贷的情况,并降低了私人借贷在家庭金融资产中的占比。这一发现进一步验证了数字金融在削弱传统私人借贷作用方面的有效性,表明数字金融正逐步取代传统借贷方式,为家庭提供了更加便捷的融资途径。

(二)需求层面

数字金融的兴起显著改变了家庭的借贷需求,传统私人借贷因受限于熟人关系和地域,导致借款方需要支付额外的补偿,提高了交易成本。与之相比,数字金融通过网络借贷平台高效连接借贷双方,消除了这些限制,减少了借贷的交往成本。平台通过合理的中介服务费实现盈利,使民间借贷市场化和规范化，从而逐渐替代了传统的家庭亲友间的私人借贷方式。

数字金融的发展对金融市场的结构优化、效率提升和行业创新具有重要意义。其积极影响包括改善市场结构、提升整体金融效率，并推动行业的技术创新。然而，为了确保这些平台的健康发展并保障金融市场的稳定，政府和监管机构必须加强对数字金融和网络借贷平台的监管。这样可以维护用户的合法权益，确保平台的合规运营，并有效防范潜在的金融风险。

综上，数字金融的发展在供给和需求两个方面显著降低了家庭对传统私人借贷的依赖。通过拓宽金融资源、降低借贷成本以及消除社交限制，数字金融有效地提高了金融市场的效率，推动了普惠金融的发展，并满足了家庭多样化的金融需求。这一趋势不仅对提升金融市场效率具有重要意义，也为政策制定者和金融机构提供了有益的参考，帮助他们更好地满足家庭金融需求并推动金融行业的创新发展。

三、数字金融对农村金融需求的影响

数字金融的兴起在改善农村金融服务方面发挥了重要作用。传统农村金融面临的服务不足、融资成本高和资金效率低等问题正在得到缓解。通过结合中国家庭金融调查和数字普惠金融指数的数据，研究表明，数字金融对农村正规金融需求的影响具有异质性。具体的影响机制包括数字金融在降低融资门槛、提高金融服务覆盖率等方面的作用，为农村居民提供了更加便捷的信贷支持。

研究通过问卷调查评估了农村金融需求，包括正规金融（如银行贷款）和非正规金融（如民间借贷）。引入智能手机作为工具变量，分析了数字金融对农村金融需求的因果关系。结果表明，数字金融的发展降低了农村生产性正规信贷需求，尤其在拥有智能手机的群体中更为明显；但也增加了农村消费性正规信贷需求，特别是在教育水平较高和有网购习惯的群体中。

进一步的研究发现，数字金融通过提升服务效率、促进消费、改善信用

环境和引导市场行为等机制，显著影响了农村金融需求。首先，互联网技术提高了金融服务效率，降低了成本和信息不对称，使农户更便捷地获取金融服务。其次，数字金融的便捷支付方式推动了农户的消费行为，刺激了消费需求。再者，大数据和人工智能技术改善了信用评估，增强了农户的信用意识，降低了风险控制成本。最后，数字金融还通过提供市场信息和咨询服务，引导农户灵活调整生产和消费行为。

四、数字金融改善居民投资收益

数字金融的兴起不仅深刻影响了居民的信贷获取，还显著改善了居民的投资收益。研究利用四轮中国家庭金融调查数据，探讨了数字金融如何改变居民的资产配置。然而，由于仅有参与金融市场的家庭的数据被纳入分析，研究面临较大的选择性偏误。这一问题需要在分析过程中加以考虑，以准确评估数字金融对投资组合的实际影响。

为了精准研究数字金融对家庭金融资产组合的影响，研究采用了 Heckman 两阶段回归模型，以纠正选择性偏误。研究结果表明，数字金融的发展显著提升了家庭资产组合的有效性。具体来说，每当数字金融发展指数提高一个单位标准差，家庭的夏普比率和索提诺比率分别提升了 3.85% 和 5.52%。这表明，随着数字金融的进步，家庭能够在承受相同风险的情况下获得更高的投资回报，并在相同的下行风险下实现更多超额收益。

综上，数字金融的发展显著影响了居民的借贷和投资需求，通过提供更加便捷的融资渠道和丰富多样的投资选择，提升了个人理财意识和金融素养。特别是在农村地区，数字金融有效解决了服务覆盖面窄、融资成本高以及资金利用效率低的问题，改善了农村居民的信贷状况。同时，数字金融也加速了金融机构的线上化进程，使居民可以通过手机 App 等移动终端随时随地进行股票、基金等金融产品的交易，进一步提高了投资的便利性和个人的金融管理能力。

第二节　数字金融提升居民收入

一、数字金融对居民收入的影响

数字金融的崛起对居民收入和就业市场产生了深远的影响。

第一，数字金融的发展显著改变了就业市场和创业环境。一方面，数字支付、电子商务和金融科技等领域的兴起为就业市场创造了大量新岗位。另一方面，数字金融通过降低创业成本和门槛，使创业者能够方便地进行在线业务操作，包括销售、支付和融资。这种便利性激发了创业热情，推动了经济增长。

第二。数字金融不仅为创业者提供了便捷的创业环境和支持，还大幅拓展了投资选择和渠道，使居民能够轻松参与多种投资市场，如股票、基金、债券等，从而提高了投资收益。同时，随着市场对数字金融专业人才需求的激增，薪资水平上涨，职业选择也得到了丰富。这些变化不仅提升了投资便利性和收益性，还推动了经济的发展。

数字金融的普及虽带来了诸多便利和收益，但也伴随着新的风险和挑战。信息安全和隐私泄露问题日益严重，不法分子可能利用数字平台进行金融欺诈。此外，部分居民因缺乏金融知识面临较高的投资风险。因此，居民需要提升金融素养和风险意识，以有效识别和防范风险。与此同时，政府和相关部门应加强监管，确保数字金融市场的健康和稳定发展，以最大限度地发挥其对经济的促进作用。

二、数字金融提升居民收入的马太效应

数字金融的崛起带来了显著的收入提升，但这一效应表现出明显的马太效应，主要体现在非贫困户受益更为显著。研究显示，非贫困户因其教育、资产等优势，能够更好地利用数字金融工具，提升经济基础和财富积累。然而，贫困户由于教育水平、金融素养和资产不足，无法有效利用数字金融，从而未能显著提高收入，甚至可能加剧了数字鸿沟和贫富差距。此外，贫困户与非贫困户在需求和使用行为上的差异，以及贫困地区缺乏必要基础设施，进一步限制了数字金融对贫困户的正面影响。为了实现数字金融的普惠效应，必须关注这些差异并采取措施，确保贫困群体能够从中受益，缩小社会经济差距。

为减少数字金融中的马太效应，政府需重点提升贫困地区的数字金融发展水平，并特别关注教育程度较低的贫困户。通过提供相关培训和支持，帮助贫困户提高金融素养和增加可抵押资产，可以使他们更有效地利用数字金融工具，从而增加收入。同时，根据不同地区的实际发展环境制定差异化的发展策略，确保数字金融能够真正惠及每一个人，尤其是经济和社会地位较低的群体。只有通过这些措施，才能逐步缩小贫富差距，实现经济的全面和可持续发展。

第三节　数字金融促进居民消费

一、数字金融对居民消费的影响

首先，数字金融的兴起明显促进了消费市场的繁荣。研究发现，随着数字金融工具的广泛应用和不断成熟，居民的消费行为变得更加活跃，消费水

平也实现了显著提升。尤为显著的是,在农村、中西部区域及中低收入阶层中,这种消费增长的趋势更加突出。这主要得益于数字金融所提供的便捷支付和灵活的信贷服务,它们为这些群体提供了更加容易的资金获取途径,从而有效增强了他们的消费能力。

其次,互联网的飞速发展极大地推动了居民消费的便捷性。它不仅缩短了购物所需的时间和空间障碍,还极大地丰富了消费者的选择范围。已有研究明确表明,随着互联网的普及,消费者的购物过程变得更为高效,这为他们腾出了更多的个人时间和消费空间。同时,互联网提供的多元化商品和服务,使消费者能够更精准地匹配自身需求,从而进一步激发了消费市场的活力,推动了消费的增长。

最后,数字金融的蓬勃发展无疑促进了居民家庭金融素养与风险意识的提升。根据当前研究,数字金融的普及使得居民家庭更加擅长于通过分散投资来降低经济风险对家庭生活的潜在影响。借助于数字金融产品和服务,居民家庭在投资和风险管理上展现出更高的水平,这为他们实现更稳健的财富管理和提升财务安全提供了有力支持,从而在面对经济风险时能够表现得更加从容不迫。

二、数字金融促进居民消费的机制

研究表明,数字普惠金融的发展对居民消费产生了显著的促进作用,特别是在农村地区、中西部地区及中低收入家庭中效果尤为明显。数字普惠金融中的支付、保险和货币基金等子指标,通过提供便捷的支付方式和丰富的金融产品选择,显著提升了居民的消费能力和消费意愿。然而,随着其发展,家庭的债务收入比也随之增加,可能导致债务螺旋等风险问题。因此,尽管数字普惠金融对消费的推动作用显著,我们仍需在推动其发展的同时,控制家庭债务的增长,以确保金融市场的稳定和持续发展。

机制分析表明,数字普惠金融主要通过缓解流动性约束和提供便捷支付来促进居民消费。首先，通过缓解流动性约束，消费者能更加灵活地管理资金，从而增加消费支出；其次，数字普惠金融提供了更为便捷的支付方式，使消费者能够更方便地购物和支付，进一步刺激消费增长。研究还发现，数字普惠金融对受教育程度高且认知能力强的户主的消费支出促进效应更为明显，因为他们对数字金融的理解和利用更为深入。而对于中低债务收入比家庭，数字普惠金融的促进效应较为积极，但对高债务收入比家庭的影响则不显著，可能是因为这些家庭在偿还债务方面的压力较大。

支付便利性的提升对促进居民消费起到了积极作用。研究显示，互联网的发展与我国消费率的回升有密切关系。互联网的普及不仅提高了购物的便利性，还让消费者能更便捷地获取产品和服务，从而有效刺激了消费需求的增长。而互联网的便利性显著增加了消费者的购物选择，并缩短了购物时间，从而推动了消费增长。随着在线购物和移动支付等数字化消费方式的兴起，消费者享受到了更多便利和选择。这种便利性提升了居民的消费水平，并对经济增长产生了积极影响。

数字普惠金融不仅提升了家庭间的风险分担和自我保险能力，还显著平滑了居民家庭所面临的风险。研究显示，这种金融服务带来的便利性在缩短购物时间的同时，也促进了居民消费增长，特别是在农村和中低收入家庭中表现尤为明显。此外，数字普惠金融有效缓解了经济风险，使家庭能够更好地应对突发事件，减轻生活压力，从而提升整体生活质量。

尽管数字普惠金融带来了许多好处，但也可能导致部分消费者在缺乏有效保护机制的情况下过度借贷，增加财务负担并引发社会关系紧张，甚至可能出现隐瞒财产或收入的现象，从而削弱数字金融的正面效应。

此外，由于技术、教育或地理限制，一些人群可能无法充分享受数字金融服务，进而引发新的数字不平等问题。为了充分发挥数字普惠金融的优势，政府应加强消费者保护机制，防止过度借贷，并关注尚未享受到数字金融服务的人群，帮助他们克服障碍，从而实现数字金融的广泛惠益。

参考文献

[1]林毅夫,沈艳,孙昂.中国政府消费券政策的经济效应[J].经济研究,2020（7）：4~20.

[2]北京大学数字金融研究中心课题组.数字金融的力量：为实体经济赋能[M].北京：中国人民大学出版社,2018.

[3]黄益平,黄卓.中国的数字金融发展：现在与未来[J].经济学（季刊）,2018（4）：1489~1502.

[4]北京大学数字金融研究中心课题组.数字普惠金融的中国实践[M].北京：中国人民大学出版社,2017.

[5]胡滨,程雪军.金融科技、数字普惠金融与国家金融竞争力[J].武汉大学学报（哲学社会科学版）,2020（3）：130~141

[6]李小玲,崔淑琳,赖晓冰,数字金融能否提升上市企业价值？——理论机制分析与实证检验[J]现代财经（天津财经大学学报）,2020（9）：83~95.

[7]马玲.数字金融要以提高服务实体经济效率为发展方向[N],金融时报,2017-11-06.

[8]唐松,伍旭川,祝佳.数字金融与企业技术创新——结构特征、机制识别与金融监管下的效应差异[J].管理世界,2020,36（5）：52-66.

[9]习近平,共建创新包容的开放型世界经济：在首届中国国际进口博览会开幕式上的主旨演讲[M].北京：人民出版社,2018.

[10]陈银娥,李鑫,李汶.中国省域科技创新效率的影响因素及时空异质性分析[J].中国软科学,2021（4）：137-149.

[11]宝山,文武.法定数字货币[M].北京:中国金融出版社,2018.

[12]张勋,万广华,张佳佳,等.数字经济、普惠金融与包容性增长[J].经济研究,2019,54(8):71-86.

[13]张梁,相广平,马永凡.数字金融对区域创新差距的影响机理分析[J].改革,2021(5):88-101.

[14]薛莹,胡坚.金融科技助推经济高质量发展:理论逻辑、实践基础与路径选择[J].改革,2020,4(3):53-62.